**티나 페이의
보시팬츠**

『보시팬츠』 추천의 말

나는 티나 페이가 정말 좋다. 그녀를 보고 있으면, 어떻게 되든 결국 다 괜찮을 것이라는 생각이 든다. 솔직해도 된다고, 나 자신이면 충분하다는 깨달음을 복근 당기는 웃음으로 선물한다.
유머만큼 지적인 것이 또 있을까 감탄하게 된다. 나는 이 책『보시 팬츠』가 미국에서 출간되었을 때 두근거리는 마음을 진정시키며 해외 배송으로 원서를 주문했었다. 이제, 번역본이 출판되었다.
그 사실 자체도 감동이다. 티나 페이 팬이라면 200% 이상 만족, 팬이 아니라고? 책을 펼치면 팬이 되지 않고는 못 배길 것이다.

_두통

평범하지만, 평범하지 않은 웃기는 여자의 이야기!
정말 재미있게 잘 읽었습니다. SNL 뒷이야기를 볼 수 있어서 좋았고, 티나 페이의 삶을 엿볼 수 있어서 더 좋았습니다. 내내 유쾌한 어조로 가볍게 풀어낸 이야기들이 오히려 인상 깊었습니다. SNL에서 봐 온 모습보다 웃기는 여자로서 살아온 그 뒷모습을 볼 수 있어서 더 매력적으로 다가왔습니다.
사실은 정말 똑똑하고 재미있고 훌륭한 사람이지만 본인 입으로는 절대 드러내지 않는다는 점이 놀랍기도 했습니다. 티나 페이는 시종일관 어수룩하고 엉뚱발랄한 자신의 모습을 강조하지만, 그렇기 때문에 우리는 이 책을 더 좋아하게 될 것 같습니다.

_헬렌(즉흥연기자, 임프라브 코치, Imfrog 팀 리더)

티나 페이가 살아온 길에다 조금씩 흘린 쿠키 부스러기를 줍는 기분으로 읽었다. 부스러기 사이에서 의외로 '왕건이' 초코칩을 줍기도 했다. 아는 맛이라고 해서 먹고 싶지 않은 건 아니지. 익히 알고 있었지만 티나 페이의 입(손)에서 나온 소중한 인생의 통찰을 다시 새기기 위해 노트에 소중히 적어두었다. 이를테면 이런 것.

- 사람들은 형편없는 본업을 하고 거기서 번 돈을 엉뚱한 곳(자기 열정이 있는 곳)에 바친다는 것
- 타인의 체중에 대해 가타부타하지 말고 내버려 둬야 한다는 것
- 완벽은 과대평가되었으며 우리는 실패 때문에 죽지는 않는다는 것
- 누가 나에게 "그만해! 안 귀여워!"라고 했을 때 "네가 좋아하든 말든 좆도 신경 안 써!"라고 받아쳐야 한다는 것
- 더 많은 여성이 높은 자리에 가 다양한 나이대의 다양한 여성을 고용해야 한다는 것

없는 시누이라도 만들어 선물하고 싶어졌다.

_김희영(아스트로북스)

BOSSYPANTS

Copyright ⓒ 2011 by Little Stranger, Inc.

All rights reserved

Korean translation copyright ⓒ 2019 by Bookduck

This edition published by arrangement with Little, Brown and Company, New York, New York, USA. through EYA Eric Yang Agency

이 책의 한국어판 저작권은 EYA Eric Yang Agency를 통한 Little, Brown and Company USA 사와의 독점계약으로 '책덕'이 소유합니다.
저작권법에 의하여 한국 내에서 보호를 받는 저작물이므로 무단전재 및 복제를 금합니다.

티나 페이의
보시팬츠

티나 페이 지음　박가을 옮김

진 페이에게 바칩니다.
어머니의 날 축하해요. 이 책 마카로니로 만들었어요.

일러두기

이 책의 표지는 말싸미의 815글꼴을 사용하여 디자인되었습니다.

차례

들어가는 글 ———12

근사한 오해 ———17
성장, 즐기기! ———20
소녀는 모든 것을 겸비해야 한다 ———27
델라웨어 카운티 서머 쇼타임 ———34
그게 바로 돈 페이 ———51
올드래그산 오르기 ———62
YMCA ———71
바람의 도시, 시카고 ———85
내 신혼여행 혹은 재밌다고들 하지만
나도 두 번 다시 하지 않을 일 ———93
엄마의 미용 비법 ———106
아주 아주 말랐던 때의 기억 ———118
살이 조금 쪘을 때의 기억 ———120
어린 시절 꿈, 실현되다 ———122
남자들과 병에 오줌 누기 ———135
네가 좋아하든 말든 신경 안 써 ———144

놀라워, 멋져, 그건 아니야	147
친애하는 인터넷에게	161
30 락:당신의 조부모님을 혼돈에 빠트리기 위한 실험	167
세라, 오프라, 캡틴 후크, 혹은 누군가와 조금 닮은 걸로 성공하기	196
우리 집의 술 취한 난쟁이	234
유명인이 소개하는 예수의 탄생을 축하하는 법	242
저글링	251
딸을 위한 엄마의 기도	257
마흔이 된다는 의미	260
마지막 남은 5분간 무엇을 해야 할까?	261
감사의 말	271
저자 소개	273
옮긴이의 글	274
한국 독자를 위한 티나 페이 가이드	280

들어가는 글

환영한다, 친구여.

미국산 진품 책을 산 것을 축하한다. 이 책의 각 요소는 여러분의 독서 목적이 무엇이든, 사용자의 독서 경험을 극대화하기 위해 구성되었다.

만일 당신이 남초 업계에서 살아남는 법에 대한 실용적인 조언을 얻고 싶어 이 책을 구매한 여성이라면 그 조언은 다음과 같다. 양 갈래 머리를 하지 말 것, 튜브톱을 입지 말 것, 드물게 울 것(어떤 사람들은 "절대로 울지 마."라고 한다. 만약 너무 화가 나서 울 것 같으면 울어라. 모두 겁을 먹는다). 성관계를 맺을 상대를 택할 때 기억하자. 재능은 옮지 않는다. 그리고 회의 때 다이어트 음식을 먹지 마라.

어쩌면 당신은 부모이고 육아법을 알고 싶어서 이 책을 구매했을 수 있다. 목표 지향적이며 마약을 하지 않고 성인이 될 때까지 성관계를 하지 않는 아이를 기르는 법 말이다. 그 역시 알려 주겠다. 필수 요소는 엄한 아버지상, 안 좋은 피부, 아동용 식민지 시대 여성 의상이다.

세라 페일린Sarah Palin[1]의 팬이라 나를 싫어할 이유를 찾기 위해 이 책을 샀을 수도 있다. 그 이유도 제공하겠다! 나는 이 책에 '불침투성'

---

1 (옮긴이) 2008년 대선 공화당 부통령 후보로 티나 페이가 흉내를 낸 인물이다. 매우 보수적인 관점을 가지고 있고, 반지성적인 면모를 보인다. 알래스카에서는 아이들이 하키를 많이 한다며, '사커맘'을 변형한 '하키맘'이라는 용어로 자신을 지칭했다.

이나 '무감각' 같은 엘리트주의자 단어를 마구 썼다. 그리고 동성애자도 이성애자만큼이나 아이가 하키 하는 모습을 잘 볼 수 있다고 생각한다.

어쩌면 70년이 지난 미래에 외계인의 음식 저장고가 된, 버려진 스타벅스의 입구를 막기 위해 사용된 이 책을 발견했을 수도 있다. 그 경우라면 묻고 싶은 게 있다. 우리가 우려했던 만큼 환경을 망쳤나? 그리고 <글리Glee>는 여전히 잘나가나?

어쩌면 C. S. 루이스C. S. Lewis[2]식의 신학적 우화를 기대할지도 모르겠다. 론 마이클스Lorne Michaels[3]가 신을 상징하고, 내 제모 얘기가 미덕을 은유적으로 표현한 거라고 짜 맞춰 볼 수도 있겠다.

그저 웃고 즐기고 싶어서 이 책을 구매했을 수도 있다. 당신을 위해 이 농담을 준비했다. "두 땅콩이 길을 걷고 있었다. 그중 하나를 쳤다. 소금으로."[4] 보라, 난 그저 여러분이 쓴 돈의 값어치를 하고 싶을 뿐이다.

나를 아는 사람이라면 누구나 '티나는 돈이 전부인 사람'이라고 할 것이다. 내가 홈쇼핑에서 파는 황도궁 발가락 반지와 동종 요법 아동 의약품만 봐도 알 수 있다. 나는 훌륭한 비즈니스 우먼이기 때문에, 어떤 내용이 있어야 베스트 셀러가 되는지 조사했다. 답은 '원나잇 스탠드', 약물 중독, 요리 레시피다. 안타깝게도 내가 쓸 수 있는 것이 없다. 하지만 불안과 겁에 대한 비극적인 이야기는 해 줄 수 있다.

이 책의 제목이 왜 『보시팬츠Bossypants』냐고? 첫째, <두 남자와 1/2Two and a Half Men>이라는 제목은 이미 누가 썼기 때문이다. 둘째, 내가

---

2 (옮긴이) 『나니아 연대기』의 작가로 기독교 색채를 띠는 작품을 집필했다.
3 (옮긴이) <새터데이 나이트 라이브>의 제작자이자 총괄 프로듀서다.
4 (옮긴이) 소금을 쳤다a salted와 공격당하다assaulted의 발음의 유사성을 이용한 농담이다.

<30 락30 Rock>의 총괄 프로듀서가 된 이후로 사람들이 이렇게 묻기 시작했기 때문이다. "상사로 지내는 건 힘들지 않아요?", "책임자가 되니 불편하지 않으세요?"라고 말이다. "세상에, 미스터 트럼프! 이 많은 사람의 상사라니 어색하지 않으세요?"라고 똑같은 질문을 하는 것처럼. 트럼프는 모르겠지만, 내 경우엔 아니다. 나는 지난 10년간 사람들의 상사가 되는 게 어떤 의미인지 많이 배웠다. 대부분의 경우, 재능 있는 사람들을 고용한 후 방해하지 않는 것만으로 좋은 상사가 될 수 있다. 사람들의 능률을 높이는 다른 방법은 자신은 상사가 아닌 척하고 **다른 사람**을 상사처럼 대하게 한 후, 그 사람이 가짜 벽 뒤에서 나에게 은밀하게 정보를 알려 주면 직원에게 전달할 말을 알려 주는 것이다. 어린 시절 생각한 것과는 달리, 상사가 된다고 팔을 흔들며 "나는 보스다! 나는 보스다!"라고 외치고 행진하는 일은 거의 없었다.

나에게 있어 이 책은 일종의 과제였다. 내가 지나온 길을 다시 되짚어 보며 어떤 요소가 영향을 끼쳐 이 사람이…

이 사람이 되고…

마음속으로는 사실 이 모습을 더 선호하는 사람이 되었는지 알아보는 것이었다.

이 책이 정말 재미있어 시누이에게도 사 줄 정도였으면 한다.

티나 페이

2011년, 뉴욕 (벌써 2011년이라니 믿기지 않는다. 아직도 수표에 '티나 페이, 4학년 207호'라고 적는데!)

근사한 오해

오빠는 나보다 8살이 많다. 나는 예정에 없던 아이였다. 깜짝 선물이었다고 우리 엄마는 재빨리 말할 것이다. 나이 마흔에 아이를 가지는 것이 지금은 흔한 일이지만, 1970년 당시에는 꽤 드문 일이었다. 엄마의 직장 동료들은 엄마의 임신을 두고 '페이 부인과 완경기 아기'[1]라고 표현했다. 나는 태어나자마자 엄청난 관심과 사랑을 받았고, 오빠는 제3의 부모처럼 나를 항상 돌봐 주었다.

첫 등원을 하루 앞두고, 나는 선생님을 만나기 위해 부모님과 함께 유치원을 찾았다. 엄마는 낮잠 시간에 쓰기 위해 내가 제일 좋아하는 담요에 이름을 새겼다. 8년 전 오빠의 첫 등원 때 그랬던 것처럼 말이다. 면담 자리에서 아빠가 낮잠용 담요를 건네려 하자 선생님은 웃으며 말했다. "아, 이제는 그렇게 하지 않는답니다." 그때 처음으로 부모님이 나이가 많다는 것을 깨달았다. 나는 그 이후로 쭉 부모님을 걱정했다.

부모님이 선생님과 대화를 나누는 동안 나는 책상에 앉아 색칠 공부를 했다. 알렉스라는 그리스인 남자아이와 함께 앉았는데, 알렉스의 엄마는 다음 차례로 면담을 하기 위해 기다리고 있었다. 우리는 조용히 색칠을 했다. 칭찬받고 격려받는 일에 너무 익숙했던 나는, 색칠을 끝낸 후 알렉스에게 그림을 보여 줬다. 알렉스는 바로 그림을

---

[1] (옮긴이) 완경기에 가까울 정도로 나이가 있는 여성이 임신을 했을 때 쓰는 표현이다.

반으로 찢었다. 당시에는 그 감정을 표현할 언어를 알지 못했지만 대략 이렇게 생각했다. '그렇게 나오겠다 이거야, 이 개자식아? 알겠어.' 페이 부인의 완경기 아기가 진짜 세상에 발을 디뎠다.

유치원 시절 봄학기에, 나는 우리집 뒷골목에서 낯선 사람에게 얼굴을 베였다. 걱정하지 마라. <데이트라인Dateline[1]>이 시청률 조사 기간[2]에 방영하는 에피소드처럼 끔찍한 세부 사항을 늘어놓진 않을 테니까. 이 말을 꺼낸 것은 왜 그 이야기를 하지 않을 건지 설명하기 위함이다.

나는 내 흉터에 관해 묻는 사람들의 태도로 그들을 파악할 수 있었다. 대부분은 절대 묻지 않는다. 하지만 어쩌다 자연스럽게 이야기가 나오게 되어 말해 주면 꽤 흥미로워했다. 어떤 사람들은 그냥 멍청하다. "고양이한테 긁혔어?" 그 순진한 바보들은 전혀 거슬리지 않는다. 가끔은 사회학 리트머스 테스트가 되기도 한다. 내 친구 리키가 이렇게 물었을 때처럼 말이다. "너한테 그렇게 한 흑인 잡았어?" 흠. 리키, 흑인 아니었어. 나는 흑인이었다고 한 적이 없다.

또 다른 부류는 나를 만나자마자 바로 물으면 자신들이 용감하거나 세심하거나 아주 솔직한 사람이라고 생각하는 이들이다. 그들은 아주 조용히, 깊이 공감하는 척하며 묻는다. "어쩌다 생긴 흉터죠?" 가장 역겨운 것은 그저 '너무도 아름다워서' 호기심이 생긴다고 말할 때다. 으웩, 구역질이 난다. 차라리 "너를 내 액세서리 삼아도 될까?"라고 하는 게 어떨까. 이런 사람들에게 분명히 하고자 한다. 나는 흉터가 있는 여자와 친구가 된다는 내용의 TV영화에 당신과 함께 출연할 마음이 없다. '오스카'풍의 스필버그 영화에서 흉터가 있는 못된

---

[1] (옮긴이) <데이트라인>은 뉴스, 시사 프로그램으로 실제 범죄 사건을 많이 다룬다.
[2] (옮긴이) sweeps라 불리는 이 기간에는 시청률을 끌어올리기 위해 자극적이고 황당한 내용을 다루는 방송이 많다.

독일인 역할을 하는 것은? 좋다.

날 안 지 일주일도 안 되어 내 흉터에 관해서 물어본 사람은 예외 없이 평균 수준의 지능에 자존심만 강한 인간들이었다. 세상이 자신을 중심으로 돈다고 생각하는 평균 혹은 그 이하의 지성을 지닌 이들이 안착하는 분야 중 하나가 방송 언론이다. 때문에 내가 이 이야기를 전부 털어놓는다면 <액세스 무비타운Access Movietown>, <엔터테인먼트 포에버Entertainment Forever>의 진행자에게 내 오래가지 못할 남은 커리어 내내 이에 대한 질문을 받을 것이다.

하지만 이것만은 말할 수 있다. 내 흉터는 나에게 유명세를 줬다. 아이들은 흉터 때문에 내가 누군지 알았다. 많은 사람이 그 일을 목격했다고 주장하곤 했다. "나 거기 있었어. 내가 **봤어**. '미친 마이크'가 했어!"

어른들은 흉터 때문에 나를 따스하게 대해 줬다. 일가친지는 내가 선물을 받을 나이가 한참 지난 후에도 부활절 사탕과 커다란 허쉬 키세스를 줬다. 특별한 사람이 된 느낌이었다.

나를 좌절시키고 내가 하찮다고 느끼게 만들어야 했던 것이 오히려 과장된 자의식을 선물했다. 수년이 지나서야, 어쩌면 이 책을 쓰기 직전에야 나는 깨달았다. 사람들이 나를 두고 수선을 떨었던 것은 내가 매우 아름답거나 천재여서가 아니었다. 사람들은 내가 베인 것에 대한 보상으로 수선을 떨었던 것이다.

나는 그 모든 관심을 액면 그대로 받아들이고 내가 정말로 특별한 것처럼 살아왔다. 그래서 결론은 이 모든 게 다 근사한 오해였다는 사실이다. 그리고 내가 받은 골든 글로브Golden Globes를 계속 간직할 것이다. 마지막 하나까지!

성장, 즐기기!

열 살이 되던 해, 나는 엄마에게 다리털을 밀어도 될지 물었다. 반바지를 입을 날씨면 내 거뭇거뭇한 정강이 털을 무시하기 힘들었고, 특히 내 가장 친한 친구인 모린은 창백한 아일랜드인이라 지금까지도 다리에 털이라고는 한 가닥도 없을 아이였기 때문이다. 엄마는 털을 밀기엔 너무 이르고 밀기 시작하면 후회할 거라고 했다. 하지만 나날이 털이 늘어나고 더위를 많이 타는 나를 보며 무언가가 다가온다는 걸 엄마도 분명 알아챘을 것이다.

몇 달 후, 엄마는 생리대 회사인 '모데스'에서 나온 상자를 하나 건네주었다. '나의 첫 생리'라고 적힌 상자 안에는 생리대 샘플과 팬티 라이너 그리고 안내 책자 두 권이 들어 있었다. 안내 책자 중 한 권에는 '성장, 즐기기!'라는, 애매하게 위협적인 제목이 적혀 있었다. 다른 한 권은 '딸에게 어떻게 말하면 될까요?'라는 제목이었다. 분명 엄마가 읽고 내게 설명을 해야 했을 텐데, 엄마는 그냥 상자를 통째로 주고 방을 나갔다.

지니에게
나 오늘 드디어 내 '친구'를 맞이했어!! 신난다! 드디어! 혹시 월경 중에 롤러스케이트를 타면 죽을까?

팸에게
물론 롤러스케이트를 타도 돼! 바보 같긴! 하지만 냄새가 나지 않도록 주의해. 이웃 개가 냄새를 맡으면 네 성기를 물어뜯을 거야.
너의 영원한 친구, 지니가.

태비사에게
생리 첫날이면 배를 쥐어짜는 것 같은 통증이 느껴져. 엄마가 스트레칭하는 법을 몇 개 알려 줬어. 피치 슈냅스[1]를 마시는 것도 도움이 된다고 들었어.

지니에게
슈냅스를 마시는 것도 통해. 오렌지 주스 넣는 척하고 넣지 마.

팸에게
이번 주에 수영장 파티에 가기로 했어. 근데 마법에 걸렸지 뭐야. 가도 될까?

태비사에게
물론 가도 되지! 모데스는 근사한 여성용품을 만들어. 모두에게 아파서 못 들어간다고 하고 수영장 근처 벤치에 앉을 때 두껍고 빵빵해서 아주 편할 거야.

　'성장, 즐기기!'는 어린 세 친구의 가상 편지를 담은 책자였다. 세 친구의 열의 넘치는 문답을 통해 월경에 대한 내 모든 의문과 불안이 해소될 터였다.

---

1 (옮긴이) 단맛의 리큐르로 칵테일용으로 자주 쓰인다.

'딸에게 어떻게 말하면 될까요?'

꺼림칙한 기분으로 '딸에게 어떻게 말하면 될까요?'를 정독한 나는 엄마가 안내 책자를 읽지 않고 줬다는 의심을 하게 됐다. 다음은 1981년에 나온 안내 책자에서 발췌한 실제 문구다.

책이나 선생님 혹은 친구가 딸에게 월경에 대해서 어느 정도 알려 줄 수는 있습니다. 하지만 오직 당신, 딸에게 유아 시절부터 삶과 성장에 대해 가르친 사람인 당신만이, 딸을 이해시키고 따뜻하게 지도해 줄 수 있습니다

잘하셨습니다, 진 페이. 잘하셨어요.
설명문 뒤에는 생식기 그림이 잔뜩 나왔는데, 내 뇌가 기억하는 것을 거부했다. (지금까지도 내가 아는 것이라곤 아래에 둘에서 넷 사이의 구멍이 있고, 안의 모양은 텍사스 롱혼[1] 로고와 얼핏 닮았다는 것뿐이다.) 나는 상자를 옷장에 박아 두었고 매일 그 상자에 시달렸다. 모데스 상자 때문에 겪은 불안을 생각하면, 프레디 크루거Freddy Krueger[2] 복장을 한 남자가 벽장 안에 있는 게 나을 지경이었다. 주일 학교에 입고 갈 드레스나 방과 후에 안정을 취하기 위해 가끔 입던 식민지 시대 여성 핼러윈 의상을 꺼내기 위해 옷장을 열 때마다 "모데스스스스"라고 나에게 쉿쉿 소리를 냈다. "모데스스스스가 온다."

그리고 마침내 왔다. 1981년 봄, 지역구 합창 대회에서 닐 다이아몬드Neil Diamond의 <Song Sung Blue>를 부르던 도중 초경을 했다. 나는 열 살이었다. 그날 일찍부터 뭔가 이상하다고 생각했지만, 생리대

---

1 (옮긴이) 텍사스대학교의 운동팀. 뿔이 달린 소머리 모양을 로고로 쓴다.
2 (옮긴이) 영화 <나이트메어> 시리즈의 살인마 캐릭터. 화상을 입은 얼굴과 손에 낀 갈퀴가 특징이다.

광고를 통해 생리는 파랗다고 알고 있었다. 흡수력을 보여 주기 위해 붓는 세제처럼, 파란 액체 말이다. 이건 파란색이 아니었기에… 몇 시간 동안 무시했다.

집에 도착한 후 나는 엄마만 불러, 속옷 안에 피가 나는데 이상하냐고 물었다. 엄마는 이해해 줬지만 동시에 조금 당황했다. 엄마는 눈으로 말했다. "바보야, '딸에게 어떻게 말하면 될까요?' 안 읽었어?" 읽었다. 하지만 안내 책자 어디에도 생리는 파란 액체가 '아니'라고 적혀 있지 않았다.

그 순간, 두 가지가 분명해졌다. 나는 이제 엄밀히 따지자면 여성이고, 절대로 의사가 되지 못할 것이었다.

본인이 여성이라는 사실을 처음 알게 된 순간은 언제인가요?

영화 <퀸카로 살아남는 법Mean Girls>(지금 이 순간 케이블에서 방영하고 있길!)을 쓸 때, 나는 자료 조사를 위해 로잘린드 와이즈먼Rosalind Wiseman이 가르치는 워크숍에 갔다. 로잘린드는 <퀸카로 살아남는 법>의 원작인 『퀸비와 워너비Queen Bees and Wannabes』라는 논픽션 책을 썼다. 그는 전국을 돌아다니며 여성과 소녀를 대상으로 자존감과 괴롭힘에 관한 워크숍을 많이 열었다. 로잘린드는 워싱턴의 호텔 연회장에서 200명의 성인 여성에게 처음으로 '여성이라는 사실을 알게 된' 순간을 적어 보라고 했다. 다시 말해 '자신이 소녀가 아니라 성인 여자라고 처음으로 느낀 순간은 언제인가?'라는 것이었다. 우리는 답을 적어 공유했다. 처음에는 짝과, 나중에는 조를 이뤄 돌려 보았다. 여성들의 인종이나 경제 사정은 천차만별이었는데 답은 굉장히 비슷했다. 대부분의 참여자가 처음으로 여성이 되었다는 걸 깨달은 순간은 어떤 남자가 저질스러운 짓을 했을 때였다. "발레 수업 후에 집으로 걸어가는데 어떤 남자가 차에서 '핥아줘!'라고 소리 질렀어요.", "어린 사촌을 돌봐 주고 있는데 어떤 남자가 차를 타고 지나가면서 '엉덩이 죽인다.'라고 소리 질렀어요." 다음과 같은 예는 없었다. "토론팀에서의 성공을 축하한다고 어머니와 아버지가 저녁을 사 주셨을 때 제가 처음으로 여성이 되었다는 걸 알았어요." 어떤 남자가 차에서 더러운 소리를 한 경우가 대부분이었다. 그 인간들은 소녀들이 사춘기에 들어섰다고 알려 주는 순찰대인가? 그렇다면 효과는 있었던 셈이다.

　나는 열세 살 때 '운전하는 변태'를 만났다. 중학교에서 집으로 걸어가는 도중이었다. '세계에서 가장 큰 아쿠아리움'이라는 곳을 지나고 있었는데, 법적으로 어떻게 그런 이름을 붙였는지는 모르겠다. 명백하게 평균 크기의 아쿠아리움이었으니까. 내가 나를 '세계에서 가장 키 큰 사람'이라고 불러 보자, 어떻게 되나. 아무튼 나는 학교에서 집으로 혼자 걸어가고 있었고 치마를 입고 있었다. 어떤 남자가 차를 타고 지나가며 "젖통 죽인다."라고 외쳤다. 창피하면서 동시에 격분한 나는 "내 좆이나 빨아."라고 소리 질렀다. 물론 말이 안 되는 소리였지만 적어도 화를 참지는 않았으니까.

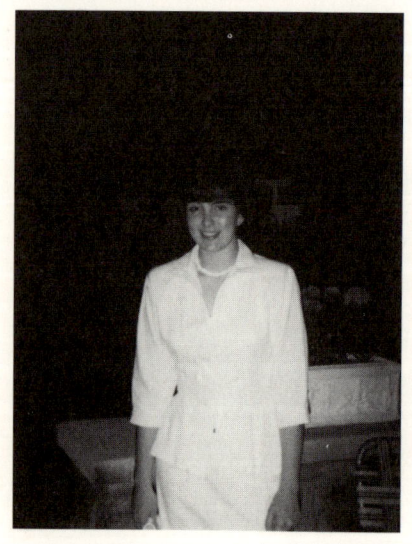

　감사하게도, 다행히도 "내 좆이나 빨아."라고 외친 순간이 내가 여성이 되었다는 사실을 자각한 순간은 아니었다. 내 경우는 이 끝내주는 하얀 데님 정장을 스프링필드 몰에서 샀을 때였다.

　멋진 친구 샌디의 조언을 받아 내 돈으로 샀다. 1988년 졸업생 시상식에 입고 갔고, 주일 학교 장학

금을 받을 때 이 옷을 본 사람들은 감탄을 금치 못했다. 세운 옷깃에 아래까지 지퍼가 잠겨 몸에 꼭 맞는 재킷, 내 허여멀건 피부를 보완해 주는 하얀 데님까지. 이 정장만큼 근사한 오스카나 에미 드레스를 찾는 게 소원이다.

변두리 소녀, 도시 의료 서비스를 찾다

첫 부인과 진료를 시카고 북부에 있는 '플랜드 페어런트후드 Planned Parenthood[1]'에서 받은 것은 실수였을지도 모르겠다. 나는 스물셋이었고, 솔직히 진료를 받을 필요는 없었다. '포장'도 뜯지 않은 상태였기 때문이다. 하지만 한 번도 진료를 받아 본 적이 없고 보험도 있겠다, 교육받은 젊은 페미니스트답게 능동적으로 건강 관리를 하면 어떤가? 나는 소저너 트루스 Sojourner Truth[2] 배지를 단 호박색 스윙 코트를 걸치고 로저스 파크에 있는 음울한 지부로 향했다. 모든 창문은 가려져 있었고 안에서 버튼을 눌러야만 통과할 수 있는 문이 두 개나 있었다. 허투루 하지 않는 곳이었다.

에이즈 포스터가 붙은 곳에 앉아 당당하게 토니 모리슨 Toni Morrison[3]의 『재즈 Jazz』를 읽었다. 진료 후 '허트랜드 카페 Heartland Café[4]'에 가서 고구마 튀김을 내 자신에게 선물할지도 모른다!

나는 진료실로 안내받았다. 몸집이 좋고 터프한 임상 간호사가 들어와 내게 임신을 했는지 물었다. "그럴 리가요!" 성생활을 하고 있

---

1 (옮긴이) 가족계획연맹. 생식 건강과 관련한 의료 서비스를 제공하는 비영리 단체로 각지에 클리닉을 두고 있다. 피임과 임신중단권 등을 보호하는 단체로 극단적인 종교주의자들에게 테러를 당하는 일이 있다.
2 (옮긴이) 노예였던 노예제 폐지론자이자 흑인 인권 운동가이며 여성 인권 운동가다.
3 (옮긴이) 1993년 노벨문학상을 수상한 작가로 1992년에 출간된 그의 작품 재즈는 1920년대 할렘 르네상스를 배경으로 한 삼각관계를 다룬다.
4 (옮긴이) 로저스 파크에 있는 식당으로 다양성을 상징하는 지역의 아이콘이다.

는지? "아뇨!" 추행을 당한 적이 있는지? "음," 나는 농담을 시도했다. "오프라의 말에 따르면 그 질문에 대한 답은 '그렇다'와 '기억나지 않는다'래요." 나는 웃었다. 가볍게 대화를 나누려 했다. 간호사는 걱정과 짜증이 섞인 눈으로 나를 바라봤다. "추행당한 적 있어요?", "아, 없습니다." 그 후 간호사는 밀크셰이크 기계만 한 질경을 꺼냈다. 미셸 더거Michelle Duggar[1]조차 이것에는 흠칫했을 것이다. 하지만 나는 처음 보는 물건이었다. "그 기구는 어디에 쓰…?" 질문을 다 마치기도 전에 간호사가 밀크셰이크 기계를 깊숙이 집어넣었고 나는 기절했다. 나는 코를 찌르는 냄새를 맡고 깨어났다. 보조원이 한 명 들어와 있었다. 법적인 이유 때문이었을 것이다. 보조원은 후자극제를 내 코 밑에 대고 있었다. 내가 정신이 들자 간호사가 말했다. "질이 짧네요. 포궁 경부를 찌른 것 같아요." 그 말을 듣고 나는 다시 기절했다. 누구도 나를 만지지 않았지만 리셋 버튼을 누른 것처럼 정신을 잃었다. 버즈 라이트이어Buzz Lightyear[2]처럼 깨어나서 스페인어로 말하지 않은 것이 놀라웠다. 두 번째로 깨어났을 때 간호사는 노골적으로 짜증을 내며 물었다. 와서 나를 데려갈 사람이 있는지. "없어요!", "진료 예약을 다시 잡아야겠어요. 포궁 검사를 다 마치지 못했어요.", "내가 의식이 없을 때 마치지 그랬어요?" 나는 소리를 질렀다. 불법이라 그렇게 할 수는 없었다. 간호사는 내게 서둘러 나가 달라고 했다. <굿 타임스Good Times[3]>에 나오는 윌로나의 임신 중절 수술을 해야 했기 때문이다.

---

1 (옮긴이) 『보시팬츠』 출간 당시 기준, 19명의 아이를 낳은 사람으로 이와 관련해 도서 출판과 방송 출연 등을 했다.
2 (옮긴이) 영화 <토이 스토리>의 캐릭터다.
3 (옮긴이) 1970년대에 방영한 시트콤으로 아프리카계 미국인 가족이 주인공이다. 윌로나는 주인공의 가장 친한 친구인 싱글 여성이다.

소녀는 모든 것을 겸비해야 한다

열세 살 때, 십 대인 사촌 재닛, 로리와 함께 뉴저지 와일드우드 해변에서 주말을 보낸 적이 있다. 재닛과 로리는 서른여섯 시간 사이에 여성이 된다는 것에 대해 내가 아는 모든 걸 가르쳐 줬다. 둘은 선크림 대신 태닝 오일을 바르고 피부를 태우는 법을 알고 있었는데, 반창고를 잘라 모양을 내서 다리에 붙인 후 피부를 태우면 문신처럼 된다는 것도 알려 줬다. 그리고 FM 다이얼을 제일 아래로 맞추면 라디오로 <제너럴 호스피털General Hospital[4]>을 들을 수 있다고 알려 줬다.

와일드우드는 커다란 해변이다. 물에서 파라솔까지의 거리가 파라솔에서 모텔까지의 거리와 같을 때도 있었다. '그때 그 시절'에 그곳은 피부가 엄청나게 탄 이탈리아계 미국인과 피부가 엄청나게 붉게 덴 아일랜드계 미국인으로 가득 차 있었다. 어린아이였던 나는 항상 부모님과 떨어져 있다가 비슷한 파라솔 사이에서 당황하기 일쑤였다.

하루는 비키니를 입은 여자가 지나가자 사촌 재닛이 콧방귀를 끼며 말했다. "쟤 엉덩이 좀 봐." 나는 당황했다. 엉덩이가 왜? 너무 큰가? 너무 작은가? 내 엉덩이는 어떻지? 나는 엉덩이가 문제가 될 수 있다는 사실을 몰랐다. 그저 뚱뚱하고 마른 몸만 있는 줄 알았다.

이 일로 나는 여성의 몸에 수없이 많은 '잘못된 점'이 있을 수 있

4　(옮긴이) ABC 방송국에서 1963년부터 방영 중인 장수 드라마다.

다는 걸 알게 됐다. 지금 이 순간에도 지구 어딘가에서는 아래의 '결함'을 고치기 위한 제품을 구매하는 여성이 있다.

- 큰 모공
- 기름 낀 T존
- 두꺼운 발목
- 넓은 이마
- 덜렁거리는 팔뚝
- 너무 큰 젖꼭지
- 너무 작은 젖꼭지
- 한 쪽이 더 큰 가슴
- 한 쪽이 더 작은 가슴 (이 둘이 어떻게 다르냐고? 나도 모른다)
- 팔자주름
- "산이 없는 내 눈썹!"
- FUPA[1] (튀어나온 아랫배를 가리키는, 유쾌하게 상스러운 줄임말이다)
- 꽉 끼는 바지를 입어서 살짝 나온 뱃살
- 거미상 정맥
- 바깥 허벅지살
- 가랑이 비스킷(허벅지 안쪽에 덜렁이는 삼각형 살을 나는 이렇게 부른다)
- 얇은 속눈썹
- 뼈가 튀어나온 무릎
- 낮은 헤어라인

---

1 (옮긴이) Fat Upper Pubic Area의 줄임말로 음모 위쪽 살이라는 뜻이다.

- 지나치게 큰 장딴지
- "장딴지가 없는 것!"
- "내 녹색 피부톤"
- 그리고 내가 제일 좋아하는, "상태가 좋지 않은 손톱 밑 피부"

지금 생각해 보면 재닛의 말은 그 여자애의 엉덩이가 지나치게 넓다는 뜻이었다. 때는 70년대 후반이었고, 70년대는 작은 눈에 입술이 얇은 금발 여성의 천국이었다. 갈색 머리카락인 나는 어린 시절 <쓰리즈 컴퍼니Three's Company[2]>를 보면서 '정말? 우리는 이거야? 조이스 드윗Joyce DeWitt이 우리 흑갈색 머리의 대변인이야? 조이스는 기름져 보이는 바가지 머리를 했고, 의상팀이 풋볼 저지 잠옷 밑에 갈색 스타킹을 신겼잖아.'라고 생각했다. 당시 나는 일고여덟 살 정도였지만 그게 정말 별로라는 것을 알았다. 미의 기준이 정해져 있었다. 셰릴 티그스Cheryl Tiegs, 파라 포셋Farrah Fawcett, 크리스티 브링클리Christie Brinkley. 작은 눈에 치아를 드러내는 웃음에 큰 가슴, 골반은 없고 노란색 머리카락.

머리카락 얘기를 잠깐 하자. 왜 '금발'이 아니라 '노란' 머리카락이라고 하냐고? 모두 내 머리카락을 '갈색'이라고 부르기 때문이다. 딸에게 동화를 들려줄 때 나는 항상 '금발'을 '노란색 머리'로 바꾼다. 딸이 어떤 식으로든 금발이 더 낫다고 생각하지 않길 바라기 때문이다.

딸에게는 양면 인형이 있다. 한쪽은 잠자는 숲속의 공주고 반대편은 백설공주다. 나는 항상 딸의 침대 위에 백설공주 쪽이 나오도록 인형을 놓지만, 딸은 치마를 반대로 젖히며 잠자는 숲속의 공주가 나오게 한다. 내가 다시 거꾸로 돌려 "백설공주 정말 예쁘지"라고 하면

---

2 (옮긴이) 1977년부터 1984년까지 방영한 시트콤이다.

딸은 "아니야!"라고 소리치며 다시 뒤집어 놓는다. 나는 이 실험을 정말 자주, 지속적으로 하기에 정부 지원 연구비라도 신청해야 할 판이다. 결과는 언제나 같다. 왜 백설공주를 좋아하지 않냐고 딸에게 묻자, "머리카락이 싫어"라고 말했다. 세 살도 안 된 아이조차 노란 머리가 짱이라는 걸 안다. 인정하자. 노란 머리에는 마력이 있다. 온수기에 금발 가발을 씌워도 어떤 남자가 나타나 섹스를 하려 할 것이다. 백설공주의 얼굴이 더 예쁘다. 공주 간에 이간질을 하고 싶지 않지만 잠자는 숲속의 공주는 머리카락을 제외하면 밋밋하다.

물론 내가 어릴 때도 아름다운 흑갈색 머리카락을 가진 사람이 있었다. 린다 론스태드 Linda Ronstadt, 재클린 스미스 Jaclyn Smith, <로렌스 웰크 쇼 The Lawrence Welk Show[1]>에 나오던 스페인 가수. 하지만 그들은 흥미롭고 이국적인 대안으로 여겨졌다. 파라는 바닐라고 재클린 스미스는 초콜릿이었다. 대중문화가 너무도 백인 위주라 재클린 스미스가 초콜릿이었던 때를 기억하는가?! 80년대가 되어서야 우리는 진짜 초콜릿을 보기 시작했다. 할리 베리 Halle Berry, 나오미 캠벨 Naomi Campbell, 다운타운 줄리 브라운 Julie Brown과 타이라 뱅크스 Tyra Banks. 하지만 여성의 몸에 대한 관념에 진정한 변화가 일어난 것은 제이로 JLo[2]가 엉덩이를 강조했을 때였다고 생각한다. 그때 처음으로 큰 엉덩이가 '아메리칸 뷰티'의 주류에 포함되었다. 여자들은 엉덩이가 생기길 원했다. 남자들은 항상 엉덩이를 좋아했다는 걸 인정했다. 그리고 아주 잠시 뒤, 짠. 비욘세 Beyoncé가 다리를 가져왔다. 이제 엉덩이와 두껍고 탄력 있는 다리는 널리 경배의 대상이 되었다. 그날 이후로 여성들은 다양성을 포용하고 모든 모양과 크기의 몸이 아름답다는 사실

---

1 (옮긴이) 1950년대에 방영을 시작한 뮤지컬 버라이어티 쇼다.
2 (옮긴이) 제니퍼 로페즈의 줄임말이다.

을 깨달았다. 하하하, 아니다. 장난을 좀 쳤다. 비욘세와 제이로는 아름답다고 여겨지기 위해 갖춰야 할 요소를 추가한 것뿐이다. 이제 모든 여자는 다음과 같은 요소를 갖추길 요구받는다.

- 백인(코카시아인)의 파란 눈
- 스페인인의 도톰한 입술
- 클래식한 작고 둥근 코
- 털 없는 아시아인 피부에 태닝
- 자메이카인의 엉덩이
- 스웨덴인의 긴 다리
- 작은 일본인 발
- 레즈비언 체육관 관장의 복근
- 아홉 살 소년의 골반
- 미셸 오바마의 팔
- 그리고 인형 가슴

 이 이미지에 가장 근접한 사람은 킴 카다시안^{Kim Kardashian}이다. 모두 알다시피 러시아 과학자들이 우리 운동선수들을 방해하기 위해 만든 사람이다. 다른 사람들은 모두 고전하고 있다.
 한때는 최상위에 있던 노란 머리들조차 이제는 리아나^{Rihanna} 노래에 맞춰 쪼그려 앉아 있는 것을 발견할 수 있다. '게리의 힙 만들기'라는 수업을 들으며 엉덩이를 역설계하려는 것이다. 지금은 암흑기다. 재닛과 함께한 와일드우드 시절에는 운 좋게 아름다운 몸을 가졌거나 아니거나였다. 아름다운 몸이 아니라면 그저 진정하고 상법을 배우면 됐다. 이제는 '핫'하지 않다면 핫해질 때까지 노력해야 한다. 마치 집을 개조할 때 기존의 벽 하나만 유지하면 되는 법처럼 말이다. 좋은 몸을 가지고 있지 않다면 굶어서 보통 몸매로 만든 후, 가슴에 보형물을 넣고 치아를 전부 교체하고 피부를 오렌지색으로 염색하고 입술에 주사를 맞고 머리카락을 심은 후 자신을 올해의 플레이메이트[1]라고 부르면 되겠다.

어떻게 이 환경에서 살아남을까? 어떻게 하면 우리 딸들과 게이 아들들에게 자신의 모습 그대로도 괜찮다고 가르칠 수 있을까? 우리는 본보기가 되어야 한다. 불가능한 이상향에 자신을 구겨 넣는 대신에 내가 감사히 여기는 건강한 신체 부위를 나열해 보겠다.

- 곧은 그리스인 눈썹. 밀지 않으면, 관자놀이에서 시작해서 내 얼굴을 가로질러 당신의 눈썹까지 자랄 것이다.
- 하트 모양의 엉덩이. 안타깝게도 정방향이다. 뾰족한 부분이 아래로 향한다.
- 잠에 들었는지 아닌지 구분이 되지 않아 헷갈린 성범죄자들이 다음 날 와야겠다고 생각하게 만드는 축 처진 갈색 눈
- 수년의 컴퓨터 사용으로 영구적으로 굽은 어깨
- 구부정한 자세 때문에 볼록 나온 배. 윗몸 일으키기를 얼마나 하든 효과가 없다. 거의 안 하기 때문이다.
- 얇고 높이 위치한 허리
- '임신 때 찐 살'이 빠지고 나서도 사라지지 않는 등 살. 이 부분은 10년 안에 앞주머니와 만나 내 얇고 높이 위치한 허리와 구분을 없앨 것이다. 그럼 나는 공식적으로 내 모친이 된다.
- 그리 크진 않지만 일 년에 한두 번 퍼레이드를 위해 끌어올릴 수

---

[1] (옮긴이) 『플레이보이』에서 매달 접힌 페이지 모델로 선정된 사람을 지칭하는 용어다.

있는 벌어진 가슴
- 강한 다리와 평생 안짱걸음으로 걸어 생긴 체육 선생님 장딴지
- 소다 캔 상자를 '필스버리 도우'로 감싼 듯한 넓은 독일인 골반
- 내 아버지의 발. 평평하고, 뼈가 도드라지고, 창백하다. 아빠 발이 내 신발 안에 있는데 아빠는 어떻게 다니시는지 모르겠다.

나는 이것을 누구와도 교환하지 않을 거다. 내 남자 조카와 닮아 보이게 만드는 얇은 입술도 바꾸지 않을 것이다. 심지어 오른쪽 뺨에 있는 여드름 상처도 바꾸지 않을 것이다. 대학 시절 계속해서 올라온 여드름과 어떤 남자보다도 긴 시간을 함께 보냈으니까.

아버지의 발과 어머니의 눈이 나와 항상 함께해서 행복하다. 만일 와일드우드의 해변에 돌아간다면 딸이 내 소다 상자 골반을 보고 군중 사이에서 나를 찾아낼 수 있었으면 한다. 가짜 태닝에 탈색을 한 금발 여자들 사이에서 나를 찾아낼 수 있길 바란다. 나는 녹색 피부톤에 포니테일을 한 사람일 테니까.

만일 조이스 드윗을 만나게 된다면 일단 즉시 얼굴에 주먹을 날린 것을 사과하겠다. 그런 후 감사를 전할 것이다. 불탄 라이자 미넬리Liza Minnelli 인형처럼 보이긴 했어도, TV에 나오는 모두와 똑같이 생기진 않았기 때문이다.

음, 완전히 솔직하게 말하자면, 나는 내 발을 어떤 발과도 **바꿀** 용의가 있다.

델라웨어 카운티 서머 쇼타임

이 이야기에 나오는 모든 이름은 환상적인 이들을 보호하기 위해 바꾸었다.

게이 웨일스[1]

    1976년, 젊은 가톨릭이며 가정적인 남자였던 래리 웬슬러Larry Wentzler는 내 고향에서 '서머 쇼타임'이라는 청소년 연극 프로그램을 시작했다. 이 프로그램은 지역 사회 활동의 훌륭한 본보기다. 십 대 초반 청소년들이 지역 사회를 위해 어린이 극장에서 매일 공연을 하고, 미취학 아동들은 저렴한 가격으로 실제 극장을 경험할 수 있다. 나이가 있는 아이들은 어린이 극단 공연의 감독을 하고, 밤에는 브로드웨이 스타일의 뮤지컬 공연을 한다. 이 과정을 통해 아이들은 음악, 예술, 목공, 규율, 우정, 협업을 배울 수 있다. 오늘날까지도 계속되고 있는 멋진 프로그램으로, 굉장히 추천하는 바이다.

    래리는 십 대 게이들을 위한 안식처용으로 이 프로그램을 만든 것이 아니다. 하지만 다람쥐들이 새 모이를 먹기 위해 모여들 때가 있지 않은가? 래리는 아름다운 새 모이통을 만들었고, 다람쥐가 가득 모였다.

    나는 서머 쇼타임의 매표소 매니저 일을 맡았다. 11학년인 남자 친구가 같이하면 재밌을 거라고 했기 때문이다. 그 남자 친구는 섹시한 금발 댄서와 사귀기 위해 나와 바로 헤어졌다. 지금은 그 댄서와 부부 사이다. 참으로 근사하지 않은가. 우리는 연이 아니라는 것을

---

1 (옮긴이) 영국 남서부 지역이다.

진작에 알아야 했다. 그는 내 열일곱 살 생일에 전자렌지 팝콘 한 박스와 중고 배터리 테스트기를 줬다. 워크맨에 넣기 전에 배터리 잔량을 확인하는 기계였다. 진정으로 사랑하는 사람에게 주는 그런 물건 말이다.

잔인하게 차인 후 며칠 동안, 혼자 매표소에 앉아 있는 것이 퍽 힘들었다. 나는 상심한 데다, 중앙 냉방 장치가 없던 때여서 부모님 방에 있는 에어컨 아래 바닥에 누워 울며 잠들었다. 하지만 그때 마치 <오즈의 마법사>의 도로시처럼, 내 삶은 흑백에서 컬러로 바뀌었다. <오즈의 마법사>의 도로시처럼 나 역시 게이들의 품에 안겼던 것이다. 그들은 나를 사랑했고 칭송했다. 나는 정말 재밌고 정말 못되고 나이에 비해 성숙했다! 그리고 커다란 갈색 눈 덕에 난 정말로 어린 주디 갈랜드Judy Garland[2] 로나 러프트Lorna Luft[3] 같았다.

저녁 일을 시작하기 전에 나는 새롭게 사귄 친구인 팀과 놀았다. 팀은 의상팀을 담당하고 있었다. 팀의 목소리는 아주 높고 시끄러웠다. 나는 몇 시간이고 팀의 곁에 앉아 요셉의 '어메이징 테크니컬러 드림코트[4]'를 글루건으로 붙이면서(둘 다 바느질을 할 줄 몰랐다), 그가 날카로운 목소리로 <And I Am Telling You I'm Not Going>을 부르는 걸 들었다. 세상의 부모들이여. 바로 이런 곳에서 당신의 열일곱 살짜리 딸이 여름을 보내길 바랄 것이다. 너무 웃어서 먹던 아이스크림을 코로 뿜으며 지낼 곳 말이다. 유일하게 팀보다 더 재미있는 사람은 더 못되고, 시끄럽고, 목소리 톤이 높은 팀의 형 트리스탄이었다. 한 지붕 아래, 인상적인 두 게이 형제였다.

---

2 (옮긴이) 미국의 가수이자 배우. <오즈의 마법사>의 도로시 역을 맡았다. 대표적인 게이 아이콘이다.
3 (옮긴이) 미국의 가수이자 배우. 주디 갈랜드의 딸이다.
4 (옮긴이) 뮤지컬 <요셉과 어메이징 테크니컬러 드림코트>에 나오는 옷을 말한다.

그 여름에 네 가족을 알게 되었는데, 아이들 중 절반이 동성애자였다. 사회학적 관점에서 궁금할까 해 언급하자면, 그들은 모두 가톨릭이었고 네 명의 자식이 있었으며 그 중 두 명이 동성애자였다. 크루너[1]에게 웨일스가 있다면, 호모섹슈얼에게는 내 고향이 있었던 것이다. 무슨 말이냐면 매우 수가 많아 보이고 그들은 최고라는 뜻이다!

트리스탄은 내 남자 친구를 '훔쳐' 간 금발에 대해 험담을 하도록 부추겼다. 지금은 당연히 누구도 남자 친구의 의사에 반해서 그를 '훔칠' 수 없다는 사실을 안다. 안젤리나 졸리Angelina Jolie라도 말이다. 하지만 나는 유해하고 무의미한 십 대의 질투로 가득 차 있었다. 거기에 게이의 짓궂음이 더해지자 심술 마약에 도취되고 말았다. 그리고 <요셉과 어메이징 테크니컬러 드림코트Joseph and the Amazing Technicolor Dreamcoat>에서 요셉 역을 맡은 게 누구인지 아는가? 바로 배터리 테스트기 조였다. 나는 매일 밤 그가 공연하는 모습을 봐야 했다. 공연 후 그가 금발과 피자를 먹으러 갈 때, 나는 좁은 방에서 표를 셌다. 금발에게는 개똥 같은 배터리 테스트기를 주지 않았겠지. 만약 줬다면 걔는 자기 보지에 집어넣고 켜려고 했을 거다. (트리스탄과 나는 이런 류의 심술궂은 말을 통해 친해졌다. 보다시피 굉장히 유해하다.)

서로 언급하지는 않았지만, 팀과 나의 공통점은 같은 남자애들에게 반했다는 점이었다. 유일한 차이점은 나는 끝없이 내 감정에 대해 말할 수 있었고, 팀은 절반쯤 벽장 안에 있었다는 거다[2]. 누구도 팀이 이성애자라고 생각하지 않았지만, 공개적으로 동성애자라는 걸 '밝

---

1 (옮긴이) 조용히 속삭이듯 노래하는 크룬 창법으로 노래하는 가수. 대표적으로 빙 크로스비가 있다.
2 (옮긴이) 동성애자임을 밝히는 행위를 '커밍아웃'이라 하는데, 이는 '벽장에서 나오다'라는 뜻이다. 커밍아웃하지 않은 상태를 '벽장 안에 있다'라고 표현한다.

한' 상태도 아니었다. 팀은 결코 누구에게도 접근하지 않았다. 그의 관심은 다른 방식으로 드러났다. 팀은 메이시스 백화점에서 일하고 있었고, 가끔 여유 자금이 있으면 릭 맥메나민Rick McMenamin에게 야구 장갑을 사주거나 하는 식이었다. "지난번 연습 후에 새 장갑이 필요하다고 그랬잖아, 그래서… 아무튼…….'이라며 말을 흐렸다. 이성애자 남자애들이 이에 기겁하지 않아서 좋았다. 그리고 공짜로 주어진 물건은 확실히 챙겼다.

많은 십 대 여자애들이 반쯤 벽장에 있는 게이 남자애들의 품에서 위안을 받았다. 하지만 고등학교 때 가장 친했던 친구 두 명이 스물다섯 살인 레즈비언이었다고 자랑할 수 있는 사람이 우리 중 몇이나 되겠나? 나는 천 개의 좌석이 있는 거대한 극장 객석에서 캐런과 섀런을 만났다. 조명팀을 담당하던 리타라는 거친 여자애가 있었는데, 그 애는 '리트'라고 불러야만 대답했다. 리트는 사다리를 오르내리며 <정글북The Jungle Book>용 조명을 달면서 각막 열상을 입은 뱃사람처럼 걸쭉하게 욕을 해댔다. 캐런은 즉흥극 선생님이었고, 섀런은 수석 배경 화가였다. 우리 세 사람은 불경스러운 욕을 해대며 천장에 매달려 회전하는 모빌에 넋을 잃었다. 마치 원숭이 우리를 보고 있는 것 같았다. 대신 원숭이의 말을 알아들을 수 있었는데, 이렇게 말하는 것이다. "좆까라고 해, 이 좆 같은 동물원 인간들." 우리는 웃기 시작했고 그 후 6년간 뗄 수 없는 사이가 되었다.

캐런과 섀런은 과거에 명확하지 않은 시간 동안 사귄 적이 있으나, 이제는 그저 머리카락을 비대칭으로 자른 친구 사이일 뿐이다. 우리는 며칠이고 몇 주고 아무것도 하지 않으며 지냈다. 서로에게 하루에도 10번씩 전화를 걸어서 아무것도 안 할 일정을 잡았다. 저녁 내내 <계부The Stepfather[1]>나 마틴 쉰Martin Sheen의 얼굴에서 거미가 나오는 영화 같은 걸 빌려 보고 나초나 만들었다. 집에서 나초를 만드는 것이 얼마나 획기적인 문화 현상이었는지 기억하는가? 여러분이 서른 살이 넘지 않았다면 아마 나초가 없던 시대를 모를 것이다. 그때 우리는 그냥 크래커나 먹었다.

사람들은 자기가 대학 시절에 '셀레브리티[2]'라는 게임을 발명했다고들 하는데 알려 둘 사항이 있다. 첫째, 당신이 발명한 게 아니다. 여자애들이 이십 대가 될 때까지 성관계를 갖지 않게 하려고 나사NASA에서 개발한 게임이다. 둘째, 우리가 훨씬 실력이 좋다. 일주일에 나흘이나 그 게임을 했으니까. 완전히 통달했다. "좋아, 조운 콜린스Joan Collins[3]가 <다이너스티Dynasty>에서 연기한 캐릭터야.", "알렉시스!", "아니, 이름 전체.", "알렉시스 캐링턴 콜비 덱스터Alexis Carrington Colby Dexter!"

자정에 가까워 게임에 질리면, 우리는 버전을 바꾸어 '셀레브리티 보프[4]'라는 게임을 했다. 자신이 자고 싶은 유명인의 이름만 적어 넣어야 했다. 반쯤 벽장에 있는 게이 남자 두 명과 레즈비언 두 명, 이성애자 여자 한 명이 셀레브리티 보프를 하니 너무 쉬웠다. 조디 포스터Jodie Foster의 이름이 적힌 종이는 항상 네 개가 들어 있었다. 안토니오 반데라스Antonio Banderas는 모든 분야에 해당되었다. "우리가 계속해서 같이 적는…", "모나코의 스테파니 공주!"

부모님은 자신의 집에서 4년이나 열린 이 프라이드 퍼레이드에 한 번도 부정적으로 반응하지 않았다. 부모님은 이 괴짜들(다른 식으로 괴짜였다. 성 지향 때문이 아니다.)을 두 팔 벌려 환영했고 아프기 직

---

[1] (옮긴이) 조셉 루벤 감독의 1987년 작 스릴러 영화다.
[2] (옮긴이) 유명인의 이름을 종이에 써서 모자에 넣은 후, 뽑아서 설명하고 맞추는 게임이다.
[3] (옮긴이) 영국의 배우로 드라마 <다이너스티>를 통해 골든 글로브 여우주연상을 수상했다.
[4] (옮긴이) 보프boff에는 성교라는 뜻이 있다.

전까지 배불리 먹었다. 단 한 번, 엄마가 이렇게 말한 적이 있다. "캐런은 좀 남성스럽네, 안 그래?" 나는 어설프게 시치미를 뗐다. "무슨 소리인지 몰겠다!" 그러고는 그 자리를 벗어나 동성 나초 먹기, 이름 외치기를 하러 갔다.

이 말도 해야 할 것 같다. 캐런과 섀런은 나에게 조금이라도 추근거린 적이 단 한 번도 없다. 우리 사이가 이상했던 적은 없었다. 동성애자들은 다른 사람을 전향시키려 하지 않는다. 그건 여호와의 증인이다.

서머 쇼타임에 있었다고 동성애자로 바뀐 사람은 없다. 그건 불가능하니까. 동성애자 사이에 있다고 동성애자가 된다면, 캐시 그리핀 Kathy Griffin[5]은 지금쯤 로지 오도넬 Rosie O'Donnell[6]이 되었어야 하지 않나? 이성애자 남자애들은 게이들을 받아들이고 예민하게 굴지 않는 법을 재빨리 익혔고, 이성애자 여자애들은 **수년의 시간을 통해** 게이 남자애들에게 빠지지 않는 법을 배웠다.

8월이 되어 나는 우울에서 벗어났다. 무료 댄스 수업을 들었다. 재즈런을 하며 로비까지 왔다 갔다 하는 게 전부였지만. 선생님이 나를 '프랑켄슈타인 팔'이라고 불렀는데, 프랑켄슈타인처럼 오른팔과 오른발을 동시에 움직였기 때문이다. 댄서 때문에 차인 나로서는 조금 상처가 됐지만 결코 굴하지 않았다.

나는 친구 사이에서 가장 어렸고 항상 통금이 있었다. 나는 귀가할 시간이 되면 기겁을 하는 것으로 악명이 높았다. 연습 후에 음식 평론가들이 모짜렐라 스틱을 즐겼다는 지역 식당에 가든, 팀과 트리스탄의 집에서 <슬립어웨이 캠프 Sleepaway Camp>(악마 들린 소녀가 사실

---

5 (옮긴이) 미국의 코미디언으로 성소수자 인권 지지자로 유명하다.
6 (옮긴이) 미국의 코미디언으로 커밍아웃한 레즈비언이다.

페니스를 가지고 있다는 내용이다)를 보든 내가 가야 할 때면 나는 파티를 종료시켰다. "서둘러. 혼나기 싫으니까." 각 잡힌 80년대 보시팬츠였다.

여름이 끝나자 내게는 스물다섯 살인 새 친구가 있었고, 더는 엄마의 라디에이터 커버를 부여잡고 울지 않게 되었다. 하지만 서머 쇼타임의 아이들은 대부분 가톨릭 학교에 다니거나 이십 대여서 학기가 시작되자 이전만큼 자주 볼 수 없었다.

위대한 여름이 지난 후

나는 11학년 보건 수업을 12학년에 들었다. 이전 해에 성가대와 앙코르 싱어라는 합창단에서도 자리를 맡아야 했기에(둘 다 맡는 건 꽤 대단한 일이라나, 뭐라나) 한 해 미룬 것이다. 나는 알토 1이었지만 가끔 세컨드 소프라노도 불렀다. 쇼핑몰에서 공연한 <O Holy Night>에서 독창 파트가 있었다. 무려 필라델피아 시내에 있는 쇼핑몰이었다. 이만하면 됐지 않나! 그만 물어보라!

보건 교사인 가스Garth 선생님은 만국 공통 지성의 상징인 두꺼운 금발 콧수염을 길렀고, 펜실베이니아 시골 억양으로 말했다. '다운down'을 '단dawn'이라고 했고, '휴먼human'을 '유먼yuman'이라고 발음했다. 어느 날 가스 선생님은 "호모섹슈얼을 알아보는 방법과 피하는 법"에 수업 시간을 전부 할애했다. 부디 주 표준 교육 과정이 아니었길 빈다. 나는 내 귀에 들려오는 말을 믿을 수 없었다.

광산마을 교육대학에서 이 인간이 무슨 일을 겪었는지 모르겠지만, 의견이 좀 있으셨다. "이 호모섹슈얼들은 너희를 속일 거다. 너희가 어떤 음악을 좋아하는쥐, 너희가 어떤 간식을 좋아하는쥐 알아낼 거다. 그리고 너희를 자기네 집으로 초대할 거다." 나는 귀를 의심하며 그 말을 들으면서도, 폴 린드Paul Lynde[1]에게 꾀여 밴에 탄 어린 가스 선생님을 상상하게 됐다. "거기, 아가야. 나랑 내 친구랑 숲으로 가서 제쓰로 툴Jethro Tull 노래 들을 거야, 마스 초콜릿 바도 있는데 관심 있니?" <Minstrel in the gallery>가 끝날 때쯤 수치심이 가스 선생님을 덮쳤으리라. 그는 그게 초콜릿 바가 아니라는 걸 깨달았다! 하지만 돌이킬 수 없었다. 이미 절반을 먹어 치웠으니까.

그의 말을 들으며 나는 피가 끓는 걸 느꼈다. "대화를 하는데 상대가 호모섹슈얼일 수 있겠다 싶으면 도망쳐라. 그 자리를 떠나서 가장 가까이 있는 어른에게 말해." 나는 선생님이 실언을 했다고 말하기 위해 수업 후에 남았다. "선생님이 말하려고 하신 건 '아동 성추행범'인 것 같아요. '호모섹슈얼'이 아니라요." 그는 내가 말을 하는 동안 내 손이 움직이는 걸 쳐다봤다. 개처럼 말이다. 학교와 서머 쇼타임은 완전히 다른 세계라는 사실이 분명해졌다.

역대 최고의 새해 전야 파티

1987년 새해 전날, 쇼타임 친구들과 학교 친구들 사이의 선이 무너졌다.

내 서머 쇼타임 친구 브렌던은 새해 전야 파티를 열었다. 브렌던은 나에게 다음과 같은 말을 하던 굉장히 드라마틱한 남자였다. "네 얼굴에 그런 일을 한 남자가 어쩌면 나중에 너를 찾기 위해서 흔적을 남긴 거라고 생각한 적 있어?" 질문이 질문자를 투영한다는 말이 무슨 뜻인지 알겠는가? 브렌던이 길고 드라마틱한 말을 큰 소리로 늘어놓을 때면, 이 말로 그의 입을 다물게 할 수 있었다. "그 독백 좋

---

1 (옮긴이) 1926년에 태어난 미국의 코미디언이자 배우. 커밍아웃을 하지는 않았지만 자타가 공공연히 게이라는 농담을 할 만큼 동성애자라고 알려졌던 인물이다.

아, <잘자요, 엄마'night, Mother[1]>에서 나온 거였나?"

브렌던은 아름다운 얼굴에 입술이 도톰했고, 레이건 연임 시기에 유행했던 바람머리를 하고 있었다. 그는 섀런 밑에서 일하는 배경 화가였고 종종 사고를 쳤다. 공연 시작 한 시간 전, 무대 바닥 전체에 페인트칠을 해놓아, <Free to Be… You and Me>의 코러스에 참여하기 위해 아이들이 집에서 가져온 하얀 반바지를 망치는 식이었다. 그러면 그는 이틀 정도 사라졌다가, 열 쪽에 달하는 사과 편지를 써서 나타났다. 브렌던은 엉망진창이었고, 그의 새해 전야 파티는 끝내줄 예정이었다.

나는 당시에 술을 마시지 않았고, 가까운 친구들도 술을 많이 마시지 않았다. 나는 캐런, 섀런과 함께 파티에 갔고, 브렌던의 집에는 이미 사람들이 가득했다. 부엌과 식당은 브렌던의 가톨릭 학교 운동부 친구들로 가득했고, 거실은 극단 친구들로 가득했다. 브렌던의 엄마는 위층에 있는 자신의 방에 틀어박힌 상태였다. 화장실 밖 복도에는 치우지 않은 개똥이 있었다.

사람들은 작은 그룹으로 모여 앉아, 자신들의 말소리가 들리지 않는 다른 그룹에 관한 이야기를 했다. 내 전 남자 친구와 댄서가 잠깐 얼굴을 비추었으나, 나는 당당하게 머리를 높이 들었다. 내가 가진 제일 좋은 갭Gap 터틀넥을 입고 있었고, 내 동행은 두 명의 성인 레즈비언이었으니. 그래, 나는 꽤 멋졌다.

서머 쇼타임 아이들은 도리토스를 가져오기 위해 운동부 사이를 초조하게 헤쳐 지나가야 했다. 브렌던의 인내심이 강한 가톨릭 학교 '여자 친구' 패티는 두 집단 사이를 좁혀 보려 애썼다. 패티는 상냥하고 조용한 아이로, 짧고 꼬불꼬불한 헤어스타일에 스콘만큼이나 아

---

[1] (옮긴이) 1982년에 초연을 한 연극으로 동명의 영화로도 각색되었다.

이리시 같은 얼굴을 하고 있었다. 파티에 온 사람 중 패티만이 브렌던에 대해서 모르는 것 같았다. 브렌던네 개마저 부엌 바닥에 다시금 자신의 못마땅함을 표시했는데 말이다.

브렌던과 나는 집 앞 잔디에서 마주쳤다. 그는 마치 오스카 와일드가 된 것처럼 자기 기분에 취해 있었다. "너에게 키스를 해도 되겠니?" 그가 물었다. 그래라, 뭐 어때. 부드럽고 연극적인 뽀뽀를 한 후, 브렌던은 갑자기 나에게 '커밍아웃'을 했다. 내 경험상 누군가가 '커밍아웃'할 때 가장 힘든 것은 '놀란 척하기' 부분이다. 보통 그 고백이 굉장히 엄청난 것이라고 느끼길 바라기 때문이다. 누군가가 임신 사실을 밝혔는데 이렇게 말하진 않는다. "요즘 돼지같이 먹길래 눈치챘어." 게이인 친구는 그 말을 소리내서 하기 위해 매우 큰 결심을 한 것이 분명하다. 그가 열 살 때 핼러윈 분장으로 버트 라$^{Bert\ Lahr2}$를 하고 싶어 했을 때부터 모두가 알아챘다는 사실을 깨닫지 않으면 했다. 겁 많은 사자가 아니라 **버트 라**. "와, 세상에. 정마아아아알?" 조금 더 의미 있는 말을 하기 위해서 시간을 벌었다. "다들 엄청 놀라지? 이야……. 와."

브렌던은 이 파티를 그의 데뷔 장소로 정한 게 분명했다. 그는 군중 사이를 돌아다니며 여러 장소에서 그의 원맨쇼를 펼치고 있었다.

지루해진 나는 빅터 앤소니$^{Victor\ Anthony}$와 키스를 하려 했다. 빅터는 귀엽지만 성격이 별로인 이성애자였다. 그는 키스계의 '크림오브 휘트^3'였다. 마음에 들 줄 알고 가끔 시도를 해 보지만 매번 별로라는 사실을 깨닫게 된다. 빅터는 정말 깜짝 놀랄 정도로 키스를 못했다. 입 안에서 달리기라도 시작한 것 같았다. 브렌던의 연극 키스가 훨씬

---

2 (옮긴이) <오즈의 마법사>에서 '겁 많은 사자' 역을 맡은 배우다.
3 (옮긴이) 오트밀과 유사한 곡물 죽으로 보통 아침에 먹는 상품의 이름이다.

훌륭했다.

나는 다시 집으로 들어가 캐런, 섀런과 함께 극단 사람이 모인 거실에 자리 잡았다. 브렌던의 '커밍아웃' 제2막이 한창 진행 중이었다. '몬시뇰보너Monsignor Bonner' 풋볼팀은 거실을 들여다보며 듣고 있었다. "타인의 기대로부터의 자유를 위해 건배하세." 브렌던이 독백했다. "그리고 자신이 택한 누구든 사랑할 자유를 위해." 그 뒤로 스콘 얼굴의 패티가 조용히 사람들에게 컵 받침을 나누어 주고 있었다. 세상에, 패티는 정말 전혀 감을 못 잡았다.

파티가 기대와 달리 꽤 지루하다고 생각하던 찰나, 그 일이 일어났다.

프렌더개스트대주교고등학교 방에 있던 취한 여자애가 쇼타임 방으로 들어오더니, 알렉시스 카탈라노Alexis Catalano와 키스하기 시작했다. 모두가 얼어붙었다. 패티는 굳은 표정으로 두 사람을 쳐다봤다. 전례 없는 일이었다. 브렌던이 말이야 그럴듯하게 했지만, 이 둘은 모두가 보는 곳에서 끝장을 볼 참이었다! 전 세계의 모든 팝가수들이 VMA에서 가짜로 레즈비언 키스를 하기 수년 전의 일이다. 일어난 적 없는 일이었다. 한 치 앞도 예상할 수 없었다. 캐런과 섀런은 보호자 모드를 발동해, 완전히 꽐라가 된 두 여자애를 떼어 내서 사람이 얼마 없는 위층으로 데려갔다.

바로 그때, 방금 벌어진 일련의 일을 전혀 모르는 브렌던의 엄마가 소리를 지르며 아래층으로 사람들의 코트를 집어 던졌다. 이 행위는 이날 이후 '아이리시 굿나잇[1]'으로 명명되었다.

브렌던의 엄마가 내 '파티 종료' 기술을 완벽하게 구사했지만, 나는 멈추지 않고 아마추어 수준에서 계속 시도했다. 나는 날아오는 파

---

[1] (옮긴이) 제대로 작별 인사를 하지 않고 사라지는 행위를 '아이리시 굿바이'라고 부른다.

카를 피하며 위층으로 올라가는 네 여자를 따라갔다. 새벽 2시에 가까워졌기 때문이다. 새해 전야를 맞아 특별히 연장된 통금 시간이었다. 캐런이 나를 데려다주기로 했고, 우리는 서둘러 떠나야 했다. 알렉시스와 운동부 여자애는 너무 취해서 제대로 몸을 가누지도 못했다. 캐런과 섀런이 두 사람에게 이만 갈 시간이라고 설득하며, 집에 데려다주겠다고 했다. "싫어어, 난 쟤 사랑해애애애." 캐런이 코트를 입는 걸 도와주자 운동부 여자애가 흐느끼며 말했다. 나는 차에 가서 기다리겠다며 서두르라고 말했다.

한편 브렌던은 집을 뛰쳐나가 차를 맹렬히 몰고 사라졌다. 아마 두 여자가 서로 갈 데까지 가기 시작하는 바람에 자신에게 쏠렸어야 할 '관객의 관심을 잃었기' 때문이었으리라.

차에서 기다린 지 20분이 지나 통금 시간을 놓치자, 나는 더 이상 화를 참을 수 없었다. "레즈들 당장 차로 데려와!" 나는 차일즈 거리에서 소리를 질렀다. 신발로 캐런의 대시보드를 쳐서 살짝 금이 갔다. 지금도 토요일 아침에 집을 나서려고 할 때 가족들이 신발을 신고 있지 않으면 이렇게 흥분한다고 남편이 증언할 것이다. 썩 좋지 못한 버릇이다.

(그리고 혹시 궁금해할까 싶어 덧붙이자면, 브렌던은 그날 밤 돌아와 패티와 자신의 어머니를 차로 치려고 했다. 그 퍼포먼스로 지역 극단 토니상 후보에 올랐다고 알고 있다.)

두 번째 여름

서머 쇼타임에서 보낸 두 번째 해에, 나는 어린이 극단 감독 중 하나로 승진했다. 나는 열두 살 배우 60명으로 구성된 공연의 감독을 맡았다. 자화자찬하자면 감독으로서 꽤 흥미로운 선택을 했다. 예컨대 지점토로 커다란 조개껍질처럼 꾸민 사무용 의자에 인어공주를 태워 밀고 다니게 했다. 인어공주의 머리가 바퀴에 낀 건 단 두 번뿐이었다.

나는 모든 사람을 알았고, 완전히 몰두했다. "몰두라." 브렌던이라면 말할 것이다. "넌 정말 똑똑해. '몰두' 같은 단어를 쓰는 사람들을 더 많이 알면 좋을 텐데." 그러고는 이틀간 사라질 것이다. 브렌던은 술꾼이었을지도 모르겠다.

섀런의 오빠 션은 메인 공연의 '초빙 감독'이었다. 모두 그를 조합 배우 션 케니라고 불렀다. 션은 연극배우 노동조합에 가입한 사람이었다! 그는 쥐가 나오는 헬스키친의 지하 스튜디오에서 꿈 같은 삶을 살고 있었다. 우리는 모두 경탄했다.

션은 그때나 지금이나 굉장히 숙련되고 자신감이 넘치는 감독이다. 나는 그의 감독 아래에 <Something's Afoot>이라는 살인 사건을 다룬 뮤지컬의 조감독을 맡게 돼 기뻤다.

조감독으로서 내 첫 임무는 션이 재능 넘치는 금발 댄서를 캐스팅하지 않게 하는 것이었다. 작년 여름에 너무도 쉽게 내 남자 친구를 뺏어 간 그 댄서 말이다. 나는 A급 쌍년의 집요하고 능숙한 조종술로 이 임무를 완수했다. 나는 왜 다른 금발이 더 나은지 분명하게 주장했다. '댄서'는 '너무 많이 썼'고 '예상하지 못한 사람을 쓰는' 게 더 재미있을 것이며, 다른 애가 '더 영국인'처럼 '보인다'고 말이다. 헛소리투성이였지만 통했다. '댄서'는 어린이 극단 공연인 <다시 맞춰 봐 Guess Again>로 좌천됐다. 그렇다. 캐릭터와 공연 제목이 모두 '게스 어게인'이었다. 잔인한 벌이었다.

당연히 성인이 된 나는 여자 간의 방해 공작이 여자가 할 수 있는 세 번째로 나쁜 일이라는 사실을 깨달았다. '있지 like'라는 말을 모든 문장마다 말하는 것과 쓰레기통에 아기를 두고 가는 것 다음으로 말이다. 이제는 절대로 다른 여성 동료를 그런 식으로 방해하지 않는다고 자랑스럽게 말할 수 있다. <맥주남Beer Guys>이라는 대규모 자본이 투입된 코미디 작품에서 크리스티나 애플게이트Christina Applegate[1]와 내가 빈스 본Vince Vaughn[2]의 엄마 역을 두고 경쟁하더라도 말이다.

그 여름 동안 션은 나의 멘토였다. 나는 열여덟 살이었고 션은 스물일곱 살이었다. 션은 프로가 가져야 할 긍지에 대해 많은 걸 알려 줬다. 예를 들자면 이 시절은 '통화 대기'가 처음으로 생긴 때였고, 션은 상대가 자신을 대기 중으로 돌린 후 10초가 넘으면 그냥 전화를 끊어 버렸다. 우리 공연은 성공이었다! 이틀 모두! 막공 파티는 종이로 만든 등을 켠 뒷마당에서 열렸다. 배우와 스태프가 모두 어울렸고, 굉장히 화려했다.

서머 쇼타임 멤버였던 리처드 디아텔리스Richard D'Attelis도 참석했다. 내 친구 바네사는 리처드 디아텔리스와 8학년 댄스파티에 갔다. 리처드는 올리비아 뉴튼 존Olivia Newton-John의 사진을 다림질로 프린트한 야구 셔츠를 입고 바네사를 데리러 왔다. 앞면에는 '올리비아 뉴튼 존'이라는 글자가 적혀 있었고, 뒷면에는 '완전 핫해!'라고 적혀 있었다. 리처드는 쇼타임 남자아이 중 처음으로 조용히 커밍아웃을 했다. 펜실베이니아 거버너스 아트스쿨Pennsylvania Governor's School For the Arts, PGSA에 참여한 후의 일이었다. PGSA는 주 정부에서 운영하는 집중 교육 프로그램으로, 펜실베이니아 거버너스 구강성교 아카데미로 불려도 무방했을 것이다. 열일곱 살짜리 연극반 남자아이들이 처음으로 집을 떠나 6주간 함께 지내는 걸 상상해 보라. 텅 빈 대학교 기숙

---

1 (옮긴이) 미국의 배우로 1971년생이다.
2 (옮긴이) 미국의 배우로 1970년생이다.

사에서, 문자 그대로 형제에 대한 사랑을 느끼며 같이 사는 것이다! 그들이 느꼈을 기쁨과 자유를 생각해 보라. 게이 우주 정거장이나 마찬가지였을 것이다. (물론 이성애자 남자애도 한둘 있었을 테고, 그 아이들도 한둘 있는 이성애자 여자애와 굉장히 즐겁게 지냈을 것이다.)

션은 리처드와 시시덕거렸다. 우리는 테이블에 앉아 있었고, 나는 두 사람이 그 아래로 발장난을 치고 있다는 걸 깨달았다. 나는 못마땅한 마음을 숨기지 못했다. "너희 뭐 하는 거야?" 나는 추궁했다. 농담인 척하며 상황을 통제하려 했다. 두 사람은 나를 무시했다. 리처드가 음료를 가지러 가자, 나는 션에게 말했다. "쟤 너무 뻔하고 역해!" 금발을 엿 먹일 때 내 제안의 힘은 얼마나 강력했던가. 나는 알고 있는 정보를 전부 동원했다. "쟤 담배 피워." 밤이 깊어 갔지만 나는 정말 눈치가 없었다. 명백하게 서로 엮이려고 하는 두 사람이 있는 테이블에 계속 앉아 있었다. 리처드가 션에게 제너두[1]를 무대극으로 만드는 게 꿈이라고 할 때, 나는 션과 비아냥거리는 눈빛을 주고받으려 했다. 그런 게 잘도 만들어지겠다.

나는 션에게 도움을 주고 있다고 생각했다. 후회할 게 분명한 상대와 엮이지 않도록 말이다. "세상에. 걔 있지, 고작 스무 살이라고." 방해 공작도 모자라 '있지'라는 말을 하다니, 나는 정말 갈 데까지 갔다.

션이 나를 쏘아보았다. 나는 선을 넘었다. 재치 넘치는 조숙한 십대가 스물일곱 청년과 놀 수는 있다. 하지만 섹스를 하려는 성인 남성을 막는 것은 다른 문제였다.

리처드와 션 사이에 어떤 일이 있었는지는 모른다. 하지만 다음 날 섀런에게서 전화가 왔다. 섀런은 내 행동에 션이 굉장히 짜증을

---

[1] (옮긴이) 올리비아 뉴튼 존 주연의 1980년 작으로 2007년 브로드웨이 뮤지컬로 만들어졌다.

냈다고 했다. 섀런은 내가 션에게 반했다는 사실을 '모두가 깨달았기' 때문에, 션을 진정시켰다고 했다. "자연스러운 일이야." 모두 깨달았다고? 션에게 반하지 않고서야 그렇게 유치하게 행동할 리 없다는 얘기를 다 같이 했다고? "아니야." 나는 엄청난 부끄러움에 울먹이며 말했다. "정말 좋아하는 거 아니야." 하지만 내가 부정하면 할수록 더욱 긍정으로 보였다. 그리고 20년이 지난 지금에야 진실을 전한다. 나는 정말로 션에게 반하지 않았다. 내가 그렇게 행동한 것은 두 사람이 하려는 행동이 불쾌하다고, 본능적으로 느꼈기 때문이다. 션에게 반했기에 복통을 느낀 것이 아니었다. 나는 내가 게이 친구들을 장신구처럼 이용한 사실을 인정해야 했다. 그들은 항상 재밌고 나를 즐겁게 하고 나를 칭찬하고 내 문제에 대해 들어 주는 존재여야 했고, 자신들의 삶은 누구도 듣고 싶어 하지 않는 비밀로 간직해야 했다. 나는 그들이 '반쯤 벽장 게이'로 남길 원했다. 조합 배우 션 케니는 벽장에 있는 상태가 아니었다. 그는 뉴욕으로 이사했고, 잠시 이곳에 돌아온 것뿐이었다. 그는 성인이었다. 그가 리처드 디아텔리스와 엮이려고 할 때 내 반응은 가스 선생님 같았다. 나는 내 두꺼운 금발 콧수염을 쓰다듬으며 내가 무슨 짓을 했는'줘' 생각했다.

이는 중대하면서도 굉장히 수치스러운 십 대 시절의 발견이었다. 이성애자 십 대 남자애들이 자신이 좋아하는 가슴에 머리가 달려 있다는 걸 깨달았을 때 느낌이 이럴 것이다.

첫 여름 이후 나는 내가 모든 것을 안다고 생각했다. "동성애는 선택이 아니에요. 동성애자들은 신이 만든 형상 그대로예요." 나는 가스 선생님에게 당당하게 설교했다. 하지만 다음 부분을 깨닫는 데 꼬박 1년이 걸렸던 것이다. "신이 동성애자를 만들었지만, 내 즐거움만을 위해 만든 것이 아니다." 우리는 우리 동성애자 친구들이 항상 싱글로 남아 금욕을 지키며 파티 준비를 도와주러 일찍 와 주기를 바라면 안 된다. 그리고 우리는 이 사람들이 결혼할 수 있게 해야 한다.[1]

서머 쇼타임에서는 매 여름 마지막 공연 전에 모든 아이를 무대에 올렸다. 우리는 <굿바이, 미스터 칩스Goodbye, Mr. Chips>의 수록곡 <세상을 사랑으로 채워요Fill the World with Love>를 불렀다. 모두 눈이 빠져라 울었다. 캠프가 끝나는 느낌이었다. 아마 몇몇 아이는 다시 학교로 돌아갔을 때 단순한 지루함과 보건 수업보다 두려운 일이 더 많았을 것이다.

래리 웬슬러는 자신의 꿈이었던 청소년 연극 프로그램으로, 의도치 않게 많은 다람쥐에게 근사한 일을 했다. 그들은 소속감을 느끼는 장소를 갖게 되었다. 혹여 래리가 그들이 다르다는 점을 마주하고 싶지 않아서 그런 것이라 해도, 다르다는 이유로 다르게 대하지 않았다. 기독교 정신을 훌륭하게 실천했다고 생각한다.

우리는 우리 사회를 좀 더 서머 쇼타임처럼 만들기 위해 애써야 한다. 약간의 비열한 중상모략을 제외하면, 실력을 중시하고 모두가 코러스 자리를 얻을 수 있으며 집에서 하얀 반바지를 가져오는 곳으로 말이다.

---

1 (옮긴이) 『보시팬츠』는 미국에서 동성혼이 법제화되기 전에 출판됐다.

그게 바로 돈 페이

지금까지 익힌 '목표 지향적이고, 순종적이고, 마약을 하지 않고 성관계를 하지 않는 어른'을 기르는 법을 살펴보자. 불행한 사고, 칭찬, 지역 극단, 평발이다.

또 다른 핵심 요소는 '엄한 아버지상과 그에 대한 두려움'이다.

아빠는 클린트 이스트우드^{Clint Eastwood}처럼 생겼다. 스코틀랜드인과 독일인의 혼혈로, 잘생겼지만 무표정을 해도 무서운 얼굴이다. 6학년 때 합창 공연 중에 관객석에 있는 아빠를 발견했는데, 아주 근엄한 표정을 짓고 있었다. <해피 데이즈Happy Days > 주제곡 가사를 망치는 걸 아빠가 본 게 분명하고, 나는 크게 혼이 날 것이라 생각했다. 남은 공연 내내 공포로 인해 올라오는 트림을 억눌렀지만, 끝나고 돌아온 것은 포옹과 뽀뽀뿐이었다. 그게 그냥 아빠의 얼굴이라는 것을 알기까지 수년이 걸렸다.

알고 보니 내 얼굴이기도 했다. 후일 게이 발굴단이 발견한 광대뼈는 아빠에게서 물려받은 것이다.

돈 페이Don Fey는 옷을 잘 입었다. 색을 매치하고 무늬를 보는 예술가의 안목이 있었다. 겨울에는 조끼 스웨터 위에 트위드 재킷을 입었고, 여름에는 시어서커 슈트를 입었다. 단정한 손에는 석류석이 박힌 대학 반지를 꼈다. 지금도 여전히 모자를 소화할 수 있다.

아빠는 '중요한 사람'처럼 보였다. 하루는 점심시간에 아빠의 회사에 갔고, 필라델피아 시내에서 아빠의 고등학교 시절 친구들을 만난 적이 있다. "이봐, 돈 페이!" 한 사람이 길 건너에서 소리쳤다. "세상에, 돈 페이잖아." 다른 남자가 흥분하며 말했다. 같이 신호를 기다리고 있던 아프리카계 미국인 비서 두 명이 잘 알고 있다는 듯 서로에게 속삭였다. "저 사람이 **돈 페이**야."

내가 태어나기 전, 엄마는 여름 동안 오빠를 그리스에 데려간 적이 있다. 그곳에 있는 가족을 보기 위해서였다. 두 사람이 돌아왔을 때, 아빠는 셰비 컨버터블을 세차한 뒤 광을 냈고 샤크스킨 정장을 입었다. 그리고 필라델피아에서 뉴욕국제공항까지 차를 몰고, 두 사람을 데리러 갔다. (그 시절에 국제 여행이란 차려입고, 비행기 안에서 담배 피우고, '팬암' 항공기 슬리퍼를 신고 뉴욕에 착륙하는 것이었다.)

두 사람의 도착 시각은 이른 아침이었고, 절대 늦는 법이 없는 돈

페이는 동이 트기 전에 공항에 도착했다. 멋진 모자를 쓰고 텅 빈 주차장을 가로질러 터미널로 향할 때, 멀리서 두 명의 흑인 신사들이 다가오는 걸 봤다. 그는 아무렇지 않은 척하며 불안을 숨겼다. 그가 있는 곳은 뉴욕이었다. 다른 지역에서 온 사람에게는 세계에서 가장 위험한 도시였다. 그리고 어둠 속에서는 먼 거리에 있는 이 사람들이 공항 직원인지 배회하는 사람인지 알 수 없었다.

거리가 가까워지자, 두 사람이 그를 살펴보는 것을 느낄 수 있었다. 그는 계속해서 아무렇지 않은 척했다. 돈 페이는 백인이 소수인 필라델피아 서부에서 아무 문제 없이 자랐다. 당연히 이 두 사람이 그 사실을 알 리는 없었다. 거리가 3m로 좁혀지자 그의 가슴이 조금 빠르게 뛰었다.

두 남자는 그를 뚫어져라 쳐다보았다. 그러더니 한 남자가 다른 남자에게 말했다. "저거 참 당당하고 대담하고 간지나는 새끼네."

그게 바로 돈 페이였다. 그는 거친 남자였다. 한국에서 암호 해독가로 복무했고 필라델피아에서 소방관으로 일했다. 숙련된 솜씨를 가진 수채 화가고, 미스터리 소설을 두 개 썼다. 그리스어를 독학했는데 어찌나 잘 익혔는지, 아크로폴리스행 표를 사려고 했을 때 안내원이 "Για τους Έλληνες꜏, είσοδος είναι δωρέαν.(그리스 시민은 무료예요.)"라고 했을 정도였다.

이웃 아이들은 아빠가 필리스[1] 경기를 보며 하는 욕을 듣기 위해 우리 현관에 모이곤 했다. (앤디 무서Andy Musser[2]는 너무 지껄여 댔다. 경기는 6이닝쯤이면 이미 "끝났"을 때가 많았다. "이 망할 경기는 끝났어. 저 개자식들 말아먹었어.") 플라이어스[3] 경기를 볼 때면 광고 시간에 채널을 바꿨다가 정확히 경기가 재개될 때 다시 채널을 돌렸다. 사촌이 이 능력에 놀라워하자 아빠는 아무렇지 않게 "그냥 90초 기다리면 돼."라고 했다. 다들 머릿속에 스위스 시계 하나쯤 장착하고 있지 않은가?

돈 페이는 골드워터 공화당원[4]이다. 그 외에는 달리 선택지가 없었다. 돈 페이라면 결코 조 바이든Joe Biden[5]을 보고 '그래, 저 치아를 갈아 넣은 양반이 나를 이끌어 줬으면 좋겠네.'라고 하지 않을 것이다. 존 케리John Kerry[6]가 치솟는 의료비용에 대해 공감하는 척하는 걸 듣고 있지 않을 것이다. '해소되지 않은 파더 콤플렉스'에 시달려서 지퍼를 닫을 줄 모르는 빌 클린턴Bill Clinton에게도 확실히 관심이 없을 것이다. 돈 페이는 그딴 건 참아주지 않는다. 돈 페이는 성인 남자다! 흑인이 스타일리시하다고 여기는 사람이었다!

---

1 (옮긴이) 필라델피아를 연고지로 한 필라델피아 필리스 야구팀이다.
2 (옮긴이) 미국의 스포츠 캐스터로 필라델피아 필리스 경기의 해설로 유명하다.
3 (옮긴이) 필라델피아를 연고지로 한 필라델피아 플라이어스 아이스하키팀이다.
4 (옮긴이) 1964년 공화당 후보로 대선에 출마해 린든 B. 존슨에게 참패한 배리 골드워터 의원의 강경 보수적인 관점을 지지하는 공화당원이다.
5 (옮긴이) 오바마 정부에서 8년간 부통령직을 맡았다.
6 (옮긴이) 2004년 민주당 후보로 대선에 출마해 조지 W. 부시에게 패했다. 매우 부유한 정치인으로 유명하다.

돈 페이는 노만 리어[7] 이전 시대의 인종 관점을 지닌 사람이다. 벙커 가족이 제퍼슨 가족[8]과 만난 이후, 모든 흑인과 백인 사이의 교류는 인생을 바꾸는 교훈이 되어야 했다. 특히 백인에게는 말이다. 내 세대는 그 점을 인지하며 살았지만 칸예 웨스트Kanye West와 테일러 스위프트Taylor Swift를 보고 몇 번이나 실망해야 했다.

나는 돈 페이가 자란 필라델피아 서부의 경계 지점 건너편에 있는 집에서 자랐다. 돈 페이는 분명 다른 인종, 다른 종교인 친구가 있었다. 그는 라이오넬 햄프턴Lionel Hampton[9]과 뽀뽀를 한 이야기도 나에게 두어 번 해 주었다. 그는 십 대 시절 재즈 콘서트에 간 적이 있다. 관중은 전원 백인이었다. 공연 중간에 라이오넬 햄프턴은 여자 관객한 명을 무대 위로 불러 같이 춤을 추려 했다. 하지만 백인 여자들은 흑인 남자와 춤추는 모습을 보이는 것을 무서워했다. 긴장감을 완화하기 위해 돈 페이는 무대 위로 올라가 햄프턴과 춤을 췄다. 끝날 때쯤 라이오넬 햄프턴은 돈의 이마에 뽀뽀를 했고 박수갈채가 쏟아졌다.

이와는 대조적으로 그는 오빠와 나에게 이런 말을 하기도 했다. "만약에 흑인 애 두 명이 자전거 하나를 타고 돌아다니면 너희 자전거는 차고에 집어넣어라." 이건 인종차별이 아니었다. 경험이었다. 그 아이들은 **정말로** 자전거를 훔치기 위해서 필라델피아 서부에서 온 애들이었다. 그 아이들이 그런 행동을 하게 된 사회적 구조와 원인은 대공황 시절에 태어난 사람에게는 상관없는 일이었다. 크리스

---

7 (옮긴이) <제퍼슨스>, <원데이 앳 어 타임>의 제작자로 인종에 대한 편견을 깨는 작품을 많이 만들었다.
8 (옮긴이) <제퍼슨스>는 벙커 가족이 주인공인 <올 인 더 패밀리>의 스핀오프로 제퍼슨 가족은 벙커 가족의 이웃이다.
9 (옮긴이) 미국의 재즈 뮤지션으로 비브라폰의 왕으로 불리며, 앨라배마 재즈 명예의 전당에 올랐다.

마스 선물로 오렌지를 받고 컸다면, 자식들에게 사 준 25달러짜리 자전거가 도둑맞지 않도록 하게 된다.

노만 리어는 우리가 시간을 들여 생각해 보기를 바랐을 것이다. 그 아이들은 재정 지원을 제대로 받지 못하는 학교에 다니며, 자애롭고 품위 있는 그들의 부모님은 최저 시급을 받으며 맞벌이를 하느라 아이들을 훈육할 수 없는 상태라는 걸 말이다. 하지만 그사이 우리 자전거는 사라졌을 것이다.

70년대 말은 '허리띠를 졸라매자.'라는 주제의 '가족회의'가 왕왕 열린 암울한 시기였다. 수치스러운 워터게이트 사건[1]에 이어 이란 인질 사태[2]까지 일어났다. 우리 주에는 스리마일 섬 원자력 발전소[3]가 있었고, 베이루트[4]는 항상 무언가의 발발 27일째였다. 우리 동네의 나무에는 매미나방이 붙어 나무가 고사했다.

나는 그 시기를 선명하게 기억한다. 석유 파동과 카터 정부, '알란 알다Alan Alda[5]의 온정주의적 리버럴 프로파간다'가 돈 페이의 존엄성을 나날이 갉아먹기 시작했다.

어느 토요일, 아빠는 '패스마크' 슈퍼마켓에서 카펫 청소기를 대여해 카펫을 청소하려는 계획을 세웠다. 이 계획을 말하자 엄마는 "어휴, 제대로 되지도 않더라."라고 무심하게 말했다. 지난번에 사용한 카펫 세제도 절반이 남아 있었다. 하지만 돈 페이는 단념하지 않았다. 그리고 그의 충실한 심복인 나는 그와 함께 갔다. 우리는 카펫

---

1 (옮긴이) 1972년 비밀공작반이 민주당 선거 본부에 도청 장치를 설치하다 발각된 사건. 1974년 리처드 닉슨의 대통령직 사임을 불러왔다.
2 (옮긴이) 1979년 이란의 미국 대사관이 점거되어 외교관이 인질로 잡힌 사건. 해결 과정에서 보여 준 정부의 무능으로 미국인들에게 수치심과 좌절감을 준 사건이다.
3 (옮긴이) 1979년 펜실베이니아 주 스리마일 섬 원자력 발전소에서 멜트다운 사고가 일어났다.
4 (옮긴이) 레바논의 수도. 레바논은 1975년부터 1990년까지 내전을 겪었다.
5 (옮긴이) 할리우드의 대표적인 리버럴 인사. <30 락>에서 잭 도너기의 아버지 밀튼 그린 역을 맡았다.

청소기를 대여하고 새로운 세제 한 병을 사서 폰티악 카탈리나 트렁크에 실었다.

집에 도착하자 아빠는 1층 전체를 청소할 수 있도록 나를 바깥으로 내보냈다. 나는 지하실로 내려가는 계단 옆에 있는 흙무더기를 '타투인'[6]이라고 불렀다. <스타워즈 Star Wars> 피규어를 타투인에 겨우 늘어놓았을 때쯤 집 안에서 소란스러운 소리가 났다. 아빠가 욕을 하고 있었다. 물건들이 나뒹굴었다. 나는 바로 복통을 느꼈다.

망으로 된 문이 벌컥 열렸다. 세제 두 병이 뒤쪽 입구에 쾅 떨어졌다. 카펫 청소기는 뒤엉킨 상태로 뒷문으로 굴러 나왔다.

"너희 엄마는… 마녀야!" 아빠가 밖으로 나오며 내뱉었다. 비유로 한 말이 아니었다. "나한테 저주를 걸었어!" 대여한 카펫 청소기가 소용이 없었던 모양이다. "저 망할 물건은 불량이야."

'불량'은 우리 집에서 꽤 중요한 단어였다. 많은 것들이 '불량'으로 불렸다. 설명서를 기적적으로 자세히 읽어서 제대로 기능하게 만들기 전까지는 말이다. 1970년과 1990년 사이에 아빠가 가장 많이 쓴 단어를 꼽는다면 '불량'과 '용납 불가'일 것이다. 이웃의 차에 야구 장갑을 두고 내렸다? 용납 불가다. 'a lot'이 두 단어인지 모른다고? 용납 불가다. 집에서 소다를 만들어 먹으려고 산 탄산 기계? 불량이다. 독립기념일에 열리는 비치 보이즈 The Beach Boys 콘서트에 철자를 잘못 쓴 플래카드를 들고 간다고? 용납 불가다. 리치 애시번 Richie Ashburn[7]이 아직도 야구 명예의 전당에 들어가지 못했다고? 개소리. (돈 페이는 '개소리'라고 적힌 커다란 고무도장을 가지고 있었다. 엄청 멋졌다.)

문법이나 세부 사항에 신경 좀 쓰자는 게 그렇게 힘든 요구인가?

---

6 (옮긴이) <스타워즈>에 등장하는 행성이다.
7 (옮긴이) 필라델피아 필리스 소속 선수로 1955년, 1958년 내셔널리그 타격왕이었다. 1995년에 명예의 전당에 올랐다.

패스마크에서 일하는 누군가는 이 망할 카펫 청소기가 작동하는지 확인했어야 하는 거 아닌가?

그는 불량 청소기를 계단 아래에 내려놓았다. 청소기 호스가 그를 짜증 나게 하려는 목적 하나로 파닥거렸다. 비눗물이 속에서 찰랑거리며 깔끔한 집을 꿈꾼 그를 조롱했다. "개자식!" 50도 기울어진 진입로에서 커다란 차를 후진하자, 범퍼가 바닥에 긁혔다. 그는 소리쳤다. "세제 집어. 어서." 나도 패스마크에 함께 가는 건가? 참 좋네. 나는 바닥에 있는 똑같이 생긴 세제 두 병을 바라봤다. 하나는 새 제품이라 환불이 가능했다. 하나는 6개월이 지났고 반이 비어 있었다. 하지만 어떤 병이 새것인가? 나는 알 수가 없었다! 불투명 opaque한 병이었다. 영재 프로그램에 들어갔기 때문에 그 단어를 알고 있었지만, 그 찰나의 순간에는 어떠한 도움도 되지 않았다. 왜 병을 들어서 어느 쪽이 더 무거운지 확인하지 않았을까? 왜 둘 다 가져가지 않았을까? 나는 결코 상식 프로그램에는 들어가지 못할 터였다. 아빠는 서두르라고 경적을 울렸다. 나는 한 병을 집어서 차로 달려갔다.

패스마크까지 가는 내내 긴장이 가득한 침묵이 흘렀다. 그나저나 지금의 나는 이해한다. 나도 일을 하는 양육자로서, 가끔은 생산적인 토요일을 보내고 싶은 기분이 들 때가 있다는 걸 안다. 내 삶을 내가 통제하고 있다는 기분을 느끼고 싶을 때가 있다. 당연히 내가 통제하고 있지 않은데 말이다. 아이들과 지미 카터 Jimmy Carter[1]는 최선의 계획을 망쳐 놓는다. 그런데 부인이 사악한 주문까지 걸어?! 용납 불가다.

미국이 어떤 나라여야 하는지 설명하기 위해 패스마크로 쏜살같이 들어가는 아빠를 따라갔다. 아빠는 고객 서비스 센터 카운터에 내게서 받은 병을 올려놓았다. 그 무게에 아빠의 얼굴이 빨갛게 변했

---

[1] (옮긴이) 1977년부터 1981년까지 재임한, 민주당 출신 미국 대통령이다.

다. 나는 반만 들어 있는 병을 집었던 것이다.

　1979년의 경제 상황은 수모를 감수하게 만들었다. 3달러를 낭비할 여유가 없었다. 90년대에 인터넷 붐이 불고 난 이후, 우리는 새로 나온 민트맛으로 가글을 하고 싶다며 반이나 들어 있는 구강 청결제를 버렸다. 우리는 스타벅스에서 캐모마일차를 산 후에 다 마시지 않는다. 하지만 돈 페이에게 그런 일은 없다. 1979년에는 더욱 안 될 일이었다. 그는 집으로 돌아가 다른 병을 가지고 다시 돌아올 것이었다. "여기서 기다려." 그는 목멘 목소리로 말했다.

　그는 알뜰 상품 통로 끝에 나를 두고 갔다. 나는 거기 서서 눈물을 참았다. 9살짜리를 패스마크에 혼자 두고 가는 건 불법이었을 텐데 말이다. 불행히도 나는 빨간 폴로 셔츠에 반바지를 입고 있었다. 내 짧은 머리카락과 통통한 몸매 덕에 노인 세 명이 나를 남자 아르바이트생으로 착각했다. "총각, 여기 자두가 어디 있지?"

　언젠가 나도 내 딸에게 이 정도로 겁을 줄 수 있길 바랄 뿐이다. 지금 딸은 부모를 전혀 무서워하지 않는다. 문제라고 생각한다. 대학교 1학년 시절, 처음으로 집에 돌아왔을 때 아빠는 이렇게 말했다. "밤 10시인데 나간다고? 어림없다." 나는 그냥 웃으며 괜찮다고 했다. 내 딸은 여섯 살이 되면 그렇게 하지 않을까.

　어떻게 하면 돈 페이가 나에게 준 것을 내 딸에게 줄 수 있을까? 불안이라는 축복, 혼나는 두려움을 말이다. 사랑받고 있지만 법 위에 있지 않다는 지식 말이다. 이렇게 많은 섹스 비디오가 만들어지는 걸 보면 '세계보호자불안시스템'은 실패하고 있다.

　어린 시절 토요일 아침, TV에서 만화 영화를 방영했다. 중간 광고 시간에 막간 영상으로 노래가 나왔는데 가사는 이러했다. "이 세상에서 가장 중요한 사람은 바로 너. 너는 너를 잘 알지 못하지. 너는 세상에서 가장 중요한 사람이야!" 아이에게 주입시키기 가장 안 좋은 생각이 아닌가? 본인이 가장 중요한 사람이라고? 세상에서? 아이들은 이미 그렇게 생각하고 있다. 그 반대로 가르쳐야 한다. 그리즐리 아담스Grizzly Adams 보온병 뚜껑을 잃어버렸을 때 무슨 일이 생길지 조금은 두려워해야 한다.

돈 페이는 '침묵의 세대' 사람이다. 그들은 자식 세대와 다르다. '공략'되지 않는 사람들이다. '보더스Boders'보다 '반스앤드노블Barnes and Noble'에 더 '충성심'을 느끼지 않는다. '햄버글러' 캐릭터를 보며 자랐기 때문에 버거킹에는 가지 않고 맥도날드에만 간다고 돈 페이에게 말한다면, 그는 당신을 멍청이라고 여길 것이다.

내가 얼굴을 베였을 때, 아빠는 병원으로 가는 차 안에서 나를 자신의 무릎에 앉히고, 참전 용사이자 전 소방관의 침착함으로 상처에 직접 압박을 가했다. 나는 올려보며 물었다. "저 죽는 거예요?" 아빠가 말했다. "말하지 마." 그러니 그는 <서바이버Survivor[1]>에서 사람들이 벌레를 먹는 모습을 보고 싶어 할 사람이 아니다. 내가 보기에 이 두 가지 일은 서로 명백하게 연관되어 있다.

아빠는 내 일터에 몇 차례 방문한 적이 있는데, 나는 그때마다 권력 있는 남자들이 아빠에게 이상하게 반응한다는 것을 알게 됐다. 그들은 '한 발 물러섰다.' 론 마이클스는 아빠를 처음 만난 후 나에게 말했다. "자네 아버지는… 인상적이군." 그들은 돈 페이를 만난 후, 나에 대해 가지고 있던 생각을 재조정했다. 알렉 볼드윈Alec Baldwin은 그를 자세히 보더니 손을 꽉 잡고 악수를 했다. "이 분이 아버지란 말이지?" 도대체 뭘 깨닫는 것일까? 나는 궁금하다. 나를 괴롭히지 않는 게 좋겠다고? 돈 페이가 윽박지를 테니까? 강한 아버지상을 두고 있

---

[1] (옮긴이) 무인도에서 살아남는 서바이벌 리얼리티 프로그램이다.

으니 남자에 대한 기준이 높겠다고?

콜린 퀸^{Colin Quinn}만이 직접적으로 말했다. "너희 아버지 존나 장난 없으시네. 저 집에선 자식이 토끼풀 문신을 하고 집에 들어가는 일은 없겠구먼."

그게 바로 돈 페이다.

올드래그산 오르기

　이것부터 언급하고 시작하자. 1990년, 버지니아대학교 University of Virginia, UVA에서 나는 멕시코인이었다. 금발에 푸른 눈을 지닌 만오천 명의 동기들 옆에 있으니 나는 멕시코인처럼 보였다. 동기 대부분이 말을 소유하고 있거나 말을 닮았다.

　그리스인 인구가 많은 우리 동네에서 나는 '가장 새하얀' 애였다. 하지만 새로운 동기들의 눈에 나는 레깅스를 입은 프리다 칼로 Frida Kahlo였다.

　많은 사람들이 대학 시절에 성적인 실험을 하고 깨달음을 얻는다. 나 역시 예외는 아니었다. 코카시아인 남자와의 실험이 연이어 실패로 돌아간 끝에, 나는 **정말로** 코카시아인 남자가 좋다는 것을 깨달았다.

　코카시아인 말이다. 어쩌면 내 그리스계 성장 배경을 거부하는 나름의 방식인지 모르겠지만, 나는 그들의 말간 피부와 옛스러운 매너와 낚시에 대한 지식이 좋았다. 솔직히 말하자면 래리 윌콕스 Larry Wilcox[1]가 (촬영용 평상형 트럭 뒤에 실려 있는) 오토바이를 타고 태평양연안을 달리는 모습을 본 순간부터 이 사실을 알았다. 나는 백인 남자가 좋았다.

　참 잘된 일이었다. 어떤 열아홉 살짜리 버지니아 남자애가 짧은

1　(옮긴이) 드라마 <칩스>에서 고속도로 순찰 경관 역을 맡은 배우다.

파마머리에 골반이 넓고 빈정거리는 게 특기인 그리스 여자애를 마다하겠는가? 뭐라고? 모두가 마다했을 거라고? 맞다. 나는 4년간 나에게 관심이 없는 사람들의 마음을 사로잡기 위해 노력했다. (미래에 시청률이 낮은 TV쇼를 만드는 커리어를 가질 대비가 된 것 같다.) 나는 어떻게 해야 하는지 알지 못했다. 긴 금발 포니테일에 링 귀걸이를 한 사교 클럽 소속 여자애들과 경쟁이 되지 않았다. '모험심 강한 남자애'를 찾아보려 했지만, 나는 신나는 출발점이 될 정도로 소수 민족은 아니었다. 한국인도 아프리카계 미국인도 진짜 멕시코인도 아니었으니까. 그냥 '완전히 하얗지' 않을 뿐이었다.

나는 1학년 초에 내 처지를 깨달았다. UVA에서는 '신입생freshman'이나 '졸업반senior'이라는 표현을 쓰지 않았다. 제퍼슨이 교육은 일생의 과업이라고 생각했기 때문이다. 토마스 제퍼슨Thomas Jefferson[2], 나에게 관심이 없었을 또 다른 멋진 백인 남자다. 내 문제를 간추리자면 이랬다. 샬러츠빌에서 좀 놀고자 하면, 마사 제퍼슨Martha Jefferson[3]이나 샐리 헤밍스Sally Hemings[4]여야 했다.

1학년 때, 나는 같은 기숙사에 사는 짙은 흑발의 똑똑한 남자애를 좋아했다. 이 관계는 『펜트하우스Penthouse[5]』에 실린 '섹시한 여대생'의 편지처럼 전형적으로 흘러갔다. 그가 적어도 하루에 한 번씩 <풀 메탈 재킷Full Metal Jacket[6]>을 본 적이 있냐고 내게 물었고, 나는 본 적이 없다는 걸 상기시켜 줬다. 그러면 그는 일부 장면을 내게 말해

---

2 (옮긴이) 미국 독립선언문의 초안을 작성한 미국의 세 번째 대통령. 정계 은퇴 후 버지니아대학교를 설립했다.
3 (옮긴이) 토마스 제퍼슨의 아내다.
4 (옮긴이) 제퍼슨 가의 노예이자 마사 제퍼슨의 이복 여동생이며 토마스 제퍼슨의 아이를 낳았다.
5 (옮긴이) 『플레이보이』의 경쟁 잡지다.
6 (옮긴이) 베트남 전쟁을 배경으로 한 스탠리 큐브릭의 영화다.

주었다. 그 때문에 나는 몇 주간 썸을 탔다고 착각했다. 어느 날 밤, 나는 몬로 힐 기숙사 옆에서 그에게 키스를 시도했고 그는 문자 그대로 달아났다. 비유가 아니다. 정말로 도망갔다.

한번은 충격적으로 잘생긴 남자와 남학생 사교 클럽의 식사에 간 적이 있다. 조지아 출신의 오브리 매디슨 카트라이트 3세였다. 이 남자는 클락 켄트[Clark Kent][1]처럼 생겼었다. 농담이 아니다. 의자를 빼 주고 문을 잡아 주는, 고상하고 사려 깊은 사람이었다. 문제는 딱 하나였다. 그가 식사 자리에 나를 초대했을 때 우리가 나눈 대화는 이랬다.

티나는 극장 건물 앞에 있는 계단에 앉아 있다. 연기 수업을 같이 듣는 친구들과 대화 중이다. 오브리 카트라이트가 다가온다.

티나: 안녕, 오브리. 너 게이 맞지?
오브리: (당황하며) 뭐? 아니야. 나 너한테 클럽 식사 같이 가자고 하려고 왔는데.
티나: 아, 그렇게.

그나저나 내가 옳았다. 그는 남자를 좋아했다.

그래서 가끔 헤테로섹슈얼인 백인 남자와 조금이라도 잘될 가능성이 보이면, 나는 그 기회를 놓치지 않으려 아등바등했다. 그런 연유로 달밤에 올드래그산을 올랐던 것이다.

그 남자는 나보다 나이가 많은 건축과 학생으로, 연극과에서 올리는 연극에 참여했다. 그의 실명을 거론하지는 않겠다. 이걸 알게 되

---

[1] (옮긴이) 슈퍼맨의 지구인 이름이다.

면 너무 뿌듯해할 것 같으니까. 대신 당시 그의 생김새를 고려해 '잘생긴 로버트 울Robert Wuhl[2]'이라고 부르겠다. 한 시간 동안 정확히 어떻게 생겼을지 짐작해 본 후, 준비가 되었을 때 다시 책을 들기 바란다.

돌아온 걸 환영한다.

잘생긴 로버트 울과 나는 몇몇 연기 수업과 연극에 함께 참여했다. 그는 내 유머 감각을 마음에 들어 하는 것 같았다. 그때 남자아이들이 다 그랬듯이, 그는 데이비드 레터맨David Letterman의 말투를 흉내 냈고 나도 그게 마음에 들었다. 어떻게 하다가 차 안에서 애무를 하기 시작했는지 기억나지 않는다. 하지만 좋았으니까 나는 계속해서 했다. 이런 일이 기숙사 뒤에 있는 차도에서, 밤중에만 벌어졌으니 '빨간불'이 들어와야 했지 않냐고? 물론이다. 이런 일이 진짜 '데이트'는 한 번도 하지 않은 상태에서 벌어졌고, 비밀이었다는 게 '좋지 않은' 거 아니냐고? 당연하다. 하지만 드디어 입술이 얇은 백인 남자애가 내 손에 들어왔으니까 그냥 다들 조용히 해!

비밀 애무는 한동안 계속됐다. 잘생긴 로버트 울은 자신이 끝까지 가지 않는 데에는 도덕적/종교적 이유가 있다고 주장했다. 나도 좋았다. 끝까지 가려 했다면 겁에 질렸을 테니까. '주장했다'고 한 이유는 그는 모든 걸 자기 식대로 통제하는 걸 좋아했고, 더 섹시한 사람과 첫 경험을 하려고 했다는 게 진실에 가까운 것 같아서다.

연극과에서는 종종 큰 행사가 있었다. <도둑 신랑The Robber Bride-

---

2 (옮긴이) 미국의 배우이자 코미디언. HBO 시트콤 <알리스Arli$$>에서 알리스 마이클 역을 맡았다.

groom>의 첫 공연을 축하하는 파티를 열거나, 초대 손님으로 애런 소킨[1]Aaron Sorkin(정말이다)이 와서 환영회를 열기도 했다. 내가 친구들과 파티에 참석할 때 잘생긴 로버트 울은 예쁜 파트너와 참석했고, 나중에 차에서 놀기 위해 나를 데리러 왔다. 가끔은 그냥 드라이브를 하기도 했다. 사슴을 친 적도 있다. 왜 블루리지산 주변을 돌며 드라이브를 했을까? 나는 지금까지도 이 아이를 이해할 수 없다. 애무하기 전까지 내가 얼마나 오랫동안 지루함을 견딜 수 있는지 실험한 것일까? 그럴지도 모른다.

결국에는 데이트 비슷한 것을 하기는 했다. 그는 나를 쇼핑몰에 데려가 다른 여자애를 위한 선물을 사는 걸 돕게 했다. 나에게는 '히코리 팜'에서 샌드위치를 사 줬다. "너 엄청 많이 먹네." 내가 샌드위치를 다 먹자 그가 웃었다. 나는 결국에는 그가 남자처럼 먹을 수 있는 내 능력에 반해, 나를 자신의 여자 친구로 삼고 싶어 할 줄 알았다.

그래서 '잘로울'이 내게 올드래그산을 등산하겠냐고 대뜸 물었을 때, 나는 즉시 그러겠다고 했다. 그러고는 당장 기숙사로 달려가 룸메이트들에게 말했다. 나를 특별하게 생각하는 게 틀림없었다. 아니라면 왜 근처의 산으로 등산을 하러 가자고 하겠는가? 룸메이트들은 회의적이었다.

다음 날 저녁, 캠퍼스 밖에 있는 그의 아파트에서 잘로울을 만났다. 맞다. 밤에 등산을 하는 것이었다. 당시 나는 이에 대해 어떠한 의문도 가지지 않았다. 등반에 대해서 아무것도 몰랐고, 분위기를 잡기 위해 하는 일이라고 생각했기 때문이다. 그는 나에게 자신의 룸메이트를 소개했다. 제스인지 크리스인지 뭐시기였다. 그는 말랐지만 다부진 조그만 남자였고 우리와 함께 등산을 한다고 했다. 이는 나나

---

[1] (옮긴이) <웨스트윙>, <뉴스룸>, <소셜 네트워크> 등의 작가다.

제스-크리쓰는 처음 듣는 소식이었다. 그가 쌀쌀맞았다고 하는 것은 힌덴부르크[2]의 선장이 "가스 냄새가 나는데."[3]라고 한 이후 가장 축소된 표현일 것이다. 그는 나를 완전히 무시하다가도 경멸의 눈빛을 보냈다. 그 눈빛은 명백히 이렇게 말하고 있었다. "사교 클럽 소속도 아닌 이 못생긴 여자애는 누군데, 우리의 호모에로틱한 형제의 시간을 망치는 거지?"

우리는 피터 가브리엘Peter Gabriel의 <In Your Eyes>를 들으며 마을을 빠져나갔다. 잘로울은 그 노래를 끝없이 들었다. 굉장히 심오한 사람이었다. 그는 조그마한 조개 목걸이를 항상 하고 있었는데, 인종격리 정책이 끝나기 전까지는 벗지 않겠다고 했다는 것을 내가 언급했던가?

올드래그산 아래에 도착했을 때는 이미 어둠이 내려앉았다. 잘로울과 제스-크리쓰는 둘 다 손전등을 챙기지 않았다는 사실을 깨달았다. 누구 잘못인지 잠깐 다툰 후, 상관없으니 등산을 시작하자고 결론지었다.

첫 난관은 주차장에서 실제 등산로 입구까지 가는 일이었다. 2.4km 정도 되는 거리였다. 산기슭에 도착했을 때쯤, 나는 이미 너무 무리한 데다 그걸 감추려고 애쓴 탓에 속이 메스꺼웠다. 나는 물을 달라고 했다.

"아, 진짜 장난해?" 두 사람은 멍하니 서로를 바라보았다. 물을 가져오는 것도 잊은 것이다.

다음 난관은 '스크램블링[4]'으로, 훨씬 어려운 단계였다. 미끄러운

---

2 (옮긴이) 독일의 비행선으로, 비행선 내부의 수소가 폭발해 추락했다.
3 혹은 워렌 버핏Warren Buffett이 "오늘 저녁은 내가 살 수 있어."라고 하거나 혹은 찰리 쉰 Charlie Sheen이 "이번 주말은 재밌게 보낼 거야."라고 하거나. 원하는 발언으로 고르자.
4 (옮긴이) 등산 방식의 일종으로, 자유롭게 기어오르는 것을 말한다.

암벽을 안전하게 기어오르기 위해 발을 디딜 곳을 찾는 것은 고도의 집중력이 필요한 일이었다. 밤이 깊어졌지만 달이 환하게 빛나고 있었다. 어려웠지만 나는 이 도전을 진심으로 즐기고 있었다. 제스-크리쓰는 계속해서 내가 죽거나 더 예쁘길 바라고 있었다. 잘로울은 실력을 과시하며 우리를 앞질렀다. 그날 알게 된 점이 있다. 이런 등산로에는 표식이 있으며, 한 색깔은 쉬운 길을 의미하고 다른 색깔은 중급자용 길이라는 것이다. 또 하나 알게 된 점은 가끔, 특히 밤이면 그 표식이 잘 안 보인다는 것이다.

잘로울은 이내 "길을 벗어나겠다"고 말했다. 나중에 우리와 만나겠다는 것이었다. 제스-크리쓰와 나 둘 중 누구도 달가워하지 않았지만, 잘로울은 우리 속도에 맞출 수 없을 정도로 뛰어난 등산가였던 모양이다. 제스-크리쓰와 나는 20분간 아무 말 없이 등산을 했다. 제스-크리쓰가 다음 표식을 못 찾는다면 나는 어떠한 도움도 줄 수 없었다. 등산 초보 그 자체였기 때문이다. 레슬링화를 신고 왔을 정도였다. 제스-크리쓰는 계속해서 앞서가는 잘로울에게 "그만 나대", "재수 없게 굴지 좀 마"라고 외쳤다. 잘로울은 어둠 속에서 그저 뭔가를 해 보고 싶어서 그러니, 몇 분 후에 다시 등산로로 돌아올 거라고 말했다. 그러고는 그 소리가 들렸다. 끙 앓는 소리와 함께 작은 돌이 큰 돌 위로 떨어지는 소리가 들렸다. 연이어 빨래 주머니가 지하 계단에 튕기며 떨어지는 것 같은 소리가 났다. 그 멍청이가 산에서 떨어진 것이다.

제스-크리쓰와 나는 분명 같은 생각을 했을 것이다. '저 녀석의 어머니에게 자기 자식이 어떻게 죽었는지 내가 설명해야 하나?'

티나: 평일 밤에 올드래그산을 오르고 있었어요.

어머니 울: 네 여자 친구니?

제스-크리쓰: 아니오.

어머니 울: 내 아들의 여자 친구였니?

티나: 아니요, 어머니. 하지만 아드님이 저한테 살 빼면 예쁠 거라고 한 적은 있어요.

어머니 울: 너희들 대체 거기서 뭘 한 거니?

티나: 제스-크리쓰는 어떤지 모르겠지만 저는 느긋한 등산 후에 '옷 위로 손이 왔다 갔다' 하는 걸 원했어요.

제스-크리쓰: 저도요. 근데 쟤가 따라왔어요.

우리는 몹시 흥분해 잘로울을 불렀다. 몇 분 후, 그가 대답했다. 우리는 목소리를 따라 길을 내려가 그를 찾아냈다. 제스-크리쓰는 바위로 내려가 잘로울이 등산로로 돌아오도록 도왔다. 그는 다친 상태였지만 우리는 어째서인지 계속해서 등산을 하기로 했다. 마지막 1km 정도는 비교적 가파르지 않았고, 우리는 결국 매끄러운 화강암으로 덮인 정상까지 오를 수 있었다. 우리는 그곳에 앉아 아름다운 셰넌도어 계곡의 밤경치를 감상했다. 잘로울이 나에게 가까이 앉으라는 손짓을 하자, 크리쓰-제스는 눈치껏 멀리 떨어져 앉았다. 나는 지쳤고 탈수 상태에다 속이 메스꺼렸지만, 여전히 어떤 일이 벌어진다면 그렇게 할 용의가 있었다. 하지만 잘로울은 나를 만지지 않았다. 대신 그는 생각에 잠긴 듯 밤하늘을 바라보며, 이전에 올드래그를 오른 이야기를 해 주었다. 이틀 전, 낮이었다. 그는 점심에 그의 친구 그레첸을 이곳에 데려왔다. 그는 그레첸을 정말 좋아한다고 나에게 털어놓았다. 너무 좋아해서 어떻게 해야 할지 모르겠다고 했다. 정상에 도착한 뒤 두 사람은 그가 준비한 점심을 먹었다. 그는 그레첸에게 트라이덴트 껌을 건넸는데 그레첸은(그는 너무도 사랑스러워

웃음이 나와 말을 멈춰야 했다), 그레첸은 껌이 너무 크니 반으로 나눠 달라고 했다. "믿어지니?" 그는 놀라워했다. 너무도 여성스럽고 완벽해서 트라이덴트 껌 반쪽이 최선인 여자라니.

나는 이게 내 입장에서 어떤 의미인지 해석하려 했다.

"그럼… 너랑 내가 부비부비 할 일은 없겠네?"

올드래그의 하산길은 임산 도로였다. 숲속에서 개울을 찾아 마침내 마실 물을 얻게 됐다. 우리는 손으로 물을 떠 마셨다. 내 인생에서 가장 맛있고 만족스러운 물이었다. "오, 물이여. 산속 개울에서 내가 직접 떠 마신 물이여." 나는 머릿속으로 계속해서 노래했다. 당시 나는 밴 모리슨Van Morrison의 노래를 굉장히 많이 들었다. 나 역시 굉장히 심오했기 때문이다.

잘로울이 나를 데려다줬을 때는 동이 트고 있었다. 그날 밤의 일은 굉장히 이상했지만, 나는 산 정상까지 등반했다는 사실에 굉장히 신이 났다. 내가 등정에 성공하리라고 생각하지 못했기 때문이다. 운동을 마치면 섹스를 보상으로 주는 운동 기구를 만들어야 한다고 생각한다. 사람들은 실낱같은 가능성만으로도 초인적인 힘을 발휘할 것이다.

나는 2층 침대의 아래층에 기어들어 가며 올드래그를 오른 일에 대해 생각했다. 껌 반쪽만 감당할 수 있는 그레첸에 대해서도 생각했다. "걔랑 결혼하길 빌어." 나는 잘로울에게 말하는 상상을 했다. "그리고 알고 보니 그 애 보지가 엄청 거대하길 빌어."

YMCA

새벽 5시 10분, 시카고 모스 역에서 출발해 에번스턴 데이비스 역에 도착하는 열차는 젊은 백인 여성에게 놀랍도록 안전했다. 그 시각 열차에 있는 승객이라고는 밤새 사무실을 청소한 뒤 퇴근하는 폴란드 여성들밖에 없었다. 그들은 플라스틱 용기에 든 슬라브 전통 음식을 나눠 먹었다. 분명 기름지고 맛있을 터였다. 그저 감자, 쌀, 고기, 양배추를 이리저리 조합한 것인데 말이다.

내가 처음이자 (지금까지는) 유일하게 다닌 일반 직장은 일리노이 에번스턴에 있는 YMCA였다. 나는 1992년 핼러윈에 시카고로 이사했다. 핼러윈 정신에 맞게 아빠 차인 폰티악에 달걀을 집어 던지는 사람들이 있는 로저스 파크에 도착했다.

나는 서빙을 한 적이 한 번도 없었고, 일리노이 스코키에 있는 '루비 튜즈데이'의 매니저에게 서빙 경험이 있다는 거짓말을 한 것은 실패로 돌아갔다. "어디서 일했죠?", "펜실베이니아 하버타운에 있는 캐리지 하우스에서요." 세상 돌아가는 사정을 나보다 더 잘 아는 고향 친구는 레스토랑을 지어내고 자신의 전화번호를 대라고 했다. "손으로 날랐어요, 쟁반으로 날랐어요?", "쟁반이요." 고향 친구가 '쟁반'이 더 쉬우니 그리 말하라고 했다. "서빙하면서 제일 좋은 점이 뭐였어요?" 내 고향 친구는 이 질문까지는 예상하지 못했다. "어… 아이들이요. 귀여운 어린이 손님… 패밀리… 레스토랑이었거든요." 끝났다. '어린이'라는 뜬구름 잡는 대답이 미스 유니버스 대회 참가자나 주지사 후보에게는 어울릴지 모르겠지만, 서빙을 한 번이라도 해 본 적이 있는 사람이라면 혹은 그냥 레스토랑에 아이와 간 적이 있기만 해도 아이들이 영혼까지 털어 버리는 최악의 손님이라는 사실을 안다. 설탕 봉지를 다 꺼내고 우유를 오만 데에 쏟고 어린이 메뉴의 값은 5달러에 불과하다. 잘하면 '크리스피 어니언-앤-할라피뇨 기피타이저'를 슬쩍 끼워 팔 수 있는, 술을 마시는 어른들과는 달리 말이다. 서빙 일은 따내지 못했다.

나는 '보이스타운'에 있는 작은 극단의 매표소 관리인직에 지원했다. 시급 5달러에 4시간 교대 근무였으므로, 극장의 예술감독과 긴 시간 면접을 진행해야 한다는 것에 놀랐다. 나는 드라마 학위가 있다고 설명했다. 우리는 우리가(그분이) 좋아하는 극작가에 관해 얘기했다(그분이 얘기했다는 뜻이다). 지원자는 나와 다른 여자 한 명이었고, 그분은 내가 이 조그맣고 젠체하는 극단에 어떤 도움을 줄 수 있을지 알고 싶어 했다. 왜냐하면 "우리는 우리 극단이 시카고에서 가장 흥미로운 극단이라고 생각하고 싶거든요." 나는 농담을 시도했다. "저는 저 자신이 세상에서 가장 아름다운 여자라고 생각하고 싶어요. 하지만 우리가 그렇게 생각한다고 뭐가 달라질까요?" 다른 여자가 일을 얻었다.

엄마가 친구를 통해 시내에 있는 변호사 사무실의 접수원 면접을 잡아 주었다. 나는 폴리에스테르 소재의 끝내주는 파란색 '힐러리 클린턴 파워 정장'을 입었다. 중요한 일이 있을 때 입기 위해 룸메이트와 함께 산 옷이었다. 나는 한 시간 동안 기차를 탄 데다 정확한 주소를 찾기 위해 헤매느라 면접에 늦었다. 면접장에 도착했을 때는 옷에서 룸메이트의 몸 냄새가 나고 있었다. 룸메이트가 마지막으로 입었을 때 마신 모든 술과 피운 모든 담배의 악취가, 내가 면접을 보는 고급스러운 사무실을 가득 채웠다. 그 정장과 술 냄새 그리고 다듬지 않은 두꺼운 눈썹 덕에 나는 사람들이 보는 곳에서 전화를 받는 업무를 하기에는 부적절한 것으로 간주되었다. 나는 대학 교육을 이수 받았지만 가장 기초적인 방식으로도 고용될 수 없는 상태였다.

다행히도 내 '끝내주는 파란 정장 친구'는 아무 제약이 없는 보지[1]였다. 룸메이트는 초기 오바마 프로토타입인 마커스와 잤다. 마커스는 에번스턴의 YMCA에서 일하고 있었고, YMCA에서는 오전 5시 30분부터 오후 2시 30분까지 일할 데스크 직원을 구하고 있었다. 내가 그 일을 따냈다! 에번스턴은 다양한 사람들이 모여 사는 교외 지역으로, 시카고 북쪽에 있다. 노스웨스턴대학교가 있는 곳이기도 하다. 그곳의 YMCA는 여피[2]족을 위한 고급 피트니스 시설과 가족들을 위한 근사한 지역사회 자원, 그리고 소외된 남성들을 위한 전통적인 방식의 거주 시설이 함께 있는 곳이었다. 어쩌면 암울함의 중심지였을 수도 있다.

엥글러라는 이름의 거주민은 자신의 머리카락 위에 모자처럼 가발을 썼다. 그는 식사 배달 서비스 Meals on Wheels에서 내게 맡기고 간 음식을 가져가기 위해 일주일에 한 번씩 내려왔다. 나는 <뻐꾸기 둥지 위로 날아간 새 One Flew Over The Cuckoo's Nest[3]> 스타일의 직업 의식을 갖게 되었다. 나는 항상 그렇게 '젤리그[4]' 같았다. 나는 남부 사람과 대화

---

1 (옮긴이) 원문은 'an uninhibited vagina about town'으로 바람둥이 남자, 노는 남자라는 뜻의 'a man about town'이라는 표현을 비튼 것이다.
2 (옮긴이) 도시에서 전문직에 종사하며 신자유주의를 지향하는 젊은이들을 말한다.
3 (옮긴이) 정신병원의 환자들이 병원의 억압을 받아 벌어지는 일을 다룬 작품. 절대 권력을 쥔 가학적인 간호사가 나온다.
4 (옮긴이) 우디 앨런 영화 <젤리그>의 주인공. 상황에 따라서 카멜레온처럼 변하는 사람을 말한다.

를 하면 느릿느릿하게 말을 하기 시작하는 얼간이에, 팀 스포츠를 하면 엄청 빨리 매우 거칠어지는 인간이다. "자, 갑시다! 모여요, 숙녀분들!" 그래서 YMCA의 이상한 거주민들을 상대로는 정중하고 혹사당하는 간병인의 역할에 바로 몰입했다.

"미스터 엥글러, 식사 여기 있어요." 그는 아무 말도 하지 않고 눈도 마주치지 않은 채, 하워드 휴즈^{Howard Hughes}[1] 손톱으로 음식이 담긴 상자를 자기 쪽으로 끌어당겼다. "좋은 하루 되세요, 선생님." 나는 <너스^{Nurse}>의 마이클 러닌드^{Michael Learned}처럼 의연한 태도로 다시 수건을 접었다.

"선생님, 방 열쇠 좀 보여 주시겠어요?" 나는 <힐 스트리트 블루스^{Hill Street Blues}>의 베티 토마스^{Betty Thomas}처럼 로비에 소리쳤다. 거주민은 외부인을 자신의 방에 데려가는 것이 금지되어 있었다. 남자들은 때때로 커다란 코트에 모자를 쓴 친구를 데려왔는데, 이내 그 친구가 여자라는 사실을 깨달았다. 이 노숙자에 가까운 남자들이 여자를 숨겨서 자기 방에 데려가는 것이었다. 이로써 여자들이 구역질 참기 시장을 계속해서 독점하고 있다는 것만 알 수 있었다.

모든 거주민이 긴장증을 앓고 있는 것은 아니었다. 우편남 조는 크고 하얀 콧수염이 있었다. 치아가 빠져 대피 덕[2]처럼 친근하게 발음이 샜다. 그는 편지를 분류하는 시간제 근무 일을 맡아, 거주지와 사무실을 돌아다녔다. "안녕하세요, 조." 나는 <택시^{Taxi}>의 매리루 헤너^{Marilu Henner}처럼 웃었다. "너도 아녕하니?" 조가 대꾸했다. 우리는 동료들을 놀리거나 우리를 힘들게 하는 거주민들을 농담거리로 삼아 웃었다. 관객과 회당 1만 8,000달러의 출연료가 없을 뿐이었다.

---

1 (옮긴이) 미국의 기업가이자 영화 제작가. 자신의 집에 있는 스크리닝 룸에서 4개월 이상 나오지 않은 적이 있고 당시 위생 상태가 엉망이었다고 한다.
2 (옮긴이) <루니툰>에 나오는 검은 오리 캐릭터. 's'를 'th'로 발음한다.

도나는 전화 응대를 했다. 도나는 체격이 건장하고 빨간 머리에 화장을 하지 않았으며 손이 크고 통통했다. 도나는 상대하기 까다로운 사람이었다. 일반적으로 도나가 일과 관련해서 불만을 얘기하면 그에 동의하면서 시간을 보낼 수 있었다. 하지만 특정한 방식으로 해야만 했다. 모든 불평은 몇 안 되는 단어로 이루어져야 했으며 과한 표현은 삼가야 했다. 고래고래 소리를 치는 것은 너무 과시적이었다. 도나는 결코 판을 벌이지 않으니 상대도 그래서는 안 됐다. 그의 불평은 제2차 세계대전의 비보를 전하는 전보 같았다.

도나: 추수감사절에 일하라고 하네.
나: 설마요. 농담이죠?
도나: 회원들이 운동하겠대.
나: 정말 별로네요. 인디애나에 있는 딸 보러 간다고 하지 않았어요?
도나: 미뤘어.

하지만 도나보다 앞서 불평을 유도하려 해서는 안 된다. 반드시 동의할 거라고 확신하더라도 말이다. 도나는 절대 받아 주지 않을 것이기 때문이다.

나: 점심시간을 절반 줄이고 우리 봉급을 10% 줄이고 보험도 뺏고 흙이나 먹으라고 하다니 믿어지세요?
도나: 나는 병원 안 가. 어차피 흙도 좋아하고. 그러니… 난 괜찮아.

도나는 수수께끼를 베이컨으로 싼 뒤 크루아상으로 한 번 더 감싼 사람이었다.
어느 월요일. 도나는 출근을 한 뒤, 주말에 남편이 심장마비를 일으켰다고 말했다. 그나저나 그는 이 말로 운을 뗀 게 아니다. 근무를 시작하고 20분이 지난 후에 슬쩍 언급했다. 도나의 남편은 토요일에 흉통을 느끼기 시작했다고 한다. 응급실로 향하는 길에 남편은 버거킹에 들렀다. 병원에 가면 "다시는 그런 거 못 먹게 할 테니까." 도나는 딱히 다른 말을 하지 않았다. 하지만 나는 그가 화장실에 간 사이 전화를 몇 번 대신 받아 주었다. 아마도 울기 위해 갔으리라.

그 직장을 통해 동료를 배려하는 법을 배웠다. 누군가가 오줌을 눌 수 있게 전화를 당겨 받아 주기, 점심시간에 생일 축하 카드를 살 수 있게 근무 시간 기록을 대신 찍어 주기, 금전 등록기의 금액이 맞지 않을 때 도와 주기, 고자질하지 않기.

나는 공동체의 일원이 되는 걸 좋아하는 사람이다. 누구와도 관계를 갖지 않는 것보다 이상한 인연이라도 갖길 원한다. 고등학교 시절, 단^{Dawn}이라는 이름의 친구가 있었다. 하루는 집에서 MTV를 보는데 티나 터너$^{Tina\ Turner}$의 영상이 나왔다. 티나 터너의 뒤로 TINA라는 커다란 글자 모형이 서 있었다.

단: 우와, 자기 이름이 저렇게 크게 쓰여 있는 거 상상이나 돼?
나: 어, 그럼. 저거 내 이름이잖아.
단: 뭐? 아, 그렇네.

우리는 몇 시간이고 그렇게 대화를 주고받을 수 있었다.
요점을 말하자면, 처음에는 YMCA 일을 좋아했다. 너무도 간절히 원했기 때문이다. 하루 종일 암울하기만 했던 건 아니다. 헬스 회원들은 여피족과 젊은 엄마들이었고 친절했다. 그리고 내가 '큰 머리 밥'이라고 불렀던, 멋진 빨간 머리카락을 가진 아기를 보면 기운이

났다. 그 아기는 '엄마와 함께하는 갓난아이 체육 교실'이 열릴 때마다 왔다.

그 YMCA에는 유치원이 붙어 있어서 어린아이들이 수영을 하기 위해 오는 귀여운 모습을 보며 긍정적인 기운을 얻을 수 있었다. 나는 일라이™라는 이름의 어깨가 좁은 유치원 교사에게 반했다. 그는 완전히 너드였지만 커다란 갈색 눈을 하고 아이들과 잘 지내는 사람이었다. 그리고 기억할 것이 짐승 우리나 다름없는 곳에서 나가지 못하고 일하다 보면 선택지는 그 앞을 지나가는 사람밖에 없게 된다.

다른 선택지가 없었던 것은 아니다. 거주민이 나에게 '추근거린' 적이 있다. 사십 대 백인이었는데 그곳에 일주일 정도 머물렀다. 그는 영화 촬영 장소를 물색하기 위해 왔다고 했다. 대체 무슨 영화를 YMCA에서 촬영하는지 모르겠지만, 굳이 추측을 하자면 <타이타닉>은 아니었을 것이다. 아무튼, 이 남자는 거의 정상적으로 보일 뻔했는데, 하루는 데스크에 앉아 있는 내게 다가와서 판지 상자를 건네며 말했다. "Voulez vous couchez avec moi?(나랑 잘래?)" 그러고는 다른 곳으로 가 버렸다. 상자 안에는 스윗타르츠 사탕과 린다 론스태드의 중고 카세트테이프가 두 개 들어 있었다. 더 말할 것도 없이, 우리는 돌아오는 봄에 결혼했다.

'일라이, 유치원 교사'(<지붕 위의 바이올린 Fiddler on the Roof[1]>이었다면 분명 이렇게 불렀을 것이다)도 연기자 지망생이었다. 그래서 나는 내가 출연하는 연극 스테이지 리딩[2]에 그를 초대했다. 그는 초대에 응했고, 의사인 여자 친구와 함께 나타났다. 여자 친구는 그의 어깨너비만큼이나 개성 있는 사람이었다.

---

1 (옮긴이) 극 중 아버지 테비에를 '테비에 더 밀크맨(테비에, 우유장수)'이라고 부른다.
2 (옮긴이) 배우들이 세트나 의상을 갖추지 않고 최소한의 움직임만 보이며 대본을 읽는 리허설.

나는 하루 일과에 적응했다. 새벽 4시 40분에 일어나 샤워를 하고, 5시 10분에 북부로 향하는 기차에 탄다. 5시 30분까지 출근 도장을 찍는다. 나는 오전이 얼마나 긴지 알게 되었다. 새벽 5시 30분에 일을 시작하면, 5시간이 지나도 아침 10시 30분이다. (나는 아이를 갖기 전까지 이 경험을 다시 한 적이 없다. 대학 시절 12시 45분까지 자던 자신이 얼간이처럼 느껴졌다.) 점심시간에 나는 구내 자판기실로 가서 샌드위치를 사 먹었다. 예전에는 '세상에서 제일 맛있는 감자 튀김'을 파는 진짜 구내식당이 있었던 모양이다. 하지만 이곳에 슬픔이 부족하다고 판단한 누군가가 음울함으로 가득한 자판기실로 바꿔 버렸다.

금요일에는 길 아래에 있는 지지오Giggio에 가서 기름진 피자와 어니언링으로 자신에게 포상을 주고는 했다. 7달러 식사가 한 시간 시급과 맞먹는다는 사실은 생각하지 않으려 했다. 길을 오가다 그레고리와 마주칠 때가 있었다. 그레고리는 에번스턴의 명물로, 길에서 사람을 멈춰 세우고 자신의 이야기를 하는 것으로 유명했다. 그 이야기는 다음과 같다. "안녕, 내 이름은 그레고리야. 나는 원래 회계사였어. 사랑스러운 아내와 가족이 있었고 커다란 집도 있었어. 어느 날 가게에 가야 하는데 아내가 차를 가지고 갔어. 그래서 나는 자전거를 탔지. 근데 헬멧을 안 썼어. 트럭에 치였어. 머리를 다쳤고 아직도 걷는 데 어려움이 있어. 나는 모든 걸 잃었어. 아내는 날 떠났고 직업도 잃었어. 그러니까 자전거 탈 때 꼭 내 생각하고 항상 헬멧을 써." 그는 두부 외상으로 단기기억에도 손상을 입었다. 그래서 만날 때마다 이 이야기를 했다.

그레고리는 이 이야기를 하며 돌아다니지 않을 때면 YMCA에 와서 수영을 했다. 나는 몇 달간 매일 그와 마주쳤다.

위층 사무실에서 일하는 사람들은 자기 앞으로 남겨진 메시지를 받기 위해 프런트 데스크에 불쑥 오곤 했다. 레스토랑에서 한 시간 동안 점심을 먹고 돌아오는 길이나, 원하면 언제든 화장실에 가면서 말이다. 사무실 사람들은 승리자였다. 거주지 라운지에 있는 TV가 고장 났다며 사각팬티를 입은 남자가 그들에게 소리를 지르는 일은 없었다. 일하는 중에 오렌지 껍질을 깠다고 질책을 당하는 일도 없었다. 우리가 가지고 있던 유일한 권력은 그들이 프런트로 올 때 우리가 '버튼을 눌러야' 문이 열린다는 점이었다. 도나와 나는 가끔 버튼을 아주 짧게 눌렀다. 그들이 문을 열려고 하면 이미 잠겨 있는 것이다. 작은 기쁨이었다.

거주지의 책임자는 덩치가 크고 창백한 대머리 남자였다. 그의 성에는 이 책에 내가 쓴 것보다 더 많은 자음이 있었다. 나는 항상 그가 제일 힘든 일을 맡고 있다고 생각했다. 그 모든 신사들과 그들의 복잡하고 우울한 과거사를 상대해야 했다. 그는 연민을 많이 느끼는 것 같았지만, 때로는 냉정한 태도로 사람들을 쫓아내야 했다.

피트니스 프로그램과 보육 프로그램의 여자 담당자와는 달리, 그는 일과에서 재미를 느낄 일이 전혀 없었다. 크리스마스마저 그랬다. 다른 부서에서는 아이들과 공예를 하거나 동료들과 선물 교환을 하는데, 매크즈르크스크즈크는 지하실에 갈 곳 없는 남자들을 위한 명절 저녁 식사를 준비했다.

나는 11월 초에 프런트 데스크 근무를 시작하며, 크리스마스 전후로 휴가를 받는 조건을 걸었다. 이미 가족을 보기 위해 고향으로 돌아가는 항공편을 예매했기 때문이었다. 대학을 졸업한 후 처음으로 맞이하는 크리스마스였다. 명절이면 한 달씩 쉬는 게 익숙했고 그게 3일 연휴로 줄어들자 이미 눈물이 나고 우울한 상태였다. 내 조건 때문에 어떤 식으로든 도나가 골탕을 먹었을 거라고 확신한다. 아마 남편에게 고래고래 소리를 질렀을 것이다. "크리스마스에 일해야 해. 마침표."

23일이 되었다. 나는 퇴근을 찍고 자리를 나섰다. 가족을 만나고 중산층의 안락함을 즐길 생각에 신이 나 있었다. 건물을 나서면서 나는 남성 거주지의 크리스마스 저녁 식사 자리를 지났다. 학교 버스 사고를 목격하거나, 개가 죽은 주인을 살리려고 몸을 밀어대는 모습을 본 적이 있는 사람은 이 식사 모습을 보고 별다른 감흥을 느끼지 않을 것이다. 하지만 내 경우에 이 광경은 인생에서 본 가장 슬픈 일 세 번째 자리를 손쉽게 차지했다.

거주민들은 지하에 놓인 긴 테이블에 앉아 있었다. 매크브크르브크즈는 산타 모자를 쓰고 우중충한 옷을 입고 있었다. 그레이비 소스 냄새로 봐서는 칠면조 요리를 먹은 것 같았다. 사람들은 선물을 열고 있었다. 키가 크고 촌스러운 티마라는 청년이 양말을 집어 들었다. 엥글러를 위한 양말도 있었다. 이건 양말이에요, 보스! 모두가 양말을 받았다. 나를 슬프게 만든 건 양말이 아니었다. 이 사람들이 크리스마스에 이것 말고 다른 선물은 받지 못할 거라는 사실도 아니었다. 매브즈크르스크츠스가 1달러 스토어에 가서 양말 40켤레를 사는 모습을 생각하니 집에 가는 내내 눈물이 났다. 당시 워크맨으로 듣던 라디오에서 휘트니 휴스턴^{Whitney Houston}의 <I Will Always Love You>가 끝없이 흘러나와 상황이 더 악화되었다. 그 노래에 눈물이 난 것은 아마 노래 가사에 해당되는 사람이 아무도 없었기 때문인 것 같다.

가족을 방문해 문명을 접한 이후부터 프런트 일을 참기가 점점 어려워졌다.

존 도넬리^{John Donnelly}라는 늙은 부자가 있었는데, YMCA에 많은 돈을 기부한 것 같았다. 하루는 그가 회원증을 가져오지 않았고, 회원증 없이 입장할 때는 4달러를 내야 한다고 설명하자 그는 난동을 부렸다. "망할, 내가 누군지 몰라?" 처음 보는 사람이었다. "당신은 내가 누군지 알아?" 이렇게 말하고 싶었다. "그럼 내가 어떻게 당신이 누군지 알아? 우린 서로 모르는 사이라고." 상사가 나를 불러, 그가 아무리 재수 없게 굴더라도 그냥 그가 원하는 대로 뭐든 해 주라고 했다. 그는 보통 자신의 동행에 대한 비회원 입장료 6달러를 내지 않고 입장권을 공짜로 달라고 했다. 이 갈취 행위로 알게 된 사실이 있다. 대부분의 체육관 요금은 사기이며 내는 사람은 호구다. 나는 가끔 비회원 입장료를 챙겨, 지지오에서 그 돈을 쓰게 됐다. 내 도덕 기준에 무슨 일이 생겼던 걸까?

하루는 다정하고 촌스러운 티미가 어두운 눈빛을 하고 로비에 내려왔다. 그는 우리를 무시하고 로비에서 서성거렸다. "쟤 야간머겄어!" 조가 우편실에서 티미를 보더니 대피 덕처럼 말했다. "쟤 야간머겄어!" 조가 당황해 돌아다니자 그의 대피 덕 증세는 온몸으로 퍼졌다. 조가 하려는 말이 "쟤 약 안 먹었어." 즉 '처방약을 먹지 않았다.'라는 말임을 내가 알아차렸을 때에는 이미 너무 늦었다. 티미는 라이크라 운동복을 입은 젊은 엄마에게 달려가 내뱉었다. "네 입에다 싸고 싶어." 불쌍한 팀, 큰 곤경에 처했다. 므르크크크즈즈즈는 일찍 출근해야 했다. 젊은 엄마는 이성을 잃었다. 서로 다른 무리인 사람들의 동선이 겹치면 이런 문제가 생긴다. 그래서 수많은 끔찍한 일이 스타벅스 화장실 안팎에서 벌어지는 것이다.

나는 YMCA에서 패턴을 보게 됐다. 힘의 피라미드였다. 가장 아래에는 아이들처럼 돌봐 주어야 하는 소외된 거주민이 있었다. 피라미드의 중간층에는 여성이 있었다. 실질적으로 모든 일을 하며 이곳이 제대로 돌아가게 만드는 사람들이었다. 그 위에는 내가 만나 본 사람 중 가장 쓸모없는 남자가 두세 명 있었다. 우리의 감사였던 로니라는 남자는 사무실에 들어올 때마다 "재미 보려면 멀었나?"라는 말을 했다. 그는 항상 얼굴에 음식을 묻히고 다녔다. 그의 퇴장 대사는 언제나 "무방비 도시에는 백만 개의 이야기가 있지.[1]"였다. 프로그램 기획 담당자도 있었는데, 그는 말이 되지 않는 비지니스 용어로만 이야기를 했다. "우리는 연속된 지시들을 도구화 해 공동체를 전활성시키려는 시도를 할 것입니다. 공동체적 합의성을 최다화하기 위한 의도입니다." 피라미드의 꼭대기에는 릭 챙Rick Chang이라는 사무총장이 있었다. 이 사람은 누가 누구인지, 누가 무엇을 하는지 전혀 몰랐다. 프런트에서 오렌지를 깠다고 나를 질책한 게 바로 이 사람이다.

도나는 내게 위층 사무실에 사무직 자리가 났다고 말해 줬다. "비키의 조수가 학교로 돌아간대. 마침표. 지원할까 해. 마침표." 도나의 사정을 생각하니 기뻤다. 사무실의 일을 따낸다면 문자 그대로 도나의 삶이 바뀔 터였다.

나는 계속해서 '일라이 어깨 없음'(이것이 미국 원주민의 민화였다면 이렇게 불렸을 것이다)과 붙어 지냈다. 그는 이제 여자 친구와 헤어졌다고 주장했다. 나는 할 하틀리Hal Hartley[2] 영화를 많이 봐야 했다. 그는 찰리 채플린Charlie Chaplin에 관한 일인극을 만들겠다는 자신의 계획을 설명했다. 하나도 실현되지 않았다.

1월 말, 나는 밤에 즉흥극 수업을 듣기 시작했다. 새로운 친구를 사귀었다. '음울별' 사람이 아닌 진짜 친구들 말이다. 하지만 수업을 듣는 데에는 돈이 들었다. 그리고 새벽 4시 40분에 일어나는 것은 점

---

1 (옮긴이) 영화 <공포의 거리>의 대사 "무방비 도시에는 8백만 개의 이야기가 있다."를 따라 한 것이다.
2 (옮긴이) 미국 독립영화계에서 활동하는 감독으로 1992년 <심플맨>을 만들었다.

점 더 힘들어졌다. 2월의 어느 날 아침은 너무도 추워서 휴교령이 내렸다. 눈이 온 것도 아니었다. 아이들이 정류장에서 기다리다가 동사할지도 몰라 휴교를 한 것이다. 나는 오전 5시 10분에 여러 개의 모자를 쓰고 스카프를 둘러 눈만 나오게 얼굴을 칭칭 감은 복장으로 열차를 기다렸다. 에번스턴에 도착했을 땐 기온 때문에 눈의 핏줄이 터진 상태였다. 나는 그레고리를 만났다. 그는 자기 이야기를 했고, 나는 그에게 꼭 자전거 헬멧을 쓰겠다고 했다. 겨우겨우 출근 도장을 찍었을 때, 프런트의 동료가 키득거리고 있었다. 그는 대피 덕 조가 사람들에게 내가 자기와 "하는 사이"라고 말했다고 했다. 그저 인사치레 좀 했더니 결과가 이건가? 육십 살짜리 노숙자가 위층에서 내 생각을 하면서 딸치는 거? 내가 제대로 흥분을 하기도 전에 그레고리는 프런트에 도착했다. 내가 그의 회원 카드를 긁자 그는 자신을 소개하고 그 이야기를 하고 자전거 헬멧을 쓰라고 했다. 그레고리 뒤에서 기다리는 걸 참지 못하는 존 도넬리가 부글거리고 있었다. "내 카드 받아. 내가 누군지 알기나 해? 망할."

더는 참을 수 없었다. 나는 도나에게서 그 사무직을 훔치기로 했다. 그리고 드디어 내가 받은 대학 교육으로 그동안 기다려 온 부당한 이득을 취했다. 나는 비키와의 면접에 청바지를 입고 갔다. 쉬웠다. 컴퓨터를 기본적으로 다룰 줄 아는가? 당연히 알았다. 나는 스물두 살이었으니까. 전화 응대를 잘할 수 있는가? 물론. 이 일로 이루고자 하는 목표는 무엇인가? "이 일로 돈을 벌어 즉흥극 수업료를 내려고요." 그거면 충분했다. 나는 아래층으로 내려가 도나의 업무를 대신 맡았다. "도나 차례예요." 내가 말했다. 면접을 보기 위해 잔뜩 긴장해서 무거운 걸음을 옮기는 그를 보며, 내 상대가 되지 않을 걸 알았다. 불쌍한 도나는 프런트에 너무 오래 있었다. 다른 이들의 음울함을 그에게서 맡을 수 있었다. 파란 정장에서 풍기던 내 룸메이트의 몸 냄새처럼 말이다.

도나는 남은 생애 동안 자신을 바쳐 엄청난 헌신으로 그 사무실의 일을 했을 것이다. 나는 1년도 채 일하지 않고, 세컨드 시티The Second City의 투어 일을 맡게 되자 내뺐다.

내가 나쁜 인간처럼 보이는 거 안다. 하지만 이야기의 초반에 내가 약자였던 것을 기억하나? 기억 안 난다고? 나도 그렇다.

바람의 도시, 시카고

내 인생에서 가장 재밌었던 직업은 '세컨드 시티'라는 시카고 극단 단원으로 일한 것이다. 만약 세컨드 시티를 들어 보지 못했다면, 그곳은 즉흥극과 스케치 코미디를 하는 시카고에 있는 극단이다. 시카고대학교의 몇몇 똑똑이들이 1959년에 설립했다. 세컨드 시티는 시카고와 토론토에 각각 하나씩 있다. 이 두 곳 출신인 사람들의 목록은 아주 엄청나다. 존 벨루시John Belushi, 길다 래드너Gilda Radner, 댄 애크로이드Dan Aykroyd, 크리스 팔리Chris Farley, 존 캔디John Candy, 캐서린 오하라Catherine O'Hara, 유진 레비Eugene Levy, 앤드리아 마틴Andrea Martin, 스티브 카렐Steve Carell, 에이미 세다리스Amy Sedaris, 에이미 폴러Amy Poehler, 스티븐 콜베어Stephen Colbert가 그 목록에 포함된다. 더 나열할 수 있지만 편집자가 종이 낭비라고 했다.

나는 1992년에 즉흥극을 배우기 위해 시카고로 이사했다. 즉흥극은 내가 원했던 그 모든 것이었다. 사이비 종교 같았다. 사람들은 즉흥극을 먹었고, 잤고, 확실히 마셨다. 사람들은 형편없는 본업을 하고 거기서 번 돈을 즉흥극에 바쳤다. 카키 바지와 폴로 셔츠를 입은 열정 넘치는 젊은이들은 델 클로스Del Close나 마틴 드 맛Martin de Maat 같은 선생님의 말이라면 뭐든 할 준비가 되어 있었다. 돌이켜 생각해 보니, 정말로 사이비 종교였을 수도 있겠다.

나는 대학 시절에 정통 연기법을 공부했다. 스타니슬랍스키Stanislavsky, 마이즈너Meisner, 시슬리 베리Cicely Berry의 『연기자와 그의 글The Actor and His Text』. 하지만 어떤 TV 평론가에게 묻더라도, 내가 통달한 연기법은 단 하나도 없다고 말해 줄 것이다. 즉흥극의 작동 방식이 내게는 와 닿았다. 나는 두 연기자가 무대 위에서 아무것도 없이 있는 게 좋았다. 의상도, 세트도, 대사도 없이. 함께 무언가를 만들어 내고 그 순간만큼은 그 자리에 있는 사람들에게 온전히 실제 상황으로 받아들여졌다. 즉흥극의 규칙은 단순히 코미디를 만드는 방법만이 아니라, 세계관으로 다가왔다. 즉흥극을 공부한 것이 문자 그대로 내 삶을 바꿨다. 즉흥극은 <새터데이 나이트 라이브Saturday Night Live, SNL>로 향하는 시발점이었다. 즉흥극은 내가 세상을 바라보는 시선을 바꿨다. 그리고 즉흥극단은 내가 남편을 만난 곳이기도 하다. 당신의 사이비 종교는 당신에게 해 준 게 뭔가?

내가 처음 세컨드 시티에서 일하기 시작했을 때, 그곳에는 상설 공연단 두 개와 순회공연단 세 개가 있었다. 상설 공연단은 시카고에 머무르며 공연장을 가득 메운 관객들 앞에서 본인들이 쓴 스케치 코미디를 선보였다. 순회공연단은 이 상설 공연에서 나온 가장 뛰어난 스케치를 가져다, 전국을 돌아다니며 교회 지하나 지역 문화 센터에서 공연했다. 우리는 밴을 타고 여행하며 다양한 장소를 방문했다. 뉴욕 북부에서 미네소타 세인트 폴, 텍사스 웨이코까지 말이다.

순회공연단에서 우리는 공연당 75달러의 출연료를 받았고 일일 경비로 25달러를 받았다. 가끔은 캔자스에서 공연을 한 직후 텍사스에서 공연을 하고 또 캔자스에서 다른 공연을 해야 했다. 그렇게 되면 밴을 이틀 동안 타고 75달러짜리 공연을 하러 가게 되는 것이다.

수익성이 좋진 않았지만, 그게 바로 쇼 비즈니스였다!

세 개의 순회공연단은 레드 컴퍼니, 그린 컴퍼니, 블루 컴퍼니로 나뉘었다. 나는 블루 컴퍼니였다. 우리는 이를 줄여 블루코^{BlueCo}라고 부르며 믿을 수 없을 정도로 멋지다고 생각했다. 나는 마치 함께 군 복무를 한 것처럼 여전히 블루코 멤버들에게 애정을 가지고 있다. 좀 더 정확히는 프랑스군 같다. 왜냐하면 우리는 게으르고 조금 얍삽했으니까. 예를 들어 보겠다. 한번은 극단에서 우리를 텍사스와 중서부로 보낸 적이 있다. 극장에서 밴이 출발하자마자 우리는 극단에서 배정해 준 '가장 뛰어난 스케치'를 버리고 우리가 직접 만든 작품을 공연하기로 합의했다. 특히 에이미 폴러는 자신에게 주어지는 구닥다리 금발 여자 역할에 질려 있었다. 그의 대사는 모두 "여기 커피 있어요, 여보."나 "미스터 존슨이 이제 보자고 하시네요."나 "소개팅이라니 무슨 말이야?!" 같은 것뿐이었다. 매일 밤 우리는 기존 스케치를 없애고 우리 것으로 대체했다. 여러 의미로 천재적인 내 친구 알리 파라나키안$^{Ali\ Farahnakian}$은 맥도날드 빅맥에 관한 굉장히 재미있는 모놀로그를 썼다. 모놀로그를 하는 동안 그는 빅맥 라지 세트 하나를 전부 먹었다. 엄밀히 말해 음식이 소품이었으므로, 무대 감독은 매일 밤 그에게 빅맥 라지 세트를 사 줘야 했다. 그렇게 그는 25달러를 온전히 챙겼다. 세컨드 시티에서 투어를 하면 익히게 되는 요령이었다. 10일이 지나 시카고로 돌아왔을 때, '가장 뛰어난' 공연은 온데간데없었고, 우리는 엄청난 곤경에 처했다. 하지만 우리는 별로 신경 쓰지 않았다.

즉흥극의 규칙
당신의 삶을 바꾸고 뱃살이 빠지게 할 것이다[1]

즉흥극의 첫 번째 규칙은 **동의**하는 것이다. 항상 동의하고 'YES'라고 말해야 한다. 즉흥연기를 할 때는 파트너가 만들어 낸 것이 무엇이든 동의해야 한다. 우리가 즉흥연기를 하는데 내가 "동작 그만, 내게는 총이 있다."라고 했을 때 당신이 "그건 총이 아니야. 네 손가락이잖아. 손가락으로 날 가리키고 있어."라고 한다면 우리의 즉흥극 장면은 끝나게 된다. 하지만 내가 "동작 그만, 내게는 총이 있다."라고 했을 때 당신이 "내가 크리스마스 때 준 총이잖아! 이 나쁜 자식!"이라고 한다면 우리는 한 장면을 시작하게 된다. 우리 둘 다 내 손가락이 크리스마스 총이라고 **동의**했기 때문이다.

물론 실제 삶에서 다른 사람이 하는 모든 말에 항상 동의하는 일은 없다. 하지만 '동의 규칙'은 '파트너가 만들어 낸 것을 존중하라.'는 점을 상기시킨다. 그리고 적어도 열린 마음으로 시작하라는 뜻이다. '예스'로 시작해서 그게 나를 어디로 이끄는지 보자.

즉흥연기자로서, 첫 번째 대답이 '노No'인 사람을 현실에서 만나면 항상 충격을 받는다. "안 돼, 우린 그렇게 하면 안 돼.", "안 돼, 그건 예산안에 없어.", "싫어, 1달러 준다고 네 손 잡지 않을 거야." 이렇게 산다니 말이 되나?

즉흥극의 두 번째 규칙은 그저 예스만 하는 데서 그치는 게 아닌 'YES, AND'다. 동의를 한 후에 자신의 것을 더하는 것이다. 만약 내가 장면을 시작하며 "이렇게 덥다니 믿기지 않네."라고 하고 당신이 그저 "그러게…"라고 한다면 우리는 그 자리에 멈춰 있게 된다. 하지만 내가 "이렇게 덥다니 믿기지 않네."라고 했을 때 당신이 "그럼 어떤 줄 알았어? 여기는 지옥이잖아."라고 하거나 내가 "이렇게 덥다니 믿기지 않네."라고 했을 때 당신이 "그러게, 밀랍 인형 다 녹겠네."라고 하거나 내가 "이렇게 덥다니 믿기지 않네."라고 했을 때 당신이 "내가 개 입 속으로 들어오지 말자고 했잖아."라고 한다면 우리는 진전이 있는 것이다.

---

[1] 즉흥극은 뱃살을 빼 주지 않는다.

나에게 있어 '예스, 앤드'는 자신의 의견을 말하기를 두려워하지 말라는 뜻이다. 당신에게는 기여할 책임이 있다. 항상 논의에 무언가를 더하도록 해라. 당신이 제시하는 것은 가치가 있다.

다음 규칙은 **'발언하라'**다. 이는 "항상 질문만 하지 마라."를 긍정적으로 표현한 것이다. 함께 극을 만드는데 "너는 누구야? 우린 어디야? 우리 여기서 뭐 해? 그 상자 안에 뭐 들었어?"라고 한다면 상대방이 모든 답을 생각해 내도록 부담을 떠넘기는 것이다.

다르게 표현하면 이렇다. 문제가 무엇이든 해답 쪽에 서라. 가만히 앉아서 질문만 하고 장애물만 지적하지 말고. 우리 모두 그런 사람과 일해 봤다. 그런 사람은 방해만 된다. 그런 사람은 보통 사무실에서 "일어서서 먹으면 칼로리가 제로래!" 같은 말이나 "여자가 언성을 높이니 위협을 느껴."라는 말을 하는 사람이다.

'발언하라'는 우리 여성들에게도 적용되는 말이다. 사과하듯 질문하는 대신 의견을 표명하라. "제가 환자분의 집도의인 것 같은데 괜찮을까요? 수술 과정에 대해 이야기해도 되는 걸까요? 저 존스 홉킨스에서 수석이었거든요, 그러니…?" 누구도 이런 의사에게 가고 싶어 하지 않는다. 당신의 행동과 목소리로 선언하라.

"여긴 어디지?"라고 질문하는 대신에 "우리가 스페인에 있다니, 드라큘라."라고 발언하라. "우리가 스페인에 있다니, 드라큘라."는 즉흥연기를 시작하기에 별로인 대사처럼 느껴지기는 한다. 하지만 이 대사는 최고의 규칙으로 이어진다.

'실수는 없다.' 오직 기회만이 있을 뿐이다. 내가 경찰이 자전거를 타는 장면을 생각하며 연기를 시작했지만 당신은 햄스터가 쳇바퀴에 있는 것을 생각했다면? 나는 이제 쳇바퀴를 도는 햄스터가 되는 것이다. 모든 걸 멈추고 사실은 자전거였다고 설명하지 않을 것이다. 누가 알겠는가? 어쩌면 현장에서 너무 예측불허로 굴어서 '쳇바퀴' 업무를 맡게 된 햄스터 경찰인지도 모를 일이다. 즉흥극에서 실수는 없다. 아름답고 행복한 우연만이 있을 뿐이다. 세상에서 가장 위대한 발견 중 상당수가 우연히 이루어진 것이다. 리세스 피넛 버터 컵이나 보톡스를 보라.

보시팬츠 교훈 183번: 사람들이 신경 쓰지 않으면 휘두를 수도 없다

　프로듀서들은 제일 형편없는 일을 줘서 블루코에 벌을 주려고 했다. 졸업파티 공연은 새벽 1시에 열렸다. 고등학교 졸업파티 후, 관객들이 필수로 참석해야 하는 공연이었다. 아이들이 술을 마시거나 섹스를 하는 일이 없도록 하기 위한 조치였다. 퍼포머들이 공연을 하기 싫어하는 만큼이나 아이들도 공연을 보고 싶어 하지 않았다. 사이비 종교 신자들이 지어낸 1996년 선거에 관한 노래를 듣느라, 치아를 세운 오럴을 못 받으면 얼마나 화가 날지 상상해 보라.

　다른 형편없는 공연도 있었다. 엄청나게 밝은 호텔 연회장에서 망가진 마이크를 들고 했던 공연, 관객 모두가 취해 있었던 대학 공연, 관객들이 너무도 맨정신이었던 자선 경매 공연, 아침 8시에 건강 보험 혜택을 축소한다는 소식을 듣기 위해 모인 회사원을 대상으로 했던 기업 공연. 요컨대, 자발적으로 그 자리에 오지 않은 관객을 대상으로 하는 공연은 전부 힘들었다.

　7, 8개월 동안 투어를 한 후, 우리는 우리 중 누가 상설 공연 멤버로 승진할지 궁금했다. 메인스테이지 배우들과 '세컨드 시티 e.t.c.' 배우들은 시카고에 머물면서 생활 임금을 벌 수 있었다. 관객 앞에서 즉흥연기를 하며 자신의 스케치를 발전시킬 수 있고, 관객의 반응이 좋았던 아이디어를 모아 2시간짜리 공연을 하게 됐을 때 쓸 수 있었다. 꿈의 직장이었다. 그러나 세컨드 시티는 유일하게 '제도화된 성차별'이 있었던 곳이기도 했다. 내가 일한 모든 곳이 '보이즈 클럽'으로 추정되는데도 말이다. 예를 들어 상설 공연의 어떤 감독은 한 장면을 들어내면서 이렇게 정당화했다. "관객들은 여자 둘만 나오는 장면을 보고 싶어 하지 않아." 뭐어어어? 이 부분은 나중에 더 얘기하자.

　1995년 세컨드 시티 상설 공연의 배우진은 각각 남자 네 명과 여자 두 명으로 구성되어 있었다. 한 공연의 배우진을 남자 셋, 여자 셋으로 바꾸자는 논의가 있자 프로듀서들과 감독들은 당혹스러워했다. "그렇게 하면 안 돼. 그러면 돌아갈 배역이 충분하지 않잖아. 여자들이 할 배역이 충분하지 않아." 나는 이건 말이 안 된다고 생각했다. 아마 영어를 할 줄 알고 머리를 다치지 않았기 때문일 것이다. 우리는 <세일즈맨의 죽음 Death of a Salesman>을 하고 있는 게 아니었다. 우리는 스스로 공연을 만들고 있었다. 어떻게 배역이 충분하지 않을 수가 있나? '예스, 앤드'는 어디로 갔나? 모두가 기여할 게 있다면 그걸로 충분해야 했다. 그 말에는 여자는 아무 아이디어가 없다는 모욕이 담겨 있었다.

기쁘게도 프로듀서들이 결국에는 20세기로 진입해서 배우진을 '셋, 셋' 구성으로 바꿨고, 첫 성평등 배우진에 내가 그 세 번째 여자로 들어가게 되었다. 하지만 이 말은 꼭 해야겠다. 내 자존심을 위해서라도 말이다. 내가 그 일을 따낸 이유는 **여자라서**가 아니다. 내가 그 일을 따낸 이유는 에이미 폴러가 '업라이트 시티즌스 브리게이드 Upright Citizens Brigade, UCB[1]'와 함께 뉴욕으로 갔고, 차선책이 나였기 때문이다.

하지만 나는 이때 처음으로, 내가 '충분하지 않다는 미신'이라고 이름 붙인 것을 경험했다.

나는 <SNL>에서 일할 때, 우리의 가장 지적인 여배우 한 명과 새벽 5시에 논쟁을 한 적이 있다. 론이 또 다른 여자를 배우진에 추가한다는 소문이 있었고 그는 격분했다. (고려해야 할 것이, 그 배우는 굉장히 피곤한 상태였다. 새벽 5시였고 밤새 대본을 쓴 상태였다.) 그 배우는 여

---

[1] (옮긴이) 시카고에서 결성된 스케치 코미디 그룹으로, 현재는 뉴욕, LA에 극장을 가진 즉흥극, 스케치 코미디 극단이자 학교다.

자들이 연기할 역할이 충분하지 않을 거라 느꼈고, 새로 들어올 여자가 자신과 너무 비슷하다고 생각했다. 자신이 화면에 얼굴을 비출 시간이 충분하지 않을 거라고 했다.

나는 예전의 주장을 다시 펼쳤다. **우리가 쇼를 만드는데 어떻게 그게 사실일 수 있나?** 우리는 두 사람이 경쟁하는 게 아니라 조화를 이룰 거라고 설득했다. 그리고 실제로 한 공간에 같이 있게 된 두 사람은 멋지게 협업을 했고 결과는 굉장히 성공적이었다. 하지만 그 즉각적 공포는 어디서 오는 걸까?

젊은 여성들이 나에게 직업 관련 조언을 구하면 나는 이렇게 말한다. 사람들이 당신을 속이려 할 것이다. 다른 여자와 경쟁을 하는 것처럼 느끼게 할 것이다. "승진 기회 생겼네. 여자로 하면 너랑 바바라 중 하나를 고를 거야." 속지 마라. 당신은 다른 여자와 경쟁을 하는 게 아니다. **모두와 경쟁하고 있다.**

그리고 나는 항상 브라를 입으라고 권유한다. 필요하지 않다고 생각하더라도 그냥… 후회는 하지 않을 거다.

미래에 대한 내 꿈은 이렇다. 스케치 코미디 쇼에 누구든 제일 웃긴 사람이 나오는 거다. 성별과 관계없이 능력주의로 말이다. 네 여자와 두 남자를 볼지도 모른다. 다섯 남자와 고양이가 재채기를 하는 유튜브 비디오를 볼지도 모른다. 우리가 진정으로 모든 선택지를 열어 뒀다는 걸 알았을 때, 우리는 '무엇이든 가장 웃긴 것'을 계속할 수 있다. 아마 방귀와 관련된 코미디이리라.

내 신혼여행 혹은 재밌다고들 하지만 나도 두 번 다시 하지 않을 일[1]

내 남편은 비행을 싫어한다. **지금은** 비행기를 탄다. 딸이 자라서 그가 괴짜라고 생각하길 원하지 않기 때문이다. 하지만 우리가 결혼했을 때, 그는 비행기를 타지 않았다.

결혼하기 전 딱 한 번 비행기를 타게 만든 적이 있다. 남편은 오스트리아 빈에 있는 극단의 초대를 받았다. 영어로 공연을 하는 스케치 코미디 쇼의 감독을 맡아 달라는 요청이었다. 빈에 대해 조금이라도

---

[1] 데이비드 포스터 월리스의 1997년 에세이 모음와 관련된 제목이라는 것을 알아챘다면, 당신은 문화 엘리트 중 하나다. 왜 당신의 나라와 국기를 그렇게 싫어하냐?!

안다면, 그들이 얼마나 시카고 스타일 스케치 코미디를 좋아하는지 알 것이다![1]

아무튼 그때는 남편의 비행공포증이 얼마나 심한지 잘 몰랐기 때문에, 나는 남편을 괴롭혀 오스트리아로 공짜 여행을 가게 만들었다. 내가 옆에 내내 있을 것이고 비행하는 동안 대화를 나누겠다고 설득했다. 시카고에서 빈으로 가기 위해서는 우선 취리히로 가야 한다. 알프스 부근에서 덜컹거리는 급강하 구역을 지나 착륙한 뒤 다시 이륙한다. 이는 비행 공포가 있는 사람들에게는 최악의 일이다. 그들은 모두 마치 레인맨[2]처럼 똑같은 지식에 매달리기 때문이다. "대부분의 비행기 사고는 이착륙 때 일어나!" 남편은 자신이 동의한 것의 두 배로 이착륙을 했다. 용납되지 않는 일이었다. 남편은 집으로 돌아갈 걱정에, 빈에 머무른 일주일 내내 비참하게 지냈다.

나는 남편에게 다시는 비행을 하게 만들지 않겠다고 맹세했다.

몇 년 후 우리는 결혼을 했다. 결혼은 허니문으로 이어지고, 보통은 여행을 하게 된다.

우리는 신혼여행으로 버뮤다행 크루즈를 예약했다. 뉴욕에서 배가 출항했기 때문이다. (마이애미까지 비행기로 이동할 필요가 없었다.) 우리는 맨해튼의 서부에 있는 거대한 격납고에서 배에 올랐다. 스태프들이 스틸 드럼을 치고 술을 건네줬다. 알코올 중독에서 회복 중인지 술을 마시면 부작용을 일으키는 약을 복용 중인지 묻지 않았다. 이곳은 해상법이 적용되는 곳이다! 질문 없이 술을 받을 수 있었다. 아무도 구명정이 어디 있는지 집중하지 않는 '비상안전훈련'을 짧게 한 후에는 본격적인 파티가 시작되었다. 처음 며칠은 제법 재

---

1 빈 사람들은 미국 스케치 코미디를 즐기지 않는다.
2 (옮긴이) 영화 <레인맨>의 주인공은 자폐증을 앓고 있고, 같은 행동이나 말을 반복한다.

미있었다.

우리는 발코니가 있는 작은 방을 썼다. 우리 옆 방 부부의 발코니는 25cm 정도 떨어져 있었다. 그들은 자신들을 소개하지 않았지만, 대부분의 시간 동안 코믹하게 취해 있었다. 부인은 스팽글이 달린 미국 국기 비키니를 입었는데, 때문에 나는 그 여자가 은퇴한 스트리퍼라고 생각했다.

일종의 수영장도 있었다. 출렁거리는 커다란 아동용 수영장에 가까웠다. 들어가면 낯선 사람들과 목욕을 하는 느낌이 들었다.

매일 밤 수건을 다양한 모양의 동물로 접는 근사한 필리핀 사람들도 있었다. 코끼리가 승객의 선글라스를 끼고 있거나 오리가 승객의 선글라스를 끼고 있었다. 그냥 재밌지 않나. 너무 깊이 생각하지 말라.

크루즈 디렉터가 진행한 재미있는 활동이 많았다. 그는 자신을 '댄 댄 더 파티 맨'이라고 불렀다. 그는 최근에 이전 크루즈 디렉터인 '피트 피트 더 파티 미트'의 자리를 물려받았다. 그 이전에는 '가이 가이 더 펀타임 퍼슨'이 크루즈 디렉터였고, 그는 최근 자위 질식으로 죽었다. 아니, 그 부분은 사실이 아니다! '거짓말 농담'이다. 이제부터 이 이야기에서는 거짓말을 하지 않겠다. 나머지 얘기가 사실이라는 걸 알아줬으면 하기 때문이다.

댄 댄 더 파티 맨은 수영장 게임을 이끌었다. 장애물 경주마 흉내 내기, 댄스 콘테스트, 비치볼 게임을 했다.

식사 시간에 우리는 지정된 테이블에 앉았다. 우리 테이블에 함께 앉은 다른 두 부부는 중년이었는데, 델라웨어 협곡에서 온 사돈지간이었다. 리처드와 바브라, 베티와 버니였다. 우리는 개의 품종과 낚시에 대해 대화를 나눴다. 두 주제에 관한 내 지식수준은 동일했다.

우리는 배의 음식이 뉴욕(7번가에 있는 웨스트 48번가에서 50번가 사이)에 있는 여느 레스토랑만큼이나 맛있다는 데 동의했다. 베티와 버니는 자신들의 신혼여행을 만회하기 위해 이번 여행을 한다고 했다. 그들은 35년 전에 버뮤다로 신혼여행을 갔는데, 베티가 스쿠터에서 떨어져 팔이 부러졌고 여행이 엉망이 되었다고 한다. "버뮤다에서 절대 스쿠터를 빌리지 말아요." 버니가 말했다. 베티가 연이어 말했다. "항상 이런 크루즈에서는 버뮤다에 도착하면 스쿠터를 빌리지 말라고 말해 줘요. 익숙하지 않으니까 사고가 날 거라고. 하지만 사람들은 듣질 않죠." 우리는 모두 동의했다. 사람들은 정말 말을 안 듣는다.

테이블에 있는 사람들과 잘 어울리는 와중에도, 우리는 모두 속으로 근처에 있는 20번 테이블을 부러워했다. 젊은 커플들과 짝이 없는 게이들이 떠들썩하게 어울리고 있었다. '우리가 아는 독일 셰퍼드'에 대한 논의가 소강상태에 들어갈 때마다, 20번 테이블에서 활기 넘치는 취한 웃음소리가 들려왔다.

내가 <SNL>에서 '위켄드 업데이트'를 진행한 지 두 시즌이나 됐다는 사실은 아무런 의미가 없었다. 아무도 나를 알아보지 못했다. 음, 나를 알아본 남자가 하나 있었다. 수영장 옆에 있는 소프트아이스크림 기계를 관리하는 사람이었다. TV에 나오는 사람이라는 걸 알아본 게 아니라 계속 그 근처에서 서성이는 걸 알아봤다. 그리고 세상에! 디저트들! 빵과자들이 줄지어 진열되어 있었다. 몇몇은 무엇인지 알아볼 수 없는 분홍색 네모 모양이었다. 70년대에 그걸 정켓[1]이라고 불렀던 것 같다. 맛있지는 않았다. 하지만 나는 처음으로 혼성 댄스파티에 간 남학생처럼 그들의 아름다움이 아니라 제한 없는 수에 끌렸다.

---

1 (옮긴이) 유제품 디저트로 동명의 브랜드로도 알려져 있다.

3일째 되는 날, 나는 특별 관광 프로그램을 할 생각에 들떴다. 따로 요금을 내야 할 수 있는 활동이었다. 우리는 아침 일찍 배에서 내려, 버뮤다에서 자전거를 받을 예정이었다. 자전거를 타고 가이드와 함께 섬을 돌며 한적한 해변에서 수영을 하고 럼 스위즐 칵테일을 마신 후 다시 낚싯배를 타고 배로 돌아오는 일정이다. 멋지지 않은가? 나도 그렇게 생각했다. 나는 그에 관해 끝없이 떠들었다. 여행을 떠나기 전, 몇 주 동안이나 최고의 프로그램을 선택했다고 자랑했다. 재미와 운동을 합친 것이다! 섬을 둘러보기 정말 좋은 방법이었다! 남편과 나는 아침 8시 30분에 지정된 장소에서 기다렸다. 다른 사람은 아무도 나타나지 않았다. 얼른 여행 일정표를 확인하고 절망적인 사실을 알게 되었다. 자전거 여행은 전날이었다. 너무 들떠 기억을 잘 못했던 것이다. 나는 울었다. 장난감 금전 등록기를 욕조에 들고 들어가고 싶어 하는 세 살짜리처럼 울었다. 나머지 크루즈 여행에서 재미를 느낄 리 없는 사람처럼 울었다.

이 순간이 여행의 가장 안 좋은 순간이었다. 불이 나기 전까지는 말이다. 그렇다. 이 이야기에는 선박 화재가 나온다. 기다리시라.

운동과 재미에 대한 꿈이 사라지자, 나는 음식에 심하게 집착하기 시작했다. 소프트아이스크림, 수영장에서 주는 핫도그, 밤마다 주는 '초콜릿 머드슬라이드'라는 반주도 있었다. 그냥 베일리스[2]가 조금 들어간 0.5kg짜리 초콜릿 셰이크나 다름없었다.

크루즈 마지막 날은 '포멀 나이트[3]'였다. 남편은, 법적인 이유로 이제부터 배리라고 부르겠다. 남편은 펜실베이니아에 있는 포르투갈인 재단사가 맞춤으로 만들어 준 양복을 입었다. 나는 맨해튼의 어퍼 웨

---

2 (옮긴이) 아이리시 크림 바탕의 위스키 리큐르다.
3 (옮긴이) 정장을 입고 식사와 파티를 즐기는 행사다.

스트사이드에 있는 공격적인 러시아인 점원이 강매한 드레스를 입었다. 당연하게도 우리는 유럽인이 된 기분이었다. 사진사가 테이블로 와, 우리는 품위를 갖추고 사진을 찍었다. 그리고 해적 복장을 한 여자 옆에서 겁에 질린 척하는 색다른 사진도 찍었다. 저녁 식사 시간에는 승객 장기 자랑이 있었다. 당연하게도 20번 테이블의 작은 게이가 탭댄스를 췄고, 그의 새 베프들이 환호했다. 고 망할 것들.

저녁 식사를 마치고 우리는 천 개의 좌석이 깔린 배의 공연장으로 가 자리를 잡았다. 11시에 '피에스타 칼리엔테'의 공연이 있을 예정이었다. 라틴 팝 음악과 춤이 어우러진 공연을 보려는 사람들로 공연장이 가득 찼다. 댄서 중 한 명이 본 공연 전 무대에서 '워밍업'을 겸한 사전 공연을 했다. 남편과 나는 이 공연 관례를 즐겼다. 우리는 뉴욕에서 왔고 아는 게 좀 있었으니까. 내 초콜릿 머드슬라이드가 술술 넘어가던 때, 우리는 세 차례 울리는 벨소리를 들었다. 띵. 띵. 띵. 하지만 댄 댄 더 파티 맨의 목소리 대신에 숨을 거칠게 몰아쉬는 여자의 목소리가 들렸다. 필리핀인처럼 들렸다. 목소리로 알 수 있는 건지는 모르겠지만. "브라보… 브라보… 브라보." 여자가 헐떡였다. "메인 엔진. 우현. 브라보… 브라보… 브라보." 우리는 스피커가 꺼지는 소리를 들었다. 사람들은 초조하게 주변을 둘러보았다. 무대에서 워밍업을 하던 댄서가 백스테이지로 급히 나갔다. 몇 초가 지나지 않아 벨소리가 다시 세 번 울렸다. 오, 다행히도 우리의 그리스인 선장이었다. "여러분, 저는 이 배의 션장입니다. 비상 집결 장소로 이동하시기 바랍니다." 이런 말을 듣길 원한 게 아니었다. 우리는 일어나서 사람으로 가득 찬 공연장을 괴로울 정도로 느리게 빠져나가기 시작했다.

모두가 조용했다. 그건 정말로 최에에악이다. 한 무리의 사람들 모두가 본능적으로 장난칠 때가 아니란 걸 아는 순간은 굉장히 무섭다. 또 다른 목소리가 반복해서 나왔다. "침착하십시오. 비상 집결 장소로 이동해 주십시오." 독일 피가 흐르는 내 반쪽이 생각했다. '늙은이들은 비키라고 해. 노인과 병약자를 밀어! 버틸 만큼 강하면 살 자격이 있다.' 그리스 피가 흐르는 다른 반쪽은 우리의 그리스인 선장에게 소리를 지르고 싶어 했다. 나는 둘 다 하지 않고 고분고분하게 지시에 따랐다.

우리는 집결지로 향하는 길에 객실에 들렀다. 내 신발을 운동화로 갈아 신기 위해서였다. 나는 그대로 누워서 이 일이 일어나지 않은 척하고 싶은 강한 충동을 느꼈다. <타이타닉>의 노부부처럼 말이다. 나는 그렇게 가고 싶다. 얼음처럼 차가운 물이 껴안고 있는 우리의 몸을 덮으며 차오르는데 어떻게든 성공적으로 계속 잠에 든 상태로 말이다. 나는 내 써코니 운동화의 끈을 묶었다.[1] "서둘러야겠어." 제프가 조용히 말했다. (젠장, 진짜 이름 안 쓰겠다고 다짐했는데!) 우리는 비상 집결 장소로 향했다. 비상안전훈련에 참여해 천만다행이었다. 여자와 아이들이 선두에 서고 남자들은 뒤로 갔다. 아직도 정말 그렇게 줄을 세운다. 나는 사람들 사이를 대각선으로 가로질러 제프의 손을 잡았다. 우리는 신혼여행에서 죽은 부부 이야기 중 하나가 될 것이다. 지역 뉴스에 나올 터였다. 제프의 정장 윗옷 안감에 새겨진 모노그램으로 제프의 신원을 확인할 것이다. 나는 제프를 뒤에 남겨 두고 혼자 구명정에 타게 되면 얼마나 끔찍할지 생각했다.

또 다른 방송이 들려왔다. "크루즈 디렉터인 댄입니다. 연료관 파열로 엔진 룸에 화재가 발생했습니다. 선원들이 화재 진압을 위해 애쓰고 있으며, 더 많은 정보가 들어오는 대로 알려 드리겠습니다." 어,

---

[1] 써코니사의 유료 광고입니다.

이런. 댄 댄 더 파티 맨은 어디로 갔을까?

나는 주변을 둘러봤다. 십 대 초반인 여자아이들이 눈물을 흘리고 있었다. 보통 사람이 본인의 대변을 쳐다본 것보다 <타이타닉>을 더 많이 봤을 게 분명한 소녀들이었다. 아무것도 모르고 웃고 있는 더 어린 아이들도 있었다. 스쿠터를 탔다가 팔이나 발목이 부러진 사람들도 있었다. (사람들은 정말로 말을 안 듣는다.) 그 때문에 자신의 목숨이 위태로운 게 아닐까 생각하고 있을 것이었다. 우리 옆 객실의 남자가 만취한 상태로 내 앞의 사람들 사이에 있었다. 그는 너무 취해서 여성과 아이들 구역에 있었다. 그는 이게 얼마나 지루한지, 그리고 우리가 얼마나 개자식들인지 큰 소리로 불평했다. 명백하게 겁에 질린 여성이 그에게 "이보세요, 제발 조용히 하세요."라고 불쑥 말했다. 그러자 그는 잠깐 휘청이더니 굉장히 길게 소리를 냈다. "다아아아아악 쳐어어어어어어." 웃겼다. 재키 글리슨[Jackie Gleason][1] 스타일의 화법 때문만이 아니라 상황에 부적절해서이기도 했다. 아마 우리는 모두 죽을 테니까.

30분쯤 지나자, 댄 댄 더 죽음맨의 목소리가 다시 들렸다. 그는 선원들의 노고 덕에 화재를 진압했다고 말했다. 나머지 장소의 확인이 끝나는 대로 객실로 돌아갈 수 있을 거라고 했다. 열기 때문에 선내의 모든 화재 감지기가 작동되었으므로 모든 객실을 확인해야만 돌아갈 수 있다고 했다. 대부분의 사람은 이 소식을 좋은 소식으로 받아들였다. 하지만 나는 그러기엔 너무 똑똑했다. 극심한 열기에 연료관 파열이 합쳐지면 배가 폭발할 것이다. 내 주변의 사람들이 긴장을 푸는 동안 나는 바다를 주시했다. 폭발로 인해 불길 속으로 튕겨 나

---

[1] (옮긴이) 미국의 코미디언이다. <30 락> 라이브 쇼에서 글리슨의 대표 스케치 '허니무너스'를 패러디한 적이 있다.

가길 기다리면서 말이다. 내가 어떤 일에 대비하면 그런 일은 생기지 않는다. 크나큰 짐이다. 나의 엄청난 경계로 상황을 조절하는 능력 말이다. 하지만 그것이 내 운명이다.

몇몇 선원들이 차가운 음료를 나눠 줬다. 근처에 있는 여자가 소다를 받았다가 돌려주며 말했다. "다이어트 콜라 있어요?" 신에게 유머 감각이 있었다면 바로 그 순간 배가 폭발했을 것이다. (사실 나는 신이 유머 감각이 있다고 생각한다. 그 증거로 다람쥐가 피자를 양손으로 들고 먹는다거나 자살 폭탄 테러범이 목적지에 도달하기 전, 뜻하지 않게 폭탄을 터트리는 일이 있다.) 배는 폭발하지 않았다.

한 시간쯤 지나 우리는 라운지에 들어갈 수 있었다. 스태프들이 트럼프 카드를 나눠 줬다. 사람들은 바닥에서 잠을 잤다. <포세이돈 어드벤쳐Poseidon Adventure[2]> 같았다. 객실로 돌아왔을 때는 새벽 3시가 다 되어 있었다. 우리 선글라스는 그냥 침대에 놓여 있었다. 그걸 쓰고 있던 동물이 무엇이었든 공포에 질려 달아났다.

우리는 옷을 그대로 입은 채 잤다. 아침이 되자 내 남편, 법적인 이유로 이제 리라고 부르겠다. 리가 나를 깨우며 우리가 다시 버뮤다로 향하고 있다고 했다. 이게 내가 리를 사랑하는 이유 중 하나다. 우리가 북으로 향하고 있다면 해가 우리의 우측에 있을 거라는 사실을 알 정도로 적당히 남자답고 구식인 면이 있다. 분명 버뮤다로 다시 돌아간 후에 우리를 비행기에 태워 집으로 돌려보낼 모양이었다. 리는 걱정으로 안색이 어두워졌다. 나는 테이블에 같이 앉았던 사람들도 비행을 좋아하지 않는다고 한 게 기억났다. 이 배에 탄 사람의 대부분이 비행을 무서워했다. 세상에. 그래서 여기 있는 거다. 크루즈 자

---

[2] (옮긴이) 동명의 소설과 소설을 각색한 영화가 있다. 포세이돈호가 전복되고 자리를 옮기자는 목사의 말에 따르지 않고 한 곳에 모여 있던 대부분의 사람이 죽는다.

체는 사실 재미있는 게 아니었다! 나는 즉시 행동에 들어갔다. 배에 있는 진정제의 수는 한정되어 있을 것이었다. 대부분의 사람이 자고 있을 때, 나는 의무실을 찾아 남편을 위한 약을 두 알 구했다. 하나는 비행기가 이륙할 때를 위해서, 하나는 그의 생각이 맞고 비행기를 타고 집으로 돌아가야 한다고 말할 때를 위해서였다.

첫 알을 내 남편 로드(제프가 리는 너무 여성스럽다고 불평했다. 젠장, 실명을 또 썼다!)에게 건넨 후, 나는 비즈니스 센터로 갔다. 뉴스에서 본 일이 있었음에도 우리는 괜찮다고 부모님께 알리기 위해 40달러를 내고 육지로 전화를 걸었다. 그리고 나는 이게 뉴스에 나오지 않았다는 사실을 알고 놀랐다.

선원들은 지난밤의 심각성을 대수롭지 않게 여기려 애썼다. 전날 열릴 예정이었던 '자정의 요리 시연'은 햇볕이 내리쬐는 와중에 열렸다. 수영장 바 옆에는 스틸 드럼을 치는 남자들이 다시 돌아왔다. 하지만 음악이 조금 으스스하게 들렸다. 공포 영화에서 아이들이 노래하는 것 같았다. 혹은 침몰할 뻔한 크루즈 배에서 남자들이 스틸 드럼을 치는 것 같았다. 선원들은 침울해 있었다. 소문으로는 배가 버뮤다에 도착하면 건선거에 들어가고 수리에 6개월이 걸릴 것이라 했다. 요리 시연에 썩 열성을 보이지 않는 게 당연했다. 모두 실직을 한 것이다.

나는 사진관에서 포멀 나이트 때 찍은 우리 사진을 샀다. 온갖 소동이 일어났는데도 그냥 가져가지 않고 돈을 내고 샀다는 점은 우리 부모님께 공을 돌려야 한다. 로드와 나는 피부가 적당히 그을린 채 우리 사이에 있는 여자 해적을 보며 웃고 있었다. 이 사진이 우리의 여행을 정확히 나타내는 기념품이 되려면 얼마나 많은 기억 왜곡이 필요할까?

나는 베티, 버니, 바브라, 리처드와 카페테리아에서 마주쳤다. 베티와 버니는 공식적으로 버뮤다를 포기했다. 리처드는 사색이 되어 있었다. 비행을 무서워하는 사람은 리처드였다. "약은 좀 구하셨어요?" 내가 물었다. "다 떨어졌대요." 그의 아내가 답했다.

배가 부두에 다시 들어서자, 현지 여성과 어린이들이 우리를 향해 환호했다. 윗옷을 입지 않은 남자아이들이 자신의 티셔츠를 흔들었다. 수많은 낯선 사람들이 내가 죽지 않았다는 사실에 놀라며 환호하는 것만큼 공포를 되새기게 하는 일은 없다.

우리는 뉴욕으로 돌아가는 전세기에 탔다. 만약 비행을 무서워하는 데다 지난 12시간 사이에 트라우마를 겪은 사람들이 가득한 전세기를 타 본 적이 없다면, 크루즈보다 더 추천하는 바이다. 꽤 재밌다. 모두 신경이 잔뜩 곤두서 있었다. 그리고 기장이 불행하게도 기내 방송 시스템 테스트를 하기 위해서 "브라보, 브라보."라는 말을 썼을 때는 모든 사람이 항문을 조이는 소리가 들릴 정도였다. 단체로 만화에 나오는 쥐처럼 찍찍 소리를 내는 항문이었다.

이 대목에서 활주로에서 지상 주행을 하다 비행기 사고가 났다고 하면 어떨 것 같은가? 사고는 없었다. 우리는 집으로 돌아왔다. 충격을 받았지만 태닝을 한 상태로.

이 여행을 통해 내가 배운 가장 흥미로운 지식은, 이 이야기를 내 친구인 제임스에게 했을 때 알게 된 것이다. 제임스는 수년 전 크루즈에서 퍼포머로 일을 한 적이 있다. 내가 그에게 여자가 "브라보, 브라보, 브라보."라고 했다고 하자 제임스는 굳었다. 정말로 세 번 말했어? 그는 정확히 알고 싶어 했다. 그러더니 제임스는 나에게 알려 줬다. 브라보는 심각하다. 더 많이 말할수록 더 심각한 상황이라고 했다. 네 번이 최대인데, 만약 네 번을 말한다면 배가 가라앉는다는 뜻이다. 그러니 "브라보, 브라보, 브라보."는 좋지 않은 상황이었다. 두 번째 흥미로운 지식은 긴급 상황이 발생하면 퍼포머들이 구명정의 책임을 맡는다는 것이다. 나머지 선원들은 선박에서 필요로 하는 당면한 업무가 있기 때문이다. '피에스타 칼리엔테' 공연을 하던 아이들이 구명정을 담당하도록 훈련을 받는다고 한다. 사람들의 안전을 책임지는 사람이 탬파에서 온 열아홉 살짜리 댄서일 가능성이 크다는 것이다. 조금 전까지 새로운 리아나 뮤직비디오를 가지고 남자 친구랑 싸운 아이 말이다. 그리고 제임스가 또 하나 말해 주길, 각 구명정에는 총이 있다고 했다. 구명정이 바다에 띄워진 후에, 소란을 일으키는 사람이 있으면 퍼포머-구명정 선장이 쏘도록 훈련받는다고 한다. 해상법에 준거하면 이 행위는 적법한 것이라고 한다.

일주일쯤 후에, 우리는 사과 편지와 함께 같은 가격의 무료 크루즈 여행 혹은 그보다 낮은 가격의 보상금을 제안받았다. 양도는 불가했다. 확신하건대 크루즈 여행을 택한 사람은 우리 옆 객실의 남자와 그의 스트리퍼 부인, 그리고 20번 테이블의 개자식들뿐이었을 것이다. 다시는 크루즈 여행을 하지 않으리라. 호화로운 크루즈는 견디기 힘든 것(2주간의 대서양 횡단)을 견딜 수 있는 것처럼 보이게 하려 만들어졌다. 지금 시대에는 할 필요가 없다. 비행기가 있다. 새우를 무제한으로 제공한다고 해서 두 달간 역마차 여행을 하진 않을 것이다. 스틸 드럼을 쳐 준다고 해서 구식으로 마취를 하지 않고 맹장 수술을 받진 않을 것이다. **어쩌면** 선글라스를 낀 동물 수건을 준다고 하면 이틀간 낙타를 타고 여행을 할지도 모르겠다.

"우리가 사람들 사이로 손잡았을 때 무슨 생각 했어?" 내가 물었다. "당신이 구명정에 타지 않고 내 옆에 남겠다고 선택할 때 정말 힘들겠다고 생각했어." 제프가 대답했다.

나는 이 결혼을 거짓말로 시작할 수 없다고 생각했다.

"정말?" 내가 말했다. "나는 당신이 정말 힘들겠다고 생각했어. 나는 구명정에 타고 당신은 뒤에 남으면 말이야." 그는 어안이 벙벙하다는 표정이었다. 나는 자신을 변호했다. "우리 <타이타닉> 봤을 때 내가 케이트 윈슬렛 때문에 얼마나 화가 났는지 기억해? 구명정에서 나와서 다시 배로 돌아간 거 말이야. 나는 그게 레오나르도 디카프리오에게 방해가 됐다고 생각해. 만약 구명정으로 탈출했으면, 그는 윈슬렛이 붙잡고 있었던 나무 조각을 잡았을 거고 두 사람 다 살아남았을 거야. 나는 당신한테 절대 그런 짓 안 해."

나는 그의 반응을 기다렸다. 21세기 사랑은 구명정으로 탈출할 계획에 대해 거짓말하지 않는 것과 동반자에게 약을 구해 주는 일을 기억하는 것으로 정의되길 바라면서. 그는 그냥 웃었다. 그렇게 일이 정리되고, 우리는 결혼 생활을 시작했다.

엄마의 미용 비법

당신이 이 책을 왜 샀는지 안다. 혹은 당신이 왜 이 책을 당신 회사에 있는 그 여자에게서 빌렸는지 안다고 말해야 할까. 당신은 내 비밀 뷰티 루틴에 대해서 알고 싶을 것이다. 나는 여성은 반드시 '미모의 비법'에 통달하고 그것을 누설하지 않아야 한다는 사실을 꽤 일찍부터 알았다. 그럼에도 '영원히 멋져 보이는 법'에 대한 12신조를 여러분과 공유하겠다.

1) 어릴 때부터 좋은 미용 습관을 형성하라

"어떻게 그렇게 영원한 젊음을 유지하죠?", "당신의 피부는 흠잡을 곳이 없네요. 비법이 뭐예요?" 사람들이 샤론 스톤Sharon Stone에게 항상 묻는다. 내 동료 샤론 스톤과 마찬가지로 나는 항상 단순한 제품이 제일 좋다고 느꼈다. 샤론은 자신의 멋진 피부는 '폰즈 콜드크림' 덕이라고 했다(그리고 어쩌면 보툴리누스균[1] 덕도 있을 것이다. 윙크!). 나는 청소년 시절, 매일 '아이보리 비누'와 '프렐Prell 샴푸를 이용했다. 프렐이 최고의 샴푸라는 것은 모두가 아는 사실이었다. 프라이팬을 씻을 때도 쓸 수 있기 때문이었다. 머리카락을 말릴 때는 '핫콤'을 사용했다. 핫콤은 작고 윙윙거리며 진동하는 빗이었는데, 어떤 이유에선지 우리 가족은 그걸 주방 식기 진열장에 보관했다. 전기칼 근처

---

[1] (옮긴이) 보툴리누스균의 신경독소를 상품화한 것이 보톡스다.

에 두려고 했는지도 모르겠다. 거의 차이가 없는 기계였으니까.

만약 핫콤을 쓸 시간이 없다면, 예를 들어 얼른 밖에 나가서 친구 모린과 가짜 펩시 광고를 찍기 위한 동선을 짜야 한다면, 나는 거대한 에어컨 앞에 서서 머리가 마를 때까지 바람을 맞았다.

2) 멋진 실루엣의 필수 요소는 몸에 맞는 속옷이다

나는 굉장히 이른 시기에 가슴이 발달했다. 아홉 살 정도였다. 가슴이 너무도 이상하고 높아서 쇄골 위에 있었을 가능성이 있다. 그때 브라의 기능은 가슴을 올려 주는 게 아니라, 내 가슴이 갑상샘종이 아니라는 걸 명확히 하기 위한 것이었다.

엄마는 몸에 제대로 맞는 브라를 하는 것이 얼마나 중요한지 알았다. 그래서 나를 JC페니로 데려가 옷 위로 브라를 입혀 보았다. JC페니 가게 중간에서 내 옷 위로 브라를 입혔다. 나는 이 점을 감사하게 생각한다. 어린 시절 가슴과 관련된 창피를 겪은 덕에 이십 대 때 <걸스 곤 와일드 Girls Gone Wild[2]>에 참여할 필요를 전혀 느끼지 못했다.

3) 피부 관리, 피부 관리, 피부 관리!

화장품 회사는 피부 관리가 복잡한 것처럼 보이게 한다. 하지만 내가 그 신화를 벗겨 주겠다. 피부 관리의 세 가지 비법은 수분 보충, 태피(태양을 피할 것), 이탈리아인이 되는 것이다. 태피의 세 가지 비법은 자외선 차단제, 모항쓸(모자를 항상 쓸 것), 그리고 오노삼(오랜 노출을 삼갈 것)이다. '오랜 노출을 삼갈 것'은 "오메가3를 많이 섭취하라"의 연상 기억법이다. 오메가3는 연호그이빵에서 찾을 수 있다(연어, 호두, 그리고 이상한 빵).

---

2 (옮긴이) 파티 장소에서 주로 이십 대 초반 여성이 몸을 노출하는 포르노 프랜차이즈다.

피부 관리에 있어서 제일 중요한 것은 일관성이다. 그 다음은 수분 섭취이고, 이 두 가지는 수면보다는 덜 중요하다.

나는 열넷이라는 어린 나이부터 피부에 활력을 주기 위해 매일 철저하게 마사지를 했다. 모공이란 모공은 다 쥐어짜고 만졌으며, 모든 이물질을 빼냈다. 이후 바닷바람의 세안을 받아, 지금까지 내 모공을 거대하고 유연하게 유지하고 있다.

열아홉 살 때, '레틴A' 연고를 쓰면 상당량의 피부가 벗겨지고, 연기 수업 중 바닥에 피부 껍질을 흘리고 다니기 아주 좋다는 사실을 알게 됐다.

4) '기발한 방법'을 시도하는 걸 두려워하지 마라

나는 1990년의 대부분을 신과 거래를 하며 보냈다. 평생 등 뒤에 아주 거대한 여드름 하나를 달고 살 테니 깨끗한 얼굴 피부를 달라고 말이다. 이 거래는 성사되지 않았지만 나는 이 시간을 후회하지 않는다. 여정이 중요한 것이다, 여러분.

5) 눈은 영혼이 있어야 하는 곳의 창이다

모니카 르윈스키Monica Lewinsky가 아는 모든 것은 내가 알려 줬다……. 아이 크림에 대해서 말이다. 잠깐 설명을 해야 할 것 같다. 1999년 봄, 나는 비밀회의에 참석했다. 참석자는 모니카 르윈스키, <SNL> 프로듀서 마시 클레인Marci Klein, 그리고 동료 <SNL> 작가인 폴라 펠Paula Pell[1]이었다. 마시는 내게 전화를 해, 폴라와 내가 트라이베카에 있는 자신의 아파트로 얼마나 빨리 올 수 있냐고 물었다. 모니카 르윈스키가 아파트에 오는데, 우리 세 사람이 모니카를 <SNL>

---

1 (옮긴이) 티나 페이, 에이미 폴러 주연 영화 <시스터즈>의 작가다.

에 출연하도록 설득해야 했다. 이때는 그 유명한 바바라 월터스Barbara Walters와의 인터뷰[2]가 방영되기 전이었다. 우리는 모니카가 말하는 걸 들어 본 적조차 없었다. 우리에게 그는 세탁소에 자주 들리지 않고 베레모를 쓴 수수께끼의 인물이었다.

우리는 와인을 마시고 와사비 콩을 먹으며 오후를 함께 보냈다. (우리는 그에게 점심조차 사지 않았다! 우리는 대체 우리가 누구라고 생각한 걸까, 대통령이라도 된다고 생각했나?) 모니카는 밝고 매력적인 성격이었다. 그리고 굉장히 솔직했다(어쩌면 그런 상황에 있는 사람 치고 너무 솔직했던 것 같기도 하다). 린다 트립Linda Tripp[3]이 정보 수집에 능한 배후 조종자라고 생각했다면 아닐 수도 있다는 말이다.

우리는 티팬티와 '웨이트 와쳐[4]'와 브라질리언 비키니 왁스에 관해 이야기를 나눴다. (내가 1999년이라고 했을 때 이미 다 짐작했겠지만.) 나는 화제가 아이 크림으로 넘어가자 말을 하고 싶었다. 그래서 삭스Saks 백화점 '라 메르' 매장의 성질이 고약한 여자에게서 알아낸 정보를 공유했다. "약지로 살살 두드려 줘야 해요." 나는 시범을 보였다. "오, 정말요?" 모니카는 뭐든 믿을 순진함으로 흥미로워하며 물었다. 그 자체로 많은 설명이 되었다. 나는 지금도 아이 크림을 바를 때면 모니카를 생각한다. 그도 나를 생각할 것이라 확신한다.

6) 우주 레이저

나이가 들면서 누군가에게 돈을 주고 얼굴에 레이저를 쏘아 달라

---

2 (옮긴이) 해당 인터뷰에서 월터스는 르윈스키에 대한 세간의 평가를 "머리가 빈, 스토커, 요부"라고 요약했다. 오랜 세월 동안 르윈스키는 공공연한 조롱의 대상이었고, 사회적 인식이 변해 최근에야 클린턴 스캔들과 르윈스키를 다른 시선으로 재조명하기 시작했다.
3 (옮긴이) 르윈스키가 클린턴과의 관계에 관해 털어놓는 전화 통화를 녹음해 스캔들을 폭로한 인물이다.
4 (옮긴이) 다이어트, 헬스 리빙 회사다.

고 하고 싶을 수도 있다. 만약 당신이 뉴욕이나 댈러스 포트워스처럼 멋진 도심지에 사는 멋진 여성이라면, 멋진 피부과 전문의에게 갈 것이다. 그러면 그들은 눈을 덮은 후 다양한 기계를 얼굴에 갖다 댈 것이다. '콜라겐 생산 촉진'을 위해서 말이다. 만약 도시와 떨어진 곳에서 살고 있다면, 집에서도 같은 경험을 할 수 있다. 실내 난방기 앞에 바짝 앉아 있는 동안 친구가 지갑을 감추게 하면 된다. 효과는 같다.

나는 한동안 파크 가의 멋진 의사에게서 '레이저 돈 제거 시술'을 받았다. 하루는 턱에 난 호르몬성 여드름이 없어지지 않아 병원에 갔다. 의사는 열성적으로 해당 부위에 스테로이드를 주사했다. 하루 이틀 만에 여드름이 줄어들었고 평소 상태가 되었다. 불행하게도 스테로이드는 계속해서 그 부위를 줄어들게 해, 주말에는 턱에 움푹 파인 곳이 생겼고 뼈가 만져질 정도였다. 나는 몹시 화가 났고 <SNL>의 분장실에서 이에 대해 불평했다. "내 얼굴은 안 그래도 엉망인데 흉터를 하나 더 달고 살아야 해?!" 에이미 폴러가 방 건너편에서 말했다. "차이는… 이제는 네가 **돈**을 낸다는 거지." 에이미의 말이 맞았다. 나는 정말로 성공한 것이다. 우리는 나중에 하이파이브를 했다.

7) "머리카락은 여자의 가장 큰 자랑거리다" - 성경을 쓴 남자들

1970년대 미용 전문가들은 섀기 헤어가 "가장 보편적으로 누구에게나 어울리는 스타일"이라고 했다. 앞쪽의 짧은 층이 얼굴의 윤곽을 잡아 주고 뒤쪽의 불균형하게 긴 부분은 목까지 늘어진다. 이 사진이 전문가들의 말이 맞다는 걸 증명한다.

자신이 믿는 미용사를 찾는 것이 중요하다. 나는 수년간 내 머리카락을 고든 필립스 미용학원의 학생들에게 독점적으로 맡겼다. 건물 앞의 문구만으로도 모든 걸 알 수 있었다. '고든 필립스 미용학원, 런던, 파리, 어퍼 다비.' 미용의 최첨단을 달리기에 이 헤어스타일은 내 얼굴을 반으로 접어 하트 모양으로 잘라 구현한 것이다. 솔직히 말해야겠다. 이 사진은 '학교 앨범 사진 촬영일'에 찍은 것으로 프로의 손길이 닿은 사진이다. 평소에는 이렇게 머리에서 윤기가 나고 정돈된 모습이 아니었다.

8) Q: 하지만 티나, 대부분의 사람은 미용사를 수시로 만날 수 없어요. 우리는 어떻게 하라는 거죠?
A: 첫째, 나한테 그런 말투로 말하지 말아요. 둘째, 자신의 머리카락을 스스로 손질하는 법을 익혀야 한다!

나는 80년대 중반에 나에게 맞는 방법을 찾았다. '핫스틱스'를 꽂기 위해 일주일에 한두 번 새벽 6시에 알람을 맞췄다. 핫스틱스는 뜨거운 고무 막대기였다. 머리카락을 꼬아서 막대에 감아올리고 15분을 기다린 후 막대를 빼면 머리가 동그랗게 말려 올라갔다(모발 끝이 바짝 마르고 갈라졌지만). 나는 거울 앞에서 컬을 관찰하곤 했다. 기기의 성능과 기기를 사용할 수 있는 내 능력에 감탄했다.

그런 후, 단 한 번도 거르지 않고 학교로 출발하기 직전에 스스로에게 질문했다. "빗어야 하나? 아니면 그냥 두는 게 맞나?" 왜 이걸 항상 기억하지 못할까? '다음으로 할 일이 잘못됐다는 걸 거의 확신하지만 그냥 할래.'라는 직감 덕에 나는 그토록 요리를 잘하는 것이다.

빗으면 안 된다는 사실을 무의식 중에 알고는 있었는데, 나는 자신을 멈추지 못했다.

엄마의 미용 비법

내 손은 미를 증오하는 살인자에게서 이식받은 손처럼 빗을 움켜쥐었다! 나는 컬 사이를 빗었고 정전기가 잔뜩 일어나 엉망진창이 되었다. 조회가 끝날 즈음이면 포니테일로 묶어 버렸다. 나한테는 잘 어울렸으니, 알아서 참고하면 되겠다.

고등학교를 졸업한 직후 나는 머리카락을 자르기로 했다. 대학에 가기 전에 자신을 새롭게 정립할 기회였다.

꽈배기 모양 파마의 관념적 무용에 대한 격한 의견 충돌을 한 후, 어머니와 나는 고든 필립스 미용학원과의 예술 실험을 끝냈다. 우리는 내 동급생의 엄마에게서 머리카락을 자르기 시작했다. 그분은 앤 질리언[Ann Jillian1] 닮은 꼴 연예인이기도 했다. 그래, 여기서 지금 당신이 느끼는 감정은 바로 질투다. 그 가족은 모두 그렇게 화려했다. 나는 항상 그들의 삶을 부러워했다. 마치 시트콤에 나오는 가족처럼 보였기 때문이다. 모두 금발에 잘생겼다. 엄마는 지하 살롱에서 머리를 자르고, 파트타임으로 앤 질리언 흉내를 낸다. 이것만으로도 이 프로그램을 CBS에 팔 수 있을 것이다! 아빠는 식당을 운영했다. 삼촌은 우리 학교의 쿨한 영어 선생님이었다. 장남은 젊은 본 조비[Bon Jovi] 스타일이었는데, 우리 고등학교 합창단의 스타였다. 일주일에 한 번씩 뉴욕까지 가서 개인 하드 록 보컬 트레이닝을 받았다. 둘째 아들은 총명하고 재밌고 꼭 껴안고 싶은 거구로, 책의 여백에 냉소적인 만화를 그렸다. 가족의 막내는 제이슨 프리스틀리[Jason Priestley2] 수준으로 귀여운 아이로, 가족의 프로듀서들이 마지막 시즌에 시청률을 끌어올리기 위해서 추가한 게 분명했다. 그냥 이 가족을 보기만 해도 신디케

---

1 (옮긴이) 미국의 아역 출신 배우로 시트콤 <It's a Living>에 출연했다.
2 (옮긴이) <비버리힐스 아이들>에 출연해 큰 인기를 얻은 배우다.

이선³까지 갈 것이라는 사실을 알 수 있다.

'대학생이 된 새로운 나'로 변신시키는 임무를 그런 도일 부인의 손에 맡긴 것은 굉장히 자연스러운 일이었다. 나는 전부 자르고 싶었다. 겁쟁이처럼 조금이 아니고, 단발도 아니었다. 과감하게 잘라 내기를 원했다. 도일 부인은 내 머리카락을 두꺼운 포니테일로 묶은 후, 그 포니테일을 잘라서 내게 건넸다. 부모님 댁에 있는 상자 어딘가에 아직 가지고 있다. 엄마가 항상 고상하게 "저 상자들 좀 시간 들여서 정리하면 어떨까."라고 20년 넘게 묻고 있기 때문에 잘 안다.

옆은 바짝 잘랐고, 위는 풍성했으며 라이자 미넬리풍으로 구레나룻을 길게 두 가닥, 페예⁴처럼 늘어뜨렸다. 마음에 들었다. 그런 후 이 두 가닥이 필요하냐고 물었다. 그 부분이 필수적이라는 설명을 듣고 난 후 다시 좋아하기로 했다.

더 이상은 너드가 아니었다. 이 새로운 헤어스타일이 사람들로 하여금 속에 감춰져 있던 진짜 나를 보게 할 것이다. 네 아이의 엄마인데 어쩐 일인지 동정인 사람.

9) 당신에게 어울리는 스타일을 찾은 후 고수하라

현명한 나의 친구가 말한 적이 있다. "패션 디자이너들이 입으라는 옷은 입지 마. 그 사람들이 입는 옷을 입어." 그 친구의 말은 디자이너 대부분이 런웨이에서 어떤 옷을 선보이든, 본인은 단순하고 자신을 돋보이게 하는 옷을 입는다는 뜻이었다.

나를 만나 본 적이 없는 사람이라면 누구든 이 사실을 말해 줄 텐

---

3 (옮긴이) 프로그램에 따라 다르나 대개 100회의 에피소드를 방영한 후 신디케이션을 통해 다른 채널에서 재방영을 할 수 있게 되고 그에 따른 수익을 얻게 된다. 성공의 지표로 여겨지기도 한다.
4 (옮긴이) 정통유대교에서 구레나룻을 자르지 않는 헤어스타일을 말한다. 페옷이라고도 한다.

데, 패션은 내게 항상 굉장히 굉장히 굉장히 굉장히 굉장히 굉장히 굉장히 중요했다. 예를 들자면, 나는 사촌에게 "'익스프레스' 매장이 내 옷장이었으면!"하고 내 꿈을 말한 적이 있다. 얼마나 선견지명이 돋보이나. 왜냐, 당연히 지금도 나는 익스프레스만 입기 때문이다.

더 강조해도 모자라다. 유행을 따라잡으려 하지 마라. 당신의 몸에 잘 어울리는 단순한 옷을 계속 입어라.

나는 열아홉 살에 내게 어울리는 모습을 찾았다. 지나치게 큰 티셔츠와 바이크 쇼츠, 그리고 레슬링 신발이었다. 너무 헐렁해 보이지 않게 허리에 패니 팩을 맸다. 나는 평생 이렇게 입을 거라고 확신했다. 셔츠 문구를 통해 나 자신을 표현했다. '야구 사전에 눈물은 없다[1]'와 '하이델베르크대학교 Universität Heidelberg' 같은 문구였다. 바이크 쇼츠는 내 근육질 다리를 뽐내게 해 줬다. 그리고 패니 팩에는 트롤리 토큰을 전부 넣어 다닐 수 있었다. 나는 매일 그 패션을 성공적으로 소화했다. 최대한 빨리 당신에게 맞는 이런 패션을 찾아라.

10) 매니큐어는 필수다

1997년 뉴욕으로 이사한 뒤, 나는 한국인이 운영하는 재빠른 매니큐어 서비스의 즐거움을 발견했다. 뉴욕에는 작은 네일 살롱이 가득하다. 매니큐어, 패티큐어, 겨드랑이 왁싱, 그리고 10분간 등에 펀치를 맞는 것까지 전부 100달러 이하에 받을 수 있다. 처음 몇 번은 낯설 것이다. 초심자라면 자신이 영어를 사용한다는 사실을 잊을 수도 있다. 당신은 가게에 들어가 웃음을 띠고 주인에게 고개를 끄덕이며 말한다. "매니큐어-페디큐어?" 그는 한국 억양으로 답한다. "색 골라요." 당신은 300가지가 넘는 미색 중 두 가지를 고른 후 말한다. "이

---

1 (옮긴이) 전미 여성 프로 야구 리그를 다룬 영화 <그들만의 리그>의 대사다.

거 손, 이거 발. 잡지 오케이?" 당신은 어째서 그런 식으로 말하나? 이제 당신은 인종적으로 창피한 일을 했으니 작은 테이블이 있는 곳으로 가 의자에 비집고 앉아 낯선 사람과 20분간 손을 잡고 있을 준비가 됐다. 처음 몇 번은 정말 말도 안 되는 일이라고 느끼지만, 결국 다른 여성의 손에 수동적으로 손을 맡기는 데 익숙해진다. 여름 캠프에서 하는 믿음을 쌓는 활동과 비슷하다. 아마도. 나는 여름 캠프에 가 본 적이 없다. 소외 계층이나 유대인, 극단적인 기독교인 혹은 비만도 아니었기 때문이다. (뉴욕에 살고 싶다고 생각하는 사람들에게 좋은 활동이 될 것이다. 주변에 있는 모든 이가 당신이 이해하지 못하는 언어로 이야기를 하고, 냄새가 빠져나가지 못하는 밀폐된 공간에서 낯선 사람과 20분간 손을 잡고 있는 것이다. 만일 이걸 즐긴다면 6호선 지하철도 즐길 수 있다.)

다른 사람이 손가락을 씻어 주는 것이 얼마나 이상한지 생각하지 않게 하려 주변에서 연극적인 퍼포먼스가 연이어 펼쳐진다. 당신의 오른쪽에는 자신이 본 아파트에 대해서 생동감 있게 말하는 뉴요커가 있을지도 모른다. "완전 **토 나오더라**. 자기 상상도 못 할걸. 대리석 판이." 뉴요커는 무언가를 좋아할수록 더욱 역겨워한다. "주방 가전은 전부 '서브제로[2]'로 도배를 했어. 확 죽어 버리고 싶어. 건물에 놀이방이 있는데 골프채로 턱을 부수고 싶더라니까. 참을 수가 없어." 왼쪽으로는 나이가 조금 있는 여성이 한 손으로는 캐슈너트를 먹으며 다른 한 손으로는 전화를 받으면서 여전히 손톱 손질을 받고 있을 것이다. 듣고 싶지 않은 이야기를 다 들리게 말할 것이다. "알아. 오늘 아침에 변기에 앉아서 그것 때문에 울었다니까 [손톱 관리사에게] 큐티클 자르지 말아 줘요." 유심히 듣다 보면 당신은 그가 휴대전화를 통해 유료 심리 치료 상담 중이라는 의심이 들기 시작한다. "있죠, 그

---

2 (옮긴이) 매우 고가인 빌트인 가전 브랜드다.

건 선을 그어야 하는 문제예요. 그에게 말해야 해요. '이런 대화는 한 명은 취해 있고 다른 한 사람은 중력 부츠를 신고 거꾸로 매달려 있을 때 하면 안 돼.'" 더 오래 듣다 보면 그가 환자인지 상담의인지 알 수 없어진다. "당신이 화가 난 게 좋다고 생각하냐고요? 내가 왜 당신이 화가 난 게 좋다고 생각하겠어요?" 뉴욕의 네일 살롱에는 언제든 최소 8명의 트레이시 울먼Tracey Ullman[1] 캐릭터가 상주하고 있다.

만약 이 모든 게 견디기 힘들어지면 고개를 들어, 길고 빨간 손톱을 한 채 바이올린을 잘못 잡고 있는 손 포스터에 집중해라.

알아차리기도 전에 손톱 손질은 끝나 있을 것이고 보기도 좋을 것이다. 당신의 손톱은 건강하고 생기있어 보인다. 그리고 반짝이는 광택제는 쓰레기 입자와 인간의 배설물 입자를 가리는 데 도움이 될 것이다. 도시 거주자 전원에게 조금씩 묻어 있는 그것 말이다!

11) 부패하는 참새의 저속 촬영 사진처럼 보이지 않으며 자연스럽게 나이 먹기

어느 시점이 되면 몸은 역겨워지고 싶어 한다. 십 대, 이십 대는 자신을 알아 가고 장점을 강조하는 시기였다면, 삼십 대 후반에서 사십 대는 부패를 막는 시기다. 매일 듬성듬성 난 수염을 뽑는다. 엄지발가락은 유쾌하게 안으로 틀어지기 시작할 수도 있다. 하룻밤 사이 길고 하얀 음모가 날지도 모른다. 물론 나에게 생긴 일이라는 것은 아니다. 나는 6개월마다 한 번씩 내 음모를 쌀국수처럼 투명하게 만드는 **굉장히 비싼 일본식 관리**를 받기 때문이다.

우리는 모두 주름이 생길 거라는 사실에 정신적으로 대비를 해야

---

1 (옮긴이) 영국 출신의 코미디언으로 미국에서 방영한 <트레이시 울먼 쇼>를 통해 쭈뼛거리는 십 대, 골퍼, 오스카를 수상한 여자 배우 등 다양한 캐릭터를 연기했다.

한다. 물론 주름은 문제가 아니다. 문제는 예상치 못한 역겨움이다.

예를 들면 입이 있다. 오, 그놈의 입. 얼마나 성실히 이를 닦고 치실을 사용하든(거들먹거리는 치과 의사는 절대로 성실하게 했다고 인정해주지 않지만) 어느 순간부터 햇빛 아래에 놓아둔 달팽이 같은 냄새가 나는 상태로 매일 일어나게 된다. 일어나는 순간 양치를 해서 고칠 수 있지만, 뜨거운 좀약 같은 입으로 일어난다는 사실에 늙은 기분이 든다.

나는 우리의 입이 먼저 죽어서 천천히 무덤까지 적응할 수 있게 신이 설계했다고 생각한다. 나는 '지적 설계'의 엄청난 신봉자다. 그 말은 이케아를 좋아한다는 뜻이다!

12) 가장 중요한 미의 법칙

단 하나의 법칙만 따를 수 있다면, 가장 중요한 미의 법칙을 기억해라. "신경 쓰지 않기."

아주 아주 말랐던 때의 기억

　세기초에, 아주 짧은 시간 동안 나는 굉장히 말랐다. 그 시기에 대한 내 기억은 이렇다.

- 항상 추웠다.
- XS 사이즈 코르듀이 핫팬츠가 있었다. 입었다. 직장까지. 맨해튼 한가운데에서.
- 너무 말랐다는 말을 듣는 게 좋았다.
- 해변에 갈 때 피망을 잘라서 간식으로 가져간 적이 있다.
- 나는 정기적으로 구역질이 나는 건강식 쿠키를 먹었다. 레이첼 드래치Rachel Dratch[1]에게 열성적으로 하나 내밀자, 그는 토끼 그림을 그린 후 쿠키를 부숴 그 조각으로 길을 만들었다. 토끼의 엉덩이에서 나오는 것처럼 말이다.
- 이전에 만났던 남자들이 갑자기 나에게 관심을 보였다. 그래서 그 남자들이 싫어졌다.
- 잠을 잘 때 가끔 다리 사이에 베개를 끼고 자야 했다. 뼈가 튀어나온 무릎이 서로 부딪혀 잘 수 없었기 때문이다.
- 끝없이 먹지 않았기 때문에 시간이 많이 남았다.

1　(옮긴이) 세컨드 시티 출신의 코미디언으로 <SNL>의 데비 다우너 캐릭터로 유명하다. 티나 페이와 <드래치 앤 페이>라는 공연을 하기도 했다.

- 일주일에 6일, 하루에 5km씩 러닝머신 위에서 뛰었다.
- 모든 사람에 대해 놀랍도록 우월감을 느꼈다.
- 아직 아이가 없었다.

　우리는 사람들의 체중에 대해서 가타부타하지 말고 내버려 둬야 한다. 잠깐 마르는 건 (음식을 제대로 먹고, 약을 먹거나 담배를 피워서 살을 뺀 게 아니라면) 괜찮은 취미다. 모두 한 번쯤 시도해 볼 만하다. 엄청 짧게 머리를 자르거나 백인 남자랑 데이트하는 것처럼 말이다.

살이 조금 쪘을 때의 기억

세기말, 짧은 시간 동안 나는 과체중이었다. 그 시기에 대한 내 기억은 이렇다.

- 가슴이 더 컸다.
- 한번은 디저트를 먹던 와중에 레스토랑에서 나왔다. 크리스피 크림이 닫기 전에 가려고.
- 맥도날드의 프렌치프라이만 좋아했지만, 한끼 식사를 하는 편이 더 영양가가 높을 거라고 생각해 치즈버거 두 개도 함께 먹었다.
- 정말 의욕이 넘칠 때는 버거킹에 가서 와퍼 주니어를 사고 맥도날드에 가서 프렌치프라이를 샀다. 셰이크는 어느 쪽이든 괜찮았다.
- 1.6km도 뛰지 못했다.
- 오버사이즈 남자 오버롤을 입었다. 이 옷을 굉장히 좋아했다.
- 나랑 친구이던 남자들은 나와 데이트하고 싶지 않아 했다. 그래서 그 남자들이 싫어졌다.
- 나는 크리스마스이브에 최소 세 번 구토를 했다. 초콜릿과 새우, 훈제 소시지, 그리고 치즈를 먹었기 때문이었다. 술은 전혀 마시지 않았다.
- XL 사이즈로서 나는 내가 '진짜 여성'의 사이즈라는 자부심을 가

졌다. "XL 사이즈는 국가 평균이야." 나는 자랑했다. "잡지에서 뭐라고 말하든 말이야."
- 한번은 속옷만 입고 다림질을 하다가 튀어나온 내 배에 뜨거운 다리미가 스친 적이 있다.

우리는 사람들의 체중에 대해서 가타부타하지 말고 내버려 둬야 한다. 잠깐 통통하게 지내는 건 (당뇨병에 걸릴 정도가 아니라면) 자연스러운 삶의 과정 중 하나이고 부끄러워할 일이 아니다. 사춘기나 서서히 공화당원이 되는 것처럼 말이다.

어린 시절 꿈, 실현되다
(초큘라 백작[1]한테 쫓기던 꿈 말고)

1997년, 나는 <새터데이 나이트 라이브>의 작가 면접을 보기 위해 시카고에서 뉴욕으로 날아왔다. 쇼에서 다양성을 원하고 있다고 들었기에 가능성이 높아 보였다. 그나저나 코미디계에서만 교외 출신의 고분고분한 백인 여자가 다양성 후보로 취급된다. 내가 가지고 있었던 유일한 점잖은 옷을 입고 면접을 보러 왔다. 세컨드 시티에서 공연을 할 때 입던 옷이었다. 검은 바지, 컨템포 캐쥬얼 Contempo Casuals의 셔닐실로 짠 라벤더색 스웨터였다. 나는 엘리베이터에 있는 보안요원에게 다가가 내 자신이 이렇게 말하는 것을 들었다. "론 마이클스를 만나러 왔어요." 내 입에서 나오는 말을 믿을 수 없었다. "론 마이클스를 만나러 왔어요." 나는 내 꿈속을 걷고 있었다. 실수로 학교에 정말 벌거벗고 간 사람들 기분이 이랬으리라.

나는 17층에 있는 사무실로 올라갔다. 복도에는 쇼의 기념비적 순간을 담은 사진이 걸려 있었다. 제인 커틴 Jane Curtin이 '위켄드 업데이트'에서 자신의 셔츠를 열어젖히는 모습, 길다 래드너와 캔디스 버겐 Candice Bergen[2]이 '비치 블랭킷 빙고 Beach Blanket Bingo' 스케치에 나온 모습, 알 프랑켄 Al Franken의 얼굴 사진까지! 나는 의자에 앉아서 론과의 면접을 기다렸다. 한 시간쯤 지났을 때, 론의 비서가 극장용 팝콘 기

---

1 (옮긴이) '몬스터 시리얼' 중 하나로 박스에 드라큘라 백작의 그림이 그려진 초콜릿 시리얼.
2 (옮긴이) 미국의 배우. <SNL> 최초의 여성 호스트다.

계로 팝콘을 만들기 시작했다. 나중에 알게 된 사실이지만 이는 론의 도착이 임박했다는 신호였다. 지금도 갓 튀긴 팝콘의 냄새를 맡으면 스트레스와 배고픔이 밀려오며 존 굿맨$^{John\ Goodman3}$을 위한 스케치 아이디어가 떠오른다.

"뭘 하든, 절대로 론의 말을 끊으면 안 돼." 론과의 면접에 대해 유일하게 받은 조언이었다. 내가 알던 시카고의 여배우가 그 실수를 한 모양이었다. 그는 그 때문에 합격하지 못했다고 믿고 있었다. 나는 마침내 론의 사무실에 들어가게 되었다. 기회를 놓치지 않겠다고 다짐하며 자리에 앉았다. 론이 말했다. "그래, 자네 출신지가……."

영겁이 지난 것 같았다. 왜 질문을 끝까지 하지 않지? 지금 대답을 하면 론이 말하는 중간에 끼어든 게 되나? 나는 보통 사람이 말하는 방식을 기억할 수 없었다. 5초가 더 흘렀지만 론은 다른 말을 하지 않았다. 세상에. 다음 날 시카고로 돌아가면 사람들이 묻겠지. "론 마이클스와의 면접은 어땠어?" 그리고 나는 답할 것이다. "론이 '그래, 자네 출신지가'라고 했고 한 시간 동안 앉아 있었어. 그 후, 비서가 들어와서 나한테 나가라고 했어."

아마 현실적으로 따졌을 때 10초 정도가 지나고 나서, 나는 더 이상 참을 수 없어 말을 뱉었다. "펜실베이니아요. 펜실베이니아에서 왔어요. 필라델피아 교외요." 그 순간 론이 드디어 생각을 끝냈다. "시카고로군." 나는 망쳤다고 확신했다. 다른 것은 아무것도 기억나지 않는다. 그의 책상에 놓인 '론 마이클스' 명패를 보며 계속해서 이렇게 생각했기 때문이다. '비틀즈 수표의 그 남자야![4] 내가 그의 사무실에 있다는 사실을 믿을 수 없었다. 몇 년 후, 새벽 2시, 3시, 4시까

---

3 (옮긴이) 미국의 배우. <SNL>의 호스트를 13회 맡았다.
4 (옮긴이) 론 마이클스는 1976년에 비틀즈가 <SNL>에서 재결합한다면 3천 달러 수표를 주겠다며 카메라 앞에 선 적이 있다.

지 그 사무실에 앉아 '이 회의가 얼른 끝나지 않으면 이 캐나다인 자식을 죽여 버릴 거야.'라고 생각할 거라는 사실을 전혀 알지 못했다. 이유는 모르겠지만 나는 합격했다.

<SNL>에서 일한 9년간, 론과 나의 관계는 '겁먹은 학생과 마지못해 가르치는 선생'에서 '소도시 소녀에게 세상 물정에 밝은 마담이 낯선 것에 대해 알려 주는' 관계를 거쳐 '애니와 아빠 워벅스(순회공연단)[1]'로, 거기서 또 상호 존중하는 우정으로 변했다. 그러고는 또 '퉁명한 십 대 딸과 관대한 양아버지'로 변했고 '마이클 잭슨 부부'로 변했다가 아주 짧은 시간 동안 '크리스마스를 믿지 않는 소년과 기적이 있다는 걸 알려 준 은둔하는 이웃'이 되었다가 다시 상호 존중과 우정으로 돌아왔다.

나는 론에게서 많은 것을 배웠다. 특히 보시팬츠와 정반대 스타일의 인사 관리법을 배웠다.

내가 론 마이클스에게서 배운 것

1) "프로듀싱이란 창의성을 막는 일이다."

TV쇼는 여러 개의 부서로 구성된다. 의상, 소품, 배우, 그래픽, 세트, 운반. 전 부서의 모든 구성원이 자신들의 능력을 뽐내고 싶어 하며 쇼에 창의적으로 기여하고 싶어 한다. 아주 다행스러운 일이다. 재능이 뛰어나고 자신의 작업에 대한 열정이 넘치는 사람들과 일하는 것에 감사하게 된다. 프로듀서의 일은 창의성을 북돋는 것이라고 생각할지도 모르겠다. 하지만 프로듀서 일의 대부분은 열정을 단속하는 것이다. 밀기울 머핀이 하얀 접시에 올려져 있는 장면이 대본에

---

1 (옮긴이) 만화, 뮤지컬, 영화 <애니>의 고아 소녀 애니와 애니를 입양하는 올리버 워벅스를 말한다.

나온다고 하자. 그러면 소품부가 산타클로스 모양의 밀기울 케이크를 올려 둔 커다란 은색 쟁반을 들고 나타난다. 그리고 거기엔 '덴마크에 오신 걸 환영합니다.'라고 적혀 있을 것이다. "재밌을 거라 생각했어요." 그러면 캐릭터가 유대인이니 산타의 얼굴을 먹는 건 부정적인 함의가 있을 수 있고, 은색 쟁반은 매우 아름답지만 카메라에 빛이 이상하게 반사되니 하얀 접시 위에 밀기울 머핀을 올린 것으로 가자고 마음 상하지 않게 말할 길을 찾아야 한다.

그리고 가끔 배우들이, 그들의 표현으로는 '아이디어'가 있다고 한다. 보통은 자신의 대사가 더 늘어야 한다거나 경험이 많은 배우의 경우에는 더 많이 앉아 있겠다고 한다. 배우들이 아이디어를 내면 그들이 이면에 숨긴 아이디어의 근원을 알아내는 것이 매우 중요하다.

당신이 배우에게 요구한 것이 그들을 불편하게 했나? 상체를 드러내라고 하거나 딕 체니Dick Cheney[2] 닮은 꼴과 애무를 하라고 했나? (말해 두지만, 나는 배우들에게 두 가지 다 요구해 봤고 그들은 의욕이 넘쳤다.) 배우들은 "오늘 막 만난 성인 남자에게 수유를 하는 건 불편하네요."라고 말하기보다 "내 캐릭터가 그런 걸 할 것 같지 않아요."나 "나 등 다쳤어. 그리고 내 대기실에서 안 나갈 거야." 같은 암호로 말할 수도 있다. 배우도 사람이라는 사실을 기억해야 한다. 사람들보다 훨씬 멋지게 생겼으므로 가끔 그렇게 생각하기 힘들 수 있다. 방 안에 배우가 좋은 인상을 남기고 싶어 하는 사람이 있는가? 이는 굉장히 중요하고 건성으로 넘길 부분이 아니다. 남자 배우가 어렵게 군다면, 그 즉시 주변에 예쁜 인턴이 없는지 탐색해야 한다.

---

2 (옮긴이) 조지 W. 부시 정부의 부통령으로, <SNL>에서는 대럴 해먼드가 이 역을 맡았다.

2) "쇼는 준비가 되었기에 시작되는 게 아니다. 11시 30분[1]이기 때문에 시작된다."

이는 론이 <새터데이 나이트 라이브>에 대해 자주 하는 말이다. 하지만 나는 자신의 글을 너무 애지중지하지 말아야 한다는 뜻의 훌륭한 가르침이라 생각한다. 최선의 결과물을 내기 위해 최대한 노력해야 한다. 모든 농담을 마지막 최후의 순간까지 발전시켜야 한다. 그러고는 **놓아야 한다**.

워터슬라이드 위에 서서 지나치게 생각을 많이 하는 아이가 되면 안 된다. 미끄럼틀을 내려가야 한다. (나는 워터슬라이드 사고로 죽은 사람이 많은 세대의 사람이라, 이것을 배우는 것은 매우 중요했다.) 사람들에게 자신이 쓴 글을 보여 줘야 한다. 결코 완벽할 수는 없다. 하지만 완벽은 과대평가되었다. 생방송에서 완벽은 지루하다.

세컨드 시티에서 즉흥연기자로서 '바밍[2]'에 대해서 배운 사실이 있다. 바밍은 고통스러울지언정 그 때문에 죽지는 않는다는 것이다. 즉흥극이 얼마나 안 좋게 풀리든, 끝났을 때 육체는 여전히 살아 있을 것이다. <SNL>에서 작가로서 바밍에 대해서 배운 사실이 있다. 그게 '영구적인 기록'이 될까 너무 걱정하면 안 된다는 것이다. 정말 사랑하고 평생 자랑스러워할 스케치들을 쓰게 될 것이다. 금 같은 스케치 말이다. 하지만 정말 똥 덩어리 같은 스케치도 쓰게 될 것이다. 그리고 불행하게도 가끔은 똥 덩어리가 방송을 탄다. 그에 대해서 걱정하면 안 된다. 차이만 인지한다면, 월요일에 다시 금을 캐기 위해 노력하면 된다.

---

1 (옮긴이) <SNL>의 방송 시작 시간이다.
2 (옮긴이) 실패라는 뜻의 '바밍bombing'은 코미디에서 끔찍할 정도로 웃기지 못하는 경우를 말한다.

그게 바로 윌 페럴^{Will Ferrell}[3]의 위대한 점이다. 그는 온전히 자신의 목소리를 담은, (내가 추측하기에) 자신이 가장 사랑하는 스케치(빌 브래스키^{Bill Brasky}, 로버트 굴레^{Robert Goulet}, 그리고 '카우벨')도 하지만, 모놀로그에서 케이티 홈즈^{Katie Homes}[4] 옆에 서서 탭댄스를 출 때도 똑같이 충실하게 임한다. 그는 스케치 코미디계의 마이클 케인^{Michael Caine}[5]이다. 엄청 끔찍한 작품에 나올 수도 있지만, 그게 그의 이미지로 고착되지 않는다.

3) 사람을 고용할 때는 하버드 너드와 시카고 즉흥연기자를 함께 넣고 섞어라.

<SNL>의 작가진은 항상 엄청나게 머리가 좋은 하버드 소년들[6](짐 다우니^{Jim Downey}, 알 프랑켄, 코난 오브라이언^{Conan O'Brien}, 로버트 칼락^{Robert Carlock})과 재능 있고, 본능적이고, 재미있는 퍼포머들(존 벨루시, 길다 래드너, 잰 훅스^{Jan Hooks}, 호레이시오 산즈^{Horatio Sanz}, 빌 머레이^{Bill Murray}, 마야 루돌프^{Maya Rudolph})이 섞여서 구성되었다. 론은 한쪽이 너무 많으면 쇼의 균형이 무너진다는 사실을 알았다. 마음대로 일반화를 하자면, 하버드 사람들만 데리고 있다면 1929년 증권 시장 붕괴 이후 사람들이 나무통을 입고 다니는 광고 패러디로 쇼 전체를 채울 것이다. '플렌더슨의 가난 나무통, 더 비싼데도 옷을 대체함. Since 지금. 이전 상호, 플렌더슨의 피클과 멜빵. 재즈 시대의 과잉과 셔먼 트러스트 금지법의 실패에 대한 기호학적 해석.'

---

3 (옮긴이) <앵커맨>의 론 버건디로, <SNL>의 간판 스타였다. 위대한 스케치 코미디언 중 하나라는 평을 받는다.
4 (옮긴이) <도슨의 청춘일기>의 배우. 페이의 인터뷰에 따르면 탭댄스를 잘 춘다고 했는데 전혀 아니어서 윌 페럴이 구원 투수로 투입된 것이라 한다.
5 (옮긴이) 영국의 배우로, 1950년대부터 작품 활동을 시작해 100편이 넘는 영화에 출연했다.
6 내가 하버드 '소년'이라고 말하는 이유는 그들 대부분이 거의 항상 남자고(하지만 전부는 아니다. 예이, 에이미 오졸스!) 보통 스물다섯 살 이하에 한 번도 자신의 팔과 다리를 써서 육체적인 노동을 해 본 적이 없기 때문이다. 나는 그들을 굉장히 사랑한다.

즉흥연기자밖에 없다면 비키와 스테이시라는 이름의 시끄러운 여장남자 캐릭터가 서로에게 캐치프레이즈를 반복해 소리치는 것으로 쇼 전체를 채울 것이다. "그 얼굴로 엄마한테 뽀뽀하냐?"

하버드 소년들과 즉흥극 사람들은 코미디를 배운 환경이 다르기에 생각도 다르게 한다. '하버드 램푼Harvard Lampoon'에 속했다면, 성 안에서 친구들과 앉아 자신이 원하는 대로 글이 완벽하게 나오게 쓸 수 있다. 그리고 뜨거운 식은땀이 흐르는 느낌을 피할 수 있다. 특히 누군가 자기 글을 읽을 때 그 자리에 있지 않으니까. 하지만 술 취한 잔인한 시카고인들 앞에서 한 주에 여덟 번의 즉흥공연을 하게 되면, 좋은 반응과 나쁜 반응을 모두 경험하게 된다. 야유를 당하기도 하고 그보다 더 안 좋은 때는 관객의 침묵 속에서 자신의 심장 박동 소리를 듣기도 한다. 너무 심하게 바밍을 해서 뒷좌석에 앉은 여자분이 자신의 껌을 휴지에 싸는 소리도 들을 수 있을 것이다. 미국의 의료보험 체계에 대해 하고 싶은 말이 있더라도, 시각장애인 버스 운전사 캐릭터나 가슴이 시장에 출마한 스트리퍼 캐릭터를 통해서 그 메시지를 전달해야 한다. (사실, 이 스케치 보고 싶다.) 궁극적으로, 관객들을 웃기기 위해서 뭐든 하게 될 것이다.

하버드는 전통적인 군사이론이고 즉흥극은 베트남전이다.

이 모든 것은 하버드 소년들과 세컨드 시티/그라운들링스The Groundlings[1] 사람들이 아름다운 코미디 결혼을 이룬다는 말을 하기 위한 설명이었다. 하버드 사람들은 즉흥연기자가 감상주의에 빠지는

---

[1] (옮긴이) LA를 거점으로 한 임프랍 극단이다. 마야 루돌프, 윌 페럴, 크리스틴 위그, 멜리사 맥카시 등이 이곳 출신이다.

것을 막아 준다. (스티브 히긴스Steve Higgins[2]는 이런 농담을 하곤 했다. 모든 세컨드 시티 스케치는 감상적인 음악과 함께 누군가가 "사랑해요, 아빠."라고 말하는 대사로 끝난다고.)

하버드 사람들은 모든 농담의 논리와 구조를 확인하고, 즉흥연기자들은 그들에게 사람이 되는 법을 알려 준다. 스팍과 커크다. (내 비유를 모두 합치면, 칼을 찬 스팍이 정신이 피폐해진 람보 커크와 밤새 토크쇼 스케치를 쓴다는 말이 되겠다.)

나는 론의 이 가르침을 <30 락>의 작가를 고용할 때 적용하려 했고 지금까지는 성공적이다. 우리 현 작가진은 하버드 너드 넷, 전직 퍼포머 작가 넷, 보통 너드 둘, 추잡한 인간 둘이다.

4) "텔레비전은 시각 매체다."

론은 내게 이 말을 많이 했다. 이 말의 뜻은 '자러 가. 너 피곤해 보여.'다. 성실하게 작가들과 밤샘을 하고 싶더라도, 방송에 나가야 하면 그래선 안 된다. 제작진 사이에서 신뢰를 형성해도 카메라 앞에서 시체처럼 보이면 아무 소용이 없다. 머리와 화장을 하고 알맞은 조명을 받는 걸 두려워하지 마라. 허영이 아니다. 당신이 이상해 보이면 당신이 하려는 일에서 주의를 분산시킨다. 최대한 번듯하게 보이면, 사람들은 당신이 하는 말에 집중할 수 있다.

5) "시즌이 끝나고 나서 곧바로 중대한 결정을 내리지 마라."

이는 재활센터에서 막 나온 사람에게 하는 조언과 같다. 험한 일(혹은 우리 고운 손의 세계에서 험한 일로 취급되는 것)을 끝내고 나면 어떤 보상을 갈구하게 된다. 이 감정으로 급하게 중대한 결정을 내리지

---

2 (옮긴이) <SNL>의 프로듀서. <투나잇쇼>에서 지미 팰런의 사이드킥을 맡고 있다.

마라. 새집을 사거나 결혼을 하거나 마이너리그 야구팀의 공동 구단주가 되는 것[1]처럼 나중에 후회할지도 모르는 일 말이다. 이 조언의 흥미로운 점은 누구도 이 조언을 따르지 않는다는 점이다.

6) "절대로 닫힌 문을 찍지 마라."

론이 한번은 어떤 스케치에 화가 나서 한숨을 쉬며 이렇게 말했다. 어떤 스케치였는지는 기억나지 않는다. 감독이 화면을 약간 일찍 돌려서, 연기자가 들어오기 전 문을 찍었고 론은 그 순간 우리가 '관객을 잃었다'고 느꼈다. 이는 많은 걸 의미한다. 코미디는 자신감이다. 자신감이 낮아지는 걸 관객이 느끼면 관객도 긴장해 웃지 못한다. 론은 연기자가 문을 노크하는 소리를 따라 컷이 들어가는 걸 더 선호했을 거다. 그 말은 스케치에 화면을 맞춰야 한다는 것이고, 그 말은 내용이 스타일을 좌우하며, 그 말은 TV에서는 작가가 왕이라는 뜻이다.

과하게 추측을 하자면, 내 생각에 "절대로 닫힌 문을 찍지 마라."라는 말은 '쇼맨십을 잊지 마라.'라는 뜻이다. 입장 장면의 타이밍을 잘 잡고 신나게 만들어라. 크리스마스 때에는 세트를 예쁘게 만들어라. 댄서들도 추가해라! 재미있어 보인다고 해가 될 건 없다. 소규모 자본에 음울해 보인다고 추가로 점수를 따지 않는다.

혹은 매우 높은 확률로 아무런 뜻도 없었고 그냥 론의 기분이 안 좋았던 것뿐이다.

7) "새벽 3시에 복도에서 마주치고 싶지 않은 사람을 고용하지 마라."

이 조언은 굉장히 도움이 된다. 이런 쇼에서 사람들은 굉장히 장

---

1 (옮긴이) 론 마이클스는 마이너리그 야구팀의 공동 구단주가 된 적이 있다.

시간 일을 하게 된다. 아무리 그 사람이 제출한 샘플이 재밌더라도, 너무 말이 많거나 애정에 굶주렸거나 화가 많아서 한밤중에 프린터 옆에서 마주치고 싶지 않다면 피해라. 이 때문에 내가 첫 면접에서 통과한 거라고 생각한다. 나는 역동적이지 않았지만 적어도 제정신이었으니까.

8) 미친 사람에게 미쳤다고 말하지 마라.

한 번도 공공연히 표현한 적은 없지만, 이 역시 론의 가르침 같았다. 쇼에서 일한 9년 동안, 나는 왜 론이 사람들에게 그냥 "그만해."라고 말하지 않는지 이해할 수 없을 때가 많았다. 별난 작가들이 17분짜리 스케치를 제출하거나 치기 어린 퍼포머들이 떼를 쓰고 눈물을 보이며 자신의 스케치가 너무 늦게 나온다고 할 때 말이다. 내 엉망인 본능대로 행동했다면 나는 이 죄인들을 불러내 딱딱한 사감 선생처럼 꾸짖었을 것이다. "왜 당신의 스케치는 다른 사람들 스케치의 세 배인지 설명해 봐요. 왜 내가 제안한 완벽하고 합리적인 길이대로 하지 않은 거죠?", "어떻게 감히 당신의 스케치가 방송에 나올 시간에 대해 떼를 쓸 수 있죠? 어떤 사람들은 아예 방송에 나오지도 못해요. 당신이 다른 사람들보다 더 열심히 일한다고 생각해요? 모두 다 열심히 일해!" 하지만 세상 어떤 인사 관리 수업에서도 독선을 인사 관리법으로 권하지 않는다.

론은 간접적이고 굉장히 효율적인 방법으로 미친 자들을 다룬다. <애니 홀Annie Hall>에 나와 사람들에게 잘 알려진 오래된 농담이 그 방법에 대한 가장 적절한 묘사라고 할 수 있다. 한 남자가 정신과 의사에게 말한다. "제 남동생이 미쳤어요. 자기가 닭이라고 생각해요." 정신과 의사가 말한다. "닭이 아니라고 말해 봤나요?" 남자가 답한다.

"그러고 싶지만, 달걀이 필요하거든요." 론은 가장 피곤하게 구는 사람들이 종종 최고의 작품을 제출한다는 사실을 안다. 7번 규칙을 따르는데 어떻게 작가진에 미친 사람이 있을 수 있냐고? 쉽다. 이 미친 사람들은 매력적이고 영리하고 새벽 3시에 봐도 굉장히 재밌기 때문이다. 그리고 어떤 사람들은 제정신으로 들어왔지만 쇼 때문에 미치기도 한다.

나 자신을 예로 들겠다. 2001년 10월[1], 맨해튼에서 일하는 것은 신경을 곤두서게 만들었다. 하지만 우리는 계속해서 일했다. 그게 옳은 일이라 생각했기 때문이다. 어느 금요일 아침, 나는 30 록펠러 플라자에 있는 내 작은 대기실에 앉아, 위켄드 업데이트에서 할 농담을 쓰려 했다. 나는 두꺼운 신문기사 스크랩을 읽으며 아프가니스탄, 탈레반, 사담 후세인, 탄저균 우편 사망과 관련해서 재밌는 말을 할 게 없나 찾고 있었다. 암울 그 자체였다. 그때, 구석에 달린 TV에서 레스터 홀트[Lester Holt]가 MSNBC 채널에 나오더니 말했다. "속보입니다. 30 록펠러 플라자에서 탄저균이 발견되었습니다. 질병관리센터에서 이 치명적인 물질에 대한 조사를 진행 중입니다. 해당 물질은 <NBC 나이틀리 뉴스[NBC Nightly News]>의 앵커 톰 브로코[Tom Brokaw] 앞으로 발송된 수상한 소포 안에서 발견되었고, 30 록펠러 플라자에 있는 그의 사무실로 배송되었습니다." 만약 당신이 적절한 독해력을 가지고 있다면, 이 문단의 시작 부분에 나 역시 30 록펠러 탄저균 플라자에 있었다는 사실을 기억할 것이다. 45 록펠러 플라자가 아니다. 1661 6번가도 아니다. 30 록펠러 플라자다. '됐어.' 나는 생각했다. '포기할래.' 나는 코트를 입고 내 친구들과 동료들에게 아무 말도 하지 않은 채 그대로 지나쳐 아래로 내려갔다. 그 주의 호스트였던 상냥한 드류 베리

---

1 (옮긴이) 2001년 9월 11일, 뉴욕의 쌍둥이 빌딩이 무너지는 '9.11 테러'가 일어났다.

모어Drew Barrymore도 마주쳤지만 내가 무엇을 들었는지 말하지 않은 채 지나쳤다. 나는 그냥 엘리베이터를 타고 떠났다. 6번가에서 센트럴 파크 서쪽에 도착했다. 그리고 다시 센트럴 파크 서쪽에서 96번가로, 96번가를 건너 웨스트엔드 가에 있는 내 아파트로 갔다. 죽음을 기다릴 장소였다.

몇 시간이 지나고 론이 전화를 했다. 그는 부드럽게 말했다. "우리 다 여기 있어. 너랑 드류만 나갔고……. 그리고 드류도 몇 시간 전에 돌아왔고……. 지금 저녁 주문하고 있으니까, 너도 다시 들어올 거면." 가장 부드럽고도, 보시팬츠가 아닌 방식으로 "너 창피하게 굴고 있어."라고 말한 것이다. 그날 저녁 다시 직장으로 돌아갔을 때, 마침 모든 스태프가 스튜디오에 모여 있었다. NBC 뉴스팀의 수장인 앤디 랙Andy Lack이 스태프들에게 긴급 브리핑을 하고 있었다. 다시 한 번 말하지만, 어른들이 잔뜩 모여서 조용하게 있는 것만큼 소름 끼치는 일이 없다. 랙은 설명했다. 봉투는 NBC 뉴스 사무실이 있는 3층에서 발견되었고, 만일을 대비해 2층에서 6층까지 일하는 직원 전원은 질병관리센터에서 검사를 위해 '면봉으로 표본을 채취'할 것이라고 했다. (2001년의 재미있는 캐치프레이즈들을 기억하는가? "면봉 검사", "피부 손상", "탄저 항생제", "나는 쥬랜더다.²") 카메라팀의 일부는 8층에 있는 우리의 표본을 채취하지 않는다는 사실에 격분했다. 그들은 뉴스팀을 도우려 종종 내려갔다. 열띤 논쟁이 일어났다. 나는 관객석에 앉아 이를 바라보며, 그곳에 있는 모두에게 엄청난 애정을 느꼈다. 우리는 가족이라고 느꼈다. 가야 한다면 적어도 모두 함께 갈 테니까. 아마 몇 시간 전에 그들 모두 죽게 남겨 두고 나만 거기서 뛰쳐나간 걸 잊은 모양이다. 나는 독일인 특유의 감상과 냉정 사이를 오가는 능력을

2　(옮긴이) 벤 스틸러 주연의 <쥬랜더>가 2001년에 개봉했다.

갖고 있다.

요점은, 론은 나라면 했을 일을 하지 않았다는 거다. "너 지금 정신 나갔어. 당장 돌아와. 다른 사람들은 다 여기 있어. 네가 다른 사람들보다 더 중요하다고 생각해?"라고 말이다. 그는 나를 지나치게 달래지도 않았다. 나라면 내 본연의 냉정함을 상쇄하려고 과하게 달래려 했을 것이다. "괜찮아? 며칠 쉬어야 하면 어떻게든 조정해 볼게, 어쩌고저쩌고."

대신, 그는 내가 정신적으로 무너진 적이 없었던 것처럼 슬쩍 돌아올 길을 열어 줬다. "우리 저녁 주문하고 있어. 너는 뭐 먹을래?"

그는 달걀 얻는 법을 알았다.

남자들과 병에 오줌 누기

내가 <SNL>의 작가로 처음 참여한 방송은 1997년 9월 27일에 방영했다. 호스트는 실베스터 스탤론[1]이었다. 진짜 '무비 스타'를 그 정도로 가까이서 본 것은 난생 처음이었다. 진짜 무비 스타는 정말로 보통 사람들과 다르게 생겼다. 그들은 보통 조금 작고 그 자리에 있는 다른 사람들보다 더 멋진 치아, 신발, 시계를 가졌다. 스탤론은 호스트 회의 때 시가를 피웠다. 꽤 터프하고 멋졌다. 첫 회의 때 내가 어떤 스케치 아이디어를 냈는지는 기억이 안 나지만, 첫 밤샘 글쓰기 때 완전히 얼어붙었던 건 기억한다. 화요일 오후 1시부터 수요일 아침 9시까지 컴퓨터 앞에 앉아 있었지만 아무것도 나오지 않았다. 나는 혼자 앉아서 글을 쓰는 데 익숙하지 않았다. 2년간 매일 밤 5명의 사람과 즉흥극을 했던 것이다. 나는 결국 이력서와 함께 냈던 옛날에 쓴 스케치를 제출했다.

말할 것도 없이 내 스케치는 뽑히지 못했다. 하지만 나는 셰리 오테리[2]가 다른 작가와 함께 쓰는 스케치를 돕는 일에 배정되었다. 작가들은 종종 퍼포머들이 쓴 스케치를 만드는 걸 돕도록 배정된다. 나는 연습 때 셰리와 작가 스캇 웨이니오Scott Wainio를 따라다녔다.

---

1 (옮긴이) <록키>, <람보>, <저지 드레드> 주연의 액션 배우. 안면마비로 인해 발음이 어눌하다.
2 (옮긴이) 그라운들링스 출신의 코미디언. 대표 캐릭터는 스파르탄 치어리더 '아리아나'와 '리타'다.

가끔 스케치에 쓸 농담을 제안했고 그 농담들은 (정당하게도) 무시되었다. 드레스 리허설 때 론은 우리에게 지시 사항을 건넸다. 스탤론의 발음을 알아들을 수 없으니 좀 더 명확하게 발음하라고 전하라는 것이었다. 나는 스캇 웨이니오와 함께 호스트 대기실 밖에서 긴장한 채 서 있었다. 그는 그곳에서 일 년이나 일했으니, 어떻게 해야 할지 알 거라 생각했다. 스캇은 분명 연륜이 있었다. 그는 나를 보며 어깨를 으쓱했다. "네가 말해."

내 전매특허다. 순종하기. 나는 노크를 하고 안으로 들어갔다. 저지 드레드 본인이 소파에 앉아 있었다. 러닝셔츠를 입고 또 시가를 피우고 있었다. 그가 나를 올려다봤다. 나는 작은 소리로 중얼거렸다. "'리타' 스케치에서, 조금 알아듣기 힘들어서요. 조금만 더 분명하게 발음해 주실 수 있을까요?" 스탤론은 동요하지 않았다. "아라득기 힘드다고? 좀더부명하게 바름했으면조겠다고? 알았어요." 그보다 더 유하게 반응할 수 없을 정도였다. 추측건대 일을 하며 그 지시를 받은 게 처음은 아니었을 것이다. 나는 밖으로 나가 바짝 긴장한 엉덩이를 풀었다. <SNL>에서 일하는 몇 년 동안 나는 무비 스타 호스트들도 그저 일을 잘하고 싶은 사람이라는 사실을 깨달았다. 그리고 (손에 꼽힐 정도로 예외적인 개자식들을 제외하면) 어떠한 지도라도 받기를 원한다는 것을 말이다. 개자식들은 누구냐고? 말해 줄 수 없다. 하지만 정말로 알아내고 싶다면 단서는 이것이다. 그들의 이름에 들어가는 글자가 이 장 전체에 무작위로 뿌려져 있다.

실베스터 스탤론이 호스트를 했던 날, 이 일 외에 유일하게 기억하는 일이 있다. <록키> 테마의 모놀로그를 했는데, 록키의 아내인 에이드리안 역이 필요했다. 셰리는 정말로 그 역을 하고 싶어 했다.

그는 작았고, 필라델피아 출신이었고, 탈리아 샤이어Talia Shire[1] 흉내도 잘 냈다. 하지만 누군가 크리스 카탄Chris Kattan[2]이 드레스를 입는 게 더 웃길 거라고 생각했다. 나는 그게 말도 안 된다고 생각했던 기억이 난다.

나는 당시에 결정권이 없었다. 첫 주였으니까. 얼마 전 프로듀서인 스티브 히긴스에게 이 일을 말하자 그는 (당연하게도) 누구의 아이디어였는지 기억하지 못했다. 어쩌면 실베스터 스탤론의 아이디어였을 수도 있다고 했다. 사랑해 마지않는 카탄이나 실베스터 스탤론을 공격할 의도는 없지만, 나는 셰리가 에이드리안을 했으면 더 웃겼을 거라 생각한다. <SNL>에서 누군가가 답답함을 느끼거나 반칙을 당한 기분이 들었다는 일화는 차고 넘친다. 남자든 여자든 할 것 없이 매주 모두에게 일어나는 일이다. <새터데이 나이트 라이브>는 야망과 실망을 연료로 엔진을 돌린다.

그럼에도 셰리가 여장을 한 카탄에게 밀려난 이 특정한 이야기를 하는 이유는 내가 들어간 첫 주의 환경을 잘 보여 주기 때문이다. 9년이 지나 내가 떠날 때, 그런 일은 절대 일어나지 않았다. 그 누구도 여장한 남자가 에이미, 마야, 크리스틴보다 더 웃길 거라고 생각조차 하지 않았다. 그 10년간 여자 캐스트들은 쇼를 장악했고, 나는 기쁘게도 그것을 지켜볼 수 있었다.

FAQ 매번 징하게 묻는 질문

사람들은 내게 남자 코미디언과 여자 코미디언의 차이에 대해 자주 묻는다. 남자와 여자는 서로 다른 걸 재미있다고 느끼나요? 나는

---

1 (옮긴이) <록키>에서 에이드리안, <대부>에서 코니 콜리오네 역을 맡은 배우다.
2 (옮긴이) 몸집이 작은 남자 코미디언. 여장을 종종 했다. 대표 캐릭터는 '망고'다.

굉장히 외교적이고 지루하게 대답해 질문자가 결국 다른 곳으로 가게 만든다. 이런 식이다. "남자와 여자가 재밌다고 여기는 것은 매우 넓은 범주가 겹쳐요. 일반화하고 싶지는 않지만 저는 이렇게 말하고 싶네요. 그 취향의 극단으로 가면 남성은 좀 더 본능적이고 터무니없는 것을 선호하죠. 상어나 로봇처럼요. 반면에 여성은 캐릭터를 기반으로 한 농담에 더 끌리는 것 같아요. 그리고 언어적으로 특이한 표현에……." 아직 다른 곳으로 가지 않았나?

사실대로 말하겠다. 남자와 여자 코미디 작가 사이에는 실제로 차이가 있다. 그리고 이를 밝히겠다. 남자들은 컵에 소변을 본다. 가끔은 병에다가. 당시 내 상사였던 스티브 히긴스의 사무실에 갔던 때, 그는 사과를 먹으며 동시에 담배를 피우고 있었다. (내가 SNL에서 일하기 시작했을 때는 사무실에서 여전히 담배를 피울 수 있었다. 나는 젊지 않을지도 모른다.) 나는 거기서 일한 지 몇 주밖에 되지 않았고, 스티브는 내게 많은 격려와 도움을 줬다. 무슨 이야기를 했는지는 잊었지만, 나는 스티브의 사무실 책장 높은 곳에 꽂혀 있는 참고 서적을 꺼내려 했다. 내가 책 앞에 있던 종이컵을 옮기려고 하자 히긴스는 벌떡 일어났다. "만지지 마. 기다려." 그는 그 컵을 잡더니 사무실에 곳곳에 놓여 있던 다른 비슷한 물건을 가지고, 방 밖으로 나가서 버렸다.

"아, 그거. 컵 안에 들어있는 거 오줌이야." 내 친구 폴라가 나중에 알려 줬다. 나는 믿을 수 없었다. 나는 세컨드 시티 출신이었다. 그 말은 결벽과는 거리가 멀다는 소리다. 담배가 넘치는 재떨이에서 쥐가 새끼를 낳는 장면을 보았다는 이야기까지 들어 봤다. 하지만 나는 누군가가 진료실이 아닌 곳에서 컵에 오줌을 눈다는 이야기는 들어 본 적이 없었다. **어쩌면** 차를 타고 여행하는데 휴게소가 너무 멀어서 그럴 수는 있다. 누군가가 컵에 오줌을 눈 뒤 자기 사무실의 책장에 둬서, 그게 기화해 얼굴의 모공을 통해 다시 자기 몸에 흡수되도록 둔다는 이야기를 나는 정말 단 한 번도 들어 본 적이 없었다.

나는 다른 남자 동료에게 내가 목격한 일을 말했다. 네가 들어 본 것 중 가장 역겨운 일 아니니? 그는 무미건조하게 자신도 가끔 그런다고 대답했다. 항상 하는 건 아니라고. 그는 그게 남자들이 화장실에 가기 너무 귀찮으면 하는 일이라고 했다. 반드시 언급해야 할 게, 그 화장실은 지금 당신과 이 책 사이의 거리만큼 떨어져 있었다. 나는 내가 외계인처럼 느껴지기 시작했다.

나는 시카고에 있던 제프에게 전화했다. "당신, 형제들이랑 시골에서 자랐잖아. 컵에 오줌 누고 놓아두고 그랬어?" 제프는 믿지 못하겠다는 듯 말했다. "뭐? 아니! 구역질 나는 짓이야." 제프에게 1,000점.

한번 이 관습을 인지하고 나자, 다른 곳에서도 컵을 발견하기 시작했다. 보통 작가 사무실의 더 똑똑하고 더 못된 형 격인 위켄드 업데이트 사무실에는 컵이 없었다. 병[1]이 있었다. 뚜껑이 있는 오줌병이었다. 그 농도로 볼 때 오줌에 침을 뱉기도 한 것 같았다. 아니면 누군가 엄청나게 아프거나. 문을 열고 들어가면 오후의 태양을 조명 삼아 빛나는 병을 바로 볼 수 있었다. 처음에는 테스트처럼 느껴졌다. 당신이 오줌병을 보고도 무시하고 방 안으로 들어온다면 환영인 것이다. 환영은 너무 과한 표현인 것 같다. 당신은… 남자 중 하나로 인정받는다? 아니다. 생각할수록 그냥 내 생각을 투영하는 것 같다. 테스트였을 리가 없다. 그들은 누가 들어오든 말든 정말 좆도 상관하지 않았기 때문이다.

---

[1] 스티브 히긴스에게 위켄드 업데이트 오줌병에 대해서 기억하냐고 묻자, 그는 "그럼. 그리고 페인트칠로 덮은 코딱지 벽도 언급하도록 해."라고 했다. 그래서 언급한다.

그래, 모든 남자가 컵에 싸진 않았다. 하지만 20명 중에 네다섯은 그랬으니, 남자들이 이건 가져가야 한다. 어디서 재미없는 여자 스탠드업 코미디 공연이 하나 열리면 꼭 어떤 족같은 블로거놈이 고로 "여자는 안 웃기다."라고 하니까. 그 논리를 적용해서 나는 이렇게 말하겠다. 남자 코미디 작가들은 컵에 오줌을 싼다.

그리고 서로를 강간하는 시늉을 했다. 그건… 걱정할 건 없다. 무해했으니까.

그래서 내 지저분한 일반화를 요약하자면, 남자들은 규칙을 어기기 위해 코미디를 한다. 반면에 내가 아는 코미디계 여성들은 모두 착한 딸에, 모범적인 시민에 온순한 대학 졸업생이다. 어쩌면 우리 여자들이 코미디에 끌리는 건 사회적으로 용인되는 형식의 규칙 위반이며 일탈이기 때문인지도 모른다. 아직 치즈 접시 쪽으로 떠나지 않았나?

코텍스 클래식

다음은 <SNL> 수석 작가 중 한 명으로서 내가 제일 자랑스러웠던 순간에 대한 이야기다.

각 시즌이 시작되는 시기에 작가들은 광고 패러디를 쓴다. 여러분이 지난 35년간 즐긴 '슈미츠 게이'와 '대장 폭발' 같은 가짜 광고 말이다. 내가 쓴 광고였으면 좋겠지만 두 광고는 다른 사람이 쓴 작품이다. (나는 '맘진', '애뉴엘', '인종 간의 긴장 두통에 엑세드린'을 썼다. 도움이 될지 모르겠지만.)

각 작가들은 두세 개의 대본을 제출한다. 그 후 프로듀서와 수석 작가가 모여 어떤 광고를 찍을지 뽑는다. 우리는 신중하게 결정을 내린다. 생방송으로 방영되는 스케치와 달리 이런 패러디는 필름으로 촬영하고 (HD가 도입되기 이전의 일이다.) 10만 달러가 들기도 했기 때문이다. 광고 패러디가 만들어지는 건 대단한 일이었다. 영구적이기 때문이다. 영원히 반복할 수 있었다. 다시 말하지만, 이는 유튜브 이전 시대의 일이다. 그래서 재방송은 의미가 있었고, 수익성도 있었다.

보통 <SNL>을 방영하는 주에는 '대본 리딩'을 한다. 모든 스태프가 모인 자리에서 캐스트가 모든 스케치를 소리내서 읽는다. 방 안은 모든 작가, 디자이너, 무대 감독, 뮤지션 등으로 가득 찬다. 충분한 관객 수가 확보되는 것이다. 모두가 어디서 사람들이 웃는지 들을 수 있고, 어떤 스케치가 통할지 알게 된다. 광고 패러디는 그런 과정을 거치지 않았다. 그 때문에 만들 작품을 선택하는 과정은 항상 모든 이들에게서 최악의 모습을 끄집어냈다.

나는 40개의 대본을 읽은 후, 마음에 드는 광고를 뽑았다. 또 다른 수석 작가였던 데니스 맥니콜라스Dennis McNicholas는 자신의 마음에 든 광고를 뽑았다. 전혀 놀랍지 않게, 우리는 자신의 친구가 쓴 광고를 굉장히 선호했다. (절대로 자신이 쓴 스케치는 밀지 않는다는 암묵적인 규칙이 있었다. 절대로.)

그 후, 우리는 각자 프로듀서인 스티브 히긴스와 팀 헐리히Tim Herlihy를 개인적으로 붙들어 자신과 동의하도록 설득했다. 히긴스, 헐리히, 데니스, 그리고 내가 이 설득의 스퀘어 댄스를 일주일 정도 추다 보면, 이런 녹화 영상 제작에 있어 화려한 경력을 자랑하는 짐 시뇨렐리Jim Signorelli 감독이 자신의 마음에 드는 패러디를 골라 누구에게도 묻지 않고 만들기 시작했다는 사실을 알게 된다. 보통은 영상이 기술적으로 우수하거나 그가 찍고 싶은 스타일이라는 이유에서다. 무언가가 완성된다는 게 기적이다.

내가 제작하기 위해 열심히 싸운 패러디 대본이 하나 있었다. 당시는 '클래식' 광고가 유행하던 때였다. 코카콜라 클래식. 리복 클래식. 정말 굉장히 재미있는 폴라 펠이 코텍스 클래식이라는 대본을 썼다. 코텍스사에서 벨트로 고정하는 맥시 패드 생리대에 대한 향수를 불러일으키려 하는 내용이었다. 여자 캐스트 멤버들이 즐겁게 '현대 여성'의 활동을 하는데 그들의 골반 바지 위로 거대한 생리대가 튀어나온 모습이 담겨 있었다. 이는 향수를 불러일으키는 마케팅에 대한 훌륭한 패러디일 뿐 아니라 조금 충격적이면서 우스웠기에 <SNL> 광고에 딱 좋다고 느꼈다. 나는 계속해서 회의에서 이 광고를 언급했지만 "제작하기 너무 어렵다."라는 말만 들었다. 폴라와 나는 그게 무슨 말인지 정확히 몰랐기 때문에 계속해서 밀어붙였다. 결국 스티브 히긴스와 짐 시뇨렐리가 우리와 만나 설명을 부탁했다. "어떻게 볼 수 있지? 앞으로 올라오는 건가? 줌인 해야 하나? 멤버들이 바지를 벗어야 하는 거 아닌가? 피를 보게 되나?"

내게는 이것이 바로 오프라가 '아하 모먼트'라고 부를 순간이었다. (상표 등록, 오프라 윈프리. 저 부분을 읽었으니 하포[1]로 89센트를 보내기 바란다.) 그들은 벨트로 고정하는 맥시 패드를 직접 찬 경험이 없었다. 그곳에는 '제도적인 성차별'이 없다는 것을 깨달은 순간이었다. 가끔 그들은 문자 그대로 우리가 무슨 말을 하는지 몰랐던 것이다. 내가 완벽하게 정상적인 관습인 병에 오줌 누기를 몰랐듯이, 그들은 한 번도 15년 묵은 코텍스 제품을 양호교사에게서 받은 적이 없었다. 하지만 그들은 나와 폴라를 믿었고, 그래서 자랑스럽게도 우리는 폴라의 광고를 만들었다. 광고는 히트를 쳤다.

이 일에서 안심이 되는 게 두 가지 있었다. 하나는 우리의 말을 들

---

1 (옮긴이) 오프라 윈프리의 회사다.

었다는 것이다. 폴라는 엄청난 히트작을 많이 냈기에(폴라는 치어리더를 비롯한 많은 스케치를 썼다) 그들은 우리를 믿으려고 했다.

    그리고 더 중요한 것이 있다. 빵 한 덩어리 크기의 생리대가 바지 뒤쪽으로 올라가는 걸 남자아이들이 알아볼 수 있다고 수년간 **확신**했으나 사실 그들은 전혀 몰랐다.

네가 좋아하든 말든 신경 안 써
(에이미 폴러에게 보내는 러브레터 중 하나)

　　에이미 폴러가 <SNL>에 갓 들어왔을 때의 일이다. 우리는 17층 작가실에 모두 모여 '수요일 대본 리딩'이 시작하길 기다리고 있었다. 그 방에서는 항상 시끄러운 '코미디'가 펼쳐졌다. 에이미는 테이블 반대편에서 세스 마이어스[1] Seth Meyers와 그렇고 그런 터무니없는 개그를 하는 중이었고, 조크로 무언가 저속한 행동을 했다. 정확히 무엇이었는지 기억나지 않지만, 굉장히 야하고 시끄럽고 '숙녀답지 못한' 행동이었다.

　　당시 쇼의 대표적인 스타였던 지미 팰런 Jimmy Fallon이 에이미를 보며, 비위가 상한 것 같은 목소리를 꾸며 내 "그만해! 안 귀여워! 마음에 안 들어."라고 말했다.

　　에이미는 하던 행동을 멈추고 정색을 하더니 그를 향해 휙 돌아섰다. "네가 좋아하든 말든 좆도 신경 안 써." 지미는 눈에 보일 정도로 놀랐고, 에이미는 바로 다시 자신이 하던 이상한 개그를 계속했다. (분명히 해 둘 게 지미와 에이미는 굉장히 좋은 친구다. 두 사람 사이에 어떠한 '앙금'도 없었다. 여기에 팥 농담을 넣어라.) 그 대화로 세계의 질서가 바뀌었다. 에이미는 자신이 귀여운 존재가 되기 위해 그곳에 온 게 아니라는 사실을 분명히 했다. 남자들이 주인공인 장면에 아내나

---

[1] (옮긴이) 티나 페이의 뒤를 이어 <SNL>의 수석 작가가 되었고, 현재 <레이트 나이트 위드 세스 마이어스>를 진행하고 있다. 에이미 폴러와 같은 해에 <SNL>에 입성했다.

여자 친구로 출연하기 위해 존재하는 게 아니었다. 에이미는 자신이 원하는 것을 하기 위해 그 자리에 있었고, 누가 좋아하든 말든 좆도 신경 쓰지 않았다.

정말 행복했다. 이상하게도 나는 이렇게 생각했다. "내 친구가 여기 있어! 내 친구가 여기 있어!" <SNL>에서 일이 잘 풀리고 있었음에도 에이미와 함께하자 비로소 외로움이 덜어졌다.

누군가 내게 다음과 같은 말을 할 때마다 이 일을 생각한다. "제리 루이스Jerry Lewis[2]가 여자는 안 웃기답니다.", "크리스토퍼 히친스Christopher Hitchens[3]가 여자는 안 웃기대요.", "릭 펜더먼Rick Fenderman이 여자는 안 웃기다는데… 거기에 대해 하실 말씀 있으세요?"

있다. 우리는 너희가 좋아하든 말든 좆도 신경 쓰지 않는다.

물론 소리 내서 말하지 않는다. 제리 루이스는 위대한 자선가고, 히친스는 굉장히 아프고, 세 번째 남자는 내가 만든 가상 인물이니까.

이 남자들이 내 상사가 아니라면 상관없다. 이들은 내 상사가 아니다. 이들에게 경의를 표하는 바이다. 자신이 좋아하지 않으니 훌륭하지 않다고 결론을 내리다니 인상적일 정도로 오만하지 않은가. 나는 중국 음식을 좋아하지 않지만 중국 음식이 존재하지 않는다는 걸 증명하려는 기사를 쓰진 않는데 말이다.

아무도 청하지 않았지만, 직장 여성들을 위한 내 조언은 이거다. 성차별, 나이 차별, 외모 차별, 혹은 심하게 공격적인 선교 활동이라

---

2 (옮긴이) '코미디의 제왕'으로 불린 1926년생 코미디언. 1998년 "여자 코미디언은 누구도 좋아하지 않는다."라며 "여자가 코미디에 나오면 즐길 수가 없다.", "여자는 아기를 낳는 기계라고 생각한다."라고 말했다. 후에 발언을 약간 정정했다.

3 (옮긴이) 영국계 미국인 평론가. 식도암에 걸려 2011년 사망했다. 그는 2007년 '왜 여자는 웃기지 않나'라는 글을 통해 '남성은 웃겨야만 여성의 환심을 살 수 있고, 여성은 남성이 다른 요소로 흥미를 가지니 굳이 웃길 필요가 없어서 재미가 없다.'는 내용의 칼럼을 썼다.

도 맞닥뜨리게 되면 자신에게 이 질문을 던져라. '이 사람이 내가 하고자 하는 일에 개입할 수 있나?' 답이 '아니오.'라면 무시하고 넘어가라. 당신의 에너지는 자신의 일을 하고 다른 사람들보다 앞서가는 데 쓰여야 한다. 그리고 당신이 책임자가 되면 당신에게 쓰레기같이 군 사람을 고용하지 마라.

대답이 '그렇다.'라면 더 험난한 길이 기다리고 있다. 전략 교본으로 옛날 <세서미 스트리트 Sesame Street> 영화에 나온 장면을 추천한다. '위로! 아래로! 통과해서!' (만약 당신이 마흔 살 이하라면 이 영화를 기억하지 못할 것이다. 버려진 공사장에서 유아가 기어 다니는 모습을 통해 '위', '아래', '통과'라는 개념을 가르쳐 준다. 이제는 이 영화를 방영하지 않는데, 누군가가 이게 정신 나간 일이라는 걸 깨달았기 때문이다.)

당신의 상사가 쓰레기라면 그보다 더 높은 자리나 상사의 주변에 쓰레기가 아닌 사람을 찾아보라.[1] 만일 운이 따른다면, 당신의 직장에는 중립적인 성과 입증 지대가 생길 것이다. 소총 사격장이나 전 사원 자동차 판매량 결산표나 <SNL>의 대본 리딩 같은 곳 말이다. 만약 그렇게 되면, 거기에 집중해라.

다시 말하지만, 다른 사람을 가르치거나 의견을 바꾸려고 에너지를 쓰지 마라. '위로! 아래로! 통과해서!' 가라. 당신이 보스가 되면 사람들의 생각은 자연스럽게 바뀔 것이다. 혹은 안 바뀔지도 모르지만. 알 게 뭔가?

자신의 일을 해라. 그리고 남이 좋아하든 말든 신경 쓰지 마라.

---

[1] 모두가 쓰레기인 직장이 있냐고? 있다. 나라면 월스트리트 주식 거래자들이나 파일린즈 베이스먼트(Filene's Basement)의 탈의실을 관리하는 여자들과 일하는 것은 피하겠다.

놀라워, 멋져, 그건 아니야

 사람들이 가끔 내게 묻는다. "잡지 사진 촬영하는 거 어때요?", "촬영하는 거 좋아해요?" 정말 솔직하게 대답하겠다. 홍보와 기자 회견은 부수적이다. 정말로 중요하게 여기는 것은 일 자체다. 정성 들여 작품을 만드는 것이 일이다. 작품은 예술이며 사진 촬영은 **최고로 재밌다!**

 혹시 당신이 잡지 표지를 장식할 때를 대비해 (할지도 모른다. 스누키[Snooki][2]와 나도 표지 모델을 했으니, 어떤 일이든 일어날 수 있다!) 어떤 일이 일어나는지 말해 주겠다.

 보통 '화이트' 혹은 '스매쉬 하우스' 혹은 '징크스 스튜디오' 같은 이름의 멋진 장소에서 촬영이 이루어진다. 가끔은 그냥 멋진 호텔일 때도 있다. 어디든 결혼식을 올린 장소보다 멋질 것이다. 화물용 엘리베이터를 타고 아름다운 로프트로 올라가면 커피 바가 있을 것이다. 모든 게 무료다. 무료!

 막 감은 축축한 머리카락으로 가기를 권한다. 미용팀에 대한 예의일 뿐 아니라 **허들을 낮출** 수 있기 때문이다. 조리 전 닭다리 같은 모습으로 나타나면, 미용팀은 실력을 발휘해 화장을 해 준 후 자신들이 만든 변화에 기뻐할 수밖에 없다. 이게 바로 제시 잭슨[Jesse Jackson][3]이

---

2 (옮긴이) MTV 리얼리티 쇼 <저지 쇼어>의 출연자다.
3 (옮긴이) 미국의 인권 운동가이자 정치가다.

말한 "낮은 기대치에 의한 미묘한 천재.[1]"인 것 같다. 잘못 인용했을 수도 있다.

스타일리스트를 소개받고 나면 옷을 끝도 없이 보여 줄 것이다. 스타일리스트는 사전에 사이즈를 전달받았지만 무시하기로 했다. 모든 신발은 너무 크고 모든 바지와 치마는 유아용이다. 스타일리스트는 머리와 화장을 하기 전 몇 가지 룩을 완성하고 싶어 하고, 당신은 이삼십 가지 옷을 입어 보게 된다. 누군가 열려 있는 창문 옆에 전신 거울을 세워 임시로 가림막을 만든다. 그 후 벌거벗게 될 것이다. 절대로 거울 속 자신의 허여멀건 다리나 평평한 발을 보면 안 된다. 오늘은 꿈과 환상의 날이다. 필터가 없는 자연광은 꿈의 적이다.

당연하게도 의상이 맞지 않으면, 스타일리스트의 조수가 당신을 돕기 위해 온다. 스타일리스트의 조수는 시크한 스무 살짜리 아시아인 여자로, 에스더나 아그네스 혹은 롯의 아내라는 이름이다. 몇 년 후에는 편집장이 되겠지만 지금 그의 일은 중년 여자의 맨엉덩이를 프라다 드레스에 밀어 넣고 지퍼를 올리는 것이다. 에스더와 나는 작은 드레스의 지퍼를 올리며 서로 답답해한다. 에스더는 내 울퉁불퉁한 살과 자신의 낮은 지위에 역겨움을 느낀다. 나는 그의 작은 손에 판도라의 역병을 상자에 다시 집어넣을 힘이 없다는 사실에 짜증을 느낀다. "어떻게 되어 가고 있어요?" 스타일리스트가 수동공격적으로 묻는다. 증원병이 투입돼 지퍼가 올라갈 때까지 양쪽에서 내 갈비뼈를 누른다. 갈등을 피하기 위해서 우리는 제3자를 탓한다. "이 망할 지퍼가 보이지가 않아서 그래요!" 우리는 한목소리로 말한다. "왜 디자이너들이 이걸 쓰는지 모르겠어요!"

---

[1] (옮긴이) 조지 W. 부시의 연설문 작성가 마이클 거슨이 '낮은 기대치에 의한 부드러운 편견'이라는 문장을 썼다.

어떤 드레스도 몸에 맞지 않는 이유는 그게 '샘플'이라서다. 런웨이에서 가져온, 런웨이 모델의 몸에 맞게 만든 옷이다. 가끔 샘플 사이즈가 맞는 경우도 있는데 키가 163cm인 나는 키가 213cm인 모델과 같은 허리 사이즈이기 때문이다. "샘플 사이즈가 맞네요!" 그들은 승전보를 전하듯 말한다. 드레스의 솔기가 터지려고 하고 길이가 60cm는 긴 데다, 브라 컵은 배꼽 바로 위에 있는데 말이다. 그들은 이게 당신에게 의미 있는 일이길 바라니 적당히 반응해 주자.

다음은 머리와 화장을 할 차례다. "얼굴에 바른 거 있어요?" 메이크업 아티스트는 부드럽게 묻는다. 없다. 앞서 말했듯 일부러 기준을 낮췄기 때문이다. 메이크업 아티스트는 당신의 닭다리에 비싼 보습제를 섬세하게 바르고, 그동안 미용사는 당신의 두피를 마시지한다 (몰래 부분 탈모가 없나 확인한다).

보습을 끝내고 공짜 카푸치노를 즐겼다면 본격적으로 화장이 시작된다. 전날 밤에 이미 눈썹을 뽑고 왔지만 그들은 당신의 눈썹을 20분간 뽑는다.

당신이 나와 같다면, 아이라이너와 마스카라를 하는 데 하루에 10초에서 20초 정도를 소모할 것이다. 새해 전날이라면 아이섀도를 하는 데 5초 정도 더 들일 것이다. 촬영장에 있는 메이크업 아티스트는 조그맣고 간지러운 브러시들을 연이어 사용해, 100분간 체계적으로 당신의 눈꺼풀을 채워 나갈 것이다. 이 과정은 사실 굉장히 안정감을 준다. 움직이지 않고 가만히 앉아 있어야 하고 다른 일은 아무것도 할 수 없기 때문이다. 그는 립 라인을 그리기 전에 윗입술에 자신의 손가락을 대 몹시 부드럽게 뒤로 민다. 그게 끝나면 입술이 생긴다! **스스로** 할 때처럼 미친 듯이 두껍게 그린 할머니 입술이 아니라, 신이 주신 입술 말이다.

화장이 진행되는 동안 누군가는 매니큐어와 페디큐어를 해 줄 것이다. 정말 고급스러운 촬영 때는 유명인 대변관리사가 당신의 대장 운동을 연구하고 컨디션을 조절해 줄 것이다.

다리 마사지와 화장대 거울에 달린 따뜻한 조명이 정말 편안한 나머지, 품위라고는 없는 '수표책 찾기'와 '마카로니 끓이기' 같은 짓거리가 벌어지는 집에서의 삶이 아니라 이게 진짜 자신의 삶이라고 믿을 지경이 된다.

오전 중에 스타일리스트나 홍보담당자나 대변관리사 중 한 명이 공짜 커피는 "약발이 듣지 않는다."고 말할 것이다. 그리고 인턴을 시켜 다른 커피를 사 온다. 아니면 버블티나 아니면 껌이나, 진통제, 레드불, 그리고 달걀흰자 오믈렛을 사 오게 한다. 이 물건들은 기억에서 잊혀져 창틀에 놓일 운명이다.

화장이 끝나고 나야 머리 손질이 시작된다. 머리카락을 곧게 편 후에 커다란 롤로 고정할 것이다. 미용사의 조수는 수술실의 간호사처럼 요구에 맞춰 미용사에게 롤과 핀을 건네줄 것이다. 이 패션 감각이 뛰어난 젊은 조수들을 통해 3년 뒤 우리가 무엇을 입게 될지 볼수 있다. 최근 본 조수 패션에 의하면 프레리 스커트와 남자 섀기 헤어가 다시 돌아올 것으로 보인다. (프레리 스커트는 남자가 입고 남자 섀기 헤어는 여자가 할 것이다.)

머리를 펴고 나면 컬을 준 후, 사진작가에게 보일 것이다. 그는 고개를 비스듬히 젖히고 쳐다본다. 그럼 다시 머리를 펴게 된다.

그날 촬영의 컨셉과 머리의 상태에 따라, 머리를 붙이자는 제안을 받을 수도 있다. 괜찮다. 통제된 촬영장이야말로 붙임 머리를 할 장소다. 붙임 머리를 하기에 이상적이지 않은 곳은 슈퍼, 여자 교도소, 워터파크가 되겠다.

머리와 화장이 끝나면 첫 의상을 입는다. 전혀 맞지 않았던 드레스일 거다. 그래서 롯의 아내가 두껍고 하얀 고무 밴드와 안전핀으로 벌어진 틈을 잇는다. 잡지를 볼 때 절대로 자신이 부족하다고 느끼지 마라. 표지에 나오는 모든 사람은 옷 뒤에 트인 틈으로 브라와 팬티를 훤히 보이고 있다는 걸 기억해라. 하이디 클룸Heidi Klum, 올슨 쌍둥이, 데이비드 베컴David Beckham, 모두 다.

에 부알라Et voilà! 도착한 지 단 두세 시간 만에 당신은 사진작가 앞에 서서 촬영을 할 준비가 되었다.

유명 사진작가에도 부류가 있다. 어떤 사람은 마리오 테스티노Mario Testino처럼 재미있고 개성이 넘친다. 그는 내게 이렇게 말한 적이 있다. "턱을 들어, 자기. 자긴 열여덟 살이 아니잖아." 그의 솔직함이 마음에 들었다. 그리고 열아홉 살짜리 모델에게도 그렇게 말하리라 확신한다.

어떤 사진작가들은 촬영과 관련된 모든 세세한 부분을 계획한 뒤 당신을 집어넣는다. 예를 들어 애니 레보위츠Annie Leibovitz와 촬영을 할 때면, 사전 피팅을 통해 여러 벌의 팅커벨 의상을 입어 봐야 할 수도 있다. 촬영일이 되면 애니는 의상 중 하나를 고르고 커다란 하네스로 잘 안 보이게 할 것이다. 촬영 후, 애니는 포토샵으로 하네스를 지우고 의상의 색을 바꾸고 당신을 콩만 한 크기로 줄여 버릴 것이다.

무심한 '쿨 가이' 유형의 사진작가도 있다. 『롤링 스톤Rolling Stone』이나 『GQ』의 촬영을 담당한다. 이 남자들을 조심해라. 그들의 무뚝뚝한 태도에 깜빡 속으면 바지를 벗은 채 포즈를 취하게 된다. 더 심하게는 신발을 벗을 수도 있다.

나는 신발을 신을 헌법상의 권리를 굳게 믿는다. 그리고 더 많은 사람이 그 권리를 누려야 한다고 생각한다. 나는 사진 촬영 때 절대로 맨발을 보이지 않는다. 발은 "프레임 안에 들어오지 않는다."고 말하더라도 믿지 마라. 무슨 생각 중인지 안다. 아니다. 내 발은 끔찍하게 망가지지 않았다. 어쩌면 내 발이 정말 멋져서 평범한 삶을 살 수 있도록 보호하고 싶은 걸 수도 있지 않나. 내 발이 발계의 수리 크루즈Suri Cruise가 되길 원하지 않는 것일지도 모른다고 생각해 봤나?

사진작가는 촬영 때 어떤 음악을 듣고 싶은지 물을 것이다. 어떤 음악을 선택하든 로프트 전체에 울려 퍼질 것이고 모든 스태프가 듣는다는 걸 기억해라. 그 스태프들은 너무도 쿨해서 교육위원회에서 공식적으로 휴교령을 내렸다.

그냥 "힙합"이라고 웅얼거려라. 아니면 힙스터 같은 밴드 이름을 지어내서 그들이 못 들어 봤다는 사실에 우쭐거려라. "'핑킹의 아스팔트' 노래 있어요? [실망한다] 없어요? [어깨를 으쓱한다] 그럼 당신이 원하는 노래 아무거나 틀어요."

가끔 그들은 당신의 아이팟을 연결해서 틀어 주겠다고 한다. 하지 마라. 함정이다. 셔플 재생을 하는데, 비스티 보이즈나 벨벳 언더그라운드의 노래를 엄청나게 넣어 두었더라도 다음 순서로 곡이 재생될 것이다. <애니Annie> 삽입곡 <허버트 후버[1], 고마워요We'd Like to Thank You Herbert Hoover>, 윌슨 필립스Wilson Phillips의 <Hold On>, '다양한 아티스트'의 <그게 친구 좋은 거지That's What Friends Are For>, 그리고 <애니> 삽입곡 <허버트 후버, 고마워요>.

실제 촬영을 하기 위해서는 세 가지 기술에 통달해야 한다.

---

[1] (옮긴이) 1929년부터 1933년까지 재임한 미국 대통령이다.

1) 포즈 취하기

성공적으로 매력적인 사진을 찍기 위한 포즈는 굉장히 간단하다. 기본적인 포즈부터 시작해라. 옆으로 돌아라. 벽에 뒤로 기대라. 턱을 내밀어 목을 길어 보이게 해라. 어깨에 힘주지 말고 긴장을 풀어라. 최대한 많이 몸을 틀어라. 스물네 살이 넘었다면 항상 웃어라. 팔을 몸에 딱 붙이지 말고 살짝 떨어트려라. 그래야 원래보다 더 두꺼워 보이지 않는다. 배는 집어넣고 엉덩이는 뒤로 내밀어라. 필라테스처럼. 본연의 매력을 내보여라. 렌즈를 쳐다볼 때 소중한 친구를 본다고 상상해라. 당신이 가짜 벽에 기대 등을 굽히고 있는 동안 턱이 튀어나왔다고 비웃는 친구 말고.

자신의 약점을 파악해라. 예를 들어서 나는 '죽은 상어 눈'을 가지고 있다. 하지만 그렇다고 생기 있어 보이려 과하게 노력하면, 식장에서 도망친 신부처럼 완전히 맛이 간 것처럼 보인다. '소름 끼치는 표정'이 한번 자리 잡으면, 카메라에서 시선을 피하고 꼭 필요할 때만 돌아보는 비법을 써라. 이렇게 하면 카메라에 영혼을 뺏기는 양도 제한할 수 있다.

2) 들려오는 말에 대처하기

대부분의 사진작가는 촬영할 때 쓰는 언어 습관이 있다. "좋아요. 내 쪽을 봐. 활짝 웃어요. 상어 눈은 하지 말고. 즐겨요. 그건 아니야."

어떤 사진작가는 습관적으로 수선을 떤다. "아름다워. 놀라워. 멋져! 어후, 정말 멋져!" 그들은 셔터 속도로 소리친다. 미치지 않았다면 이것이 진심이 아니라는 사실을 안다. 평생 들은 것보다 더 많은 칭찬을 15초 만에 들으니 감당하기 벅찰 수밖에 없다. 마치 조깅을 하고 있는데 누가 천천히 움직이는 차를 타고 옆에서 이렇게 외치는 것과 같다. "그래! 넌 칼 루이스Carl Lewis[1]야! 넌 지금 세계 신기록을 깨고 있어. 멋져! 넌 빨라. 넌 정말 빨리 달리고 있어, 좋아!"

길게 붙인 머리가 바람에 날리면 자신이 비욘세처럼 느껴진다. 하지만 강풍기가 멈추는 순간, 거울에 비친 자신의 모습을 언뜻 보고 의문에 빠진다. '왜 <광부의 딸(Coal Miner's Daughter)[2]>에 나오는 어머니가 여기 있지?'

창피함에 움츠리고 싶은 충동이 들 것이다. 그러지 마라! 돼지 피가 담긴 양동이를 보려 고개를 들기 전[3] 기억해라. 세 번째 기술이자 가장 어려운 임무는 '즐기려고 하기'다.

3) 즐기려고 하기(자신이 멋져 보이는 것처럼 나아가라)

이는 보통 교황이나 드랙퀸이 지닌 망상과 극단적 자부심이 필요한 일이다. 하지만 당신도 할 수 있다. 다시 아이가 되는 것 같은 일이다. 속옷에 잠옷을 밀어 넣고 돌아다니며 자신이 근사해 보인다고 믿는 것이다. '이성'은 반쯤 열린 드레스에 커다란 신발을 신은 자신이 우스워 보인다는 것을 안다. 하지만 당신은 3학년으로 돌아가야 한다. 엄마의 누비 카프탄드레스를 입고 샴페인 잔에 크림 소다를 담아 마시면서 <사랑의 유람선The Love Boat>을 보던 때로 말이다. 그보다 더 멋질 수 없다.

마리오 테스티노가 상어 눈을 가진 긴장한 마흔 살에게 한 말처럼 "당신이 표지에 나올 자격이 있다고 믿어라."

17분간 촬영을 하고 나면 점심시간이다. 제공되는 점심을 받으

---

[1] (옮긴이) 올림픽에서 9개의 금메달을 획득한 미국의 육상 영웅이다.
[2] (옮긴이) 씨씨 스페이식 주연의 영화다.
[3] (옮긴이) 씨씨 스페이식이 주연을 맡은 영화 <캐리>에서 주인공이 돼지 피가 가득 담긴 양동이를 덮어쓰는 장면이 나온다.

면, 드디어 당신이 항상 되고 싶었던 사람이 된 기분이 든다. 채소 타틀렛. 무화과를 곁들인 아루굴라 샐러드, 퀴노아, 놀랍게도 '웬디스' 햄버거보다 더 풍미가 좋고 맛있는 생선, 미니 레몬 머랭 파이, 히비스쿠스 아이스티까지. 매일 이런 음식을 배달 받으면 얼마나 삶이 근사할지 공상하게 된다. 얼마나 에너지가 넘칠까! 당신의 대변은 박물관에 가도 될 품질일 것이다. 드디어 대변관리사에게 깊은 인상을 남길 수 있다.

이럴 때 당신의 실제 직장이나 집에서 누군가 확인차 전화를 할 것이다. 지친 척해라. 이 모든 사진 촬영이 불편한 것처럼 굴어라. 6시면 끝날 거라고 하고 지하실 정리를 돕기 위해 꼭 제시간에 가겠다고 해라. 그리고 끊어라! 그들이 당신의 기분을 망치게 두지 마라!

옛날 버지니아 슬림 광고 같은 포즈를 취하는 데 점점 더 자신감이 붙고, 눈 깜짝할 사이에 오후가 지나갈 것이다. 그러면 촬영이 끝난다.

아침에 입고 온 트레이닝복을 다시 입는다. 종일 활주로에 서 있었던 것 같은 모양이 된 머리카락을 빗는다. 그럼 끝이다.

그나저나 옷을 가지진 못한다. 어떤 사람들은 **정말로 유명한 사람**들에겐 옷을 준다고 하는데, 내 생각에는 그냥 **집요하고, 엄청나게 망상에 빠진** 사람들이나 옷을 갖게 되는 것 같다. 훔쳐 가는데 아무도 뭐라고 못 한 거다. 유일한 기념품은 인조 속눈썹뿐이며, 나중에 샤워를 하다가 가슴에 붙어 있는 걸 발견하게 된다.

(누군가 인간의 뇌가 얼마나 빨리 사치에 적응하는지에 대한 연구를 해야 한다. 길에서 20년을 산 노숙인도 잡지 사진 촬영을 세 번만 하면, 네 번째 촬영 때 이렇게 말할 것이다. "'루부탱'은 나한테 잘 안 맞더라고요. '로저 비비에'로 신으면 안 될까요?" 다섯 번째 촬영 때는 한숨을 쉬며 "채소 타틀

렛은 없대요? 아쉽다!"라며 수동공격적인 말투로 말할 것이다. '누가 가서 사와.'라는 뜻이다.)

촬영 후 36시간 동안은 경미한 우울에 빠질 수 있다. 왜 당신이 달걀 요리를 하는 동안 사랑하는 사람이 "놀라워, 멋져, 딱 좋아!"라고 하지 않는지 의문이 든다.

하지만 인내심을 가지고 기다려라. 몇 주 후면 잡지가 나오고 당신이 젊은 까트린느 드뇌브 Catherine Deneuve[1]라는 반박 불가능한 증거를 갖게 될 것이다. 벤게이 보온 패드를 사러 가는 길에 뉴스 가판대를 슬쩍 확인하다 보면 어느 날 잡지가 있을 것이다! 제시카 심슨 Jessica Simpson과 서로를 죽인 <베첼러 The Bachelor[2]> 출연자 사이에 당신의 얼굴이 있다! 당신의 얼굴이 맞는 거겠지? 너무도 수정을 많이 해 자신의 얼굴을 거의 알아볼 수 없다. 손가락 마디를 지워 아기 손으로 만들었다. 평소 자랑스럽게 여기던 근육질의 종아리도 뼈만 남게 깎아 냈다. 그리고 눈은 또 뭔가? 항상 눈 아래를 이상하게 문지른다. 다크서클을 없애기 위해 어떠한 굴곡도 남기지 않고 없애 버리기 때문에 일회용 종이 접시에 그린 것 같은 얼굴이 된다. 수두로 생긴 상처나 터진 실핏줄을 지워 주길 바라지만, 자신이 만족하던 부분을 지우면 어떻게 생각해야 하나?

이제 미국에서 가장 심각하고 시급한 문제에 대해 논해 보겠다. 바로 포토샵이다.

많은 여성이 잡지에서 포토샵을 사용하는 것에 분노한다. 내가 많은 여성이라 하는 이유는 이 주제에 대해서 신경 쓰는 남성을 한 명도 못 봤기 때문이다. 게이 남성조차도 말이다.

---

1 (옮긴이) 프랑스의 배우로 샤넬 No. 5의 모델이기도 했다.
2 (옮긴이) 미국의 리얼리티 쇼로 한 명의 미혼남이 여러 여자들 사이에서 자신과 결혼할 상대를 고르는 방송이다. 베첼러로 출연한 남성이 자신의 여자친구를 살해한 사건이 있었다.

포토샵에 대한 내 감정은, 어떤 사람들이 임신 중절에 대해 가지는 감정과 같다. 충격적이고 우리 사회의 도덕적 붕괴를 비극적으로 반영하는 일이다……. 내가 필요로 하지 않는 이상. 그 경우에는 다들 열 올리지 말길 바란다.

포토샵이 과도하게 쓰인다고 생각하냐고? 그렇게 생각한다. 마돈나Madonna의 루이뷔통 광고를 봤는데 솔직히 처음 봤을 때 그웬 스테파니Gwen Stefani의 아기인 줄 알았다.

과하게 보정한 사진이 여성에게 비현실적인 기대와 신체 이미지에 대한 강박을 줄까 걱정되냐고? 걱정된다. 머지않아 거식증을 겪는 70세 여성이 증가하리라 생각한다. **포토샵에 속는 건 일흔 살 이상인 사람밖에 없으니까.** 세라 페일린이 소총을 들고 미국 국기 무늬의 비키니를 입은 사진을 진짜라고 생각하고 이메일을 보내는 사람은 왕고모밖에 없다. 버락 오바마Barack Obama가 낫과 망치[3] 티셔츠를 입은 사진을 보내서, 누군가가 컴퓨터로 조작한 거라고 설명해 줘야 아는 사람은 빅 삼촌밖에 없다.

사람들은 포토샵을 알아본다. 가짜 가슴을 구분하는 법을 알았듯이 말이다. 팔뚝 살을 봐라. 팔뚝 살이 없다면 가슴은 가짜다. 건강을 해칠 수 있는 가슴 보형물과는 달리, 보정은 비교적 무해하다. 우리 모두가 가짜인 걸 아는 이상 『우주전쟁The War of the Worlds[4]』 라디오 방송보다 사회에 위협이 되진 않는다.

포토샵은 화장과 같은 것이다. 잘하면 보기 좋고, 과하면 미친 얼간이처럼 보인다. 불행하게도 대부분의 사람이 잘하질 못한다. 나는 잡지가 고급스러울수록 포토샵이 심하다는 사실을 알게 됐다. 마치

---

3 (옮긴이) 낫은 농민, 망치는 노동자를 나타내는 것으로 흔히 공산주의 상징으로 인식된다.
4 (옮긴이) 외계인 침공을 다룬 조지 웰스의 소설로, 1938년 이를 각색한 라디오 드라마를 듣고 실제 상황으로 착각한 사람들이 생겨 혼란을 빚었다는 설이 있다.

인간이 옷 안에 있어야 한다는 사실 자체를 너무 역겨워한 나머지, 인간의 몸을 지우는 행위를 멈추지 못하는 것 같다.

"왜 우리는 인간의 형상을 있는 그대로 받아들이지 않나?" 누구도 소리치지 않았다. 이유는 모르겠지만 우리는 그런 적이 없다. 그래서 사람들이 코르셋을 입고 목을 늘이는 도구를 끼고 흰색 가발을 썼던 것이다.

포토샵에 대해 화낼 기운이 있다면 귀걸이에도 화를 내야 한다. 누구의 귀도 그렇게 반짝이지 않는다! 그럴 필요가 없다! 유화에도 화를 내야 한다. 그 사람들은 실제로는 그렇게 생기지 않았다! 나는 사람들이 사진을 찍을 때 측면으로 도는 것에 분개한다! 왜 우리는 여성의 몸 너비를 있는 그대로 받아들이지 않는가?! 나는 사람들이 형광등 아래에서 정면 사진만 찍을 수 있는 날까지 쉬지 않을 것이다.

잡지사에서 포토샵을 한 사람의 이름을 올리는 것이 반드시 의무가 되어야 한다. 메이크업 아티스트나 스타일리스트처럼……. 하얀 종이에 아주 작은 하얀 글씨로 말이다.

어떤 사람들은 이게 페미니스트 의제라고 말한다. 나도 동의한다. 가장 포토샵을 잘한 곳이 2004년에 촬영한 페미니스트 잡지인 『버스트Bust』였기 때문이다.

시내에 있는 『버스트』 사무실의 뒤편에서 저예산으로 촬영이 진행됐다. 공짜 커피 바나 강풍기는 없었다. 그저 유머 감각을 갖춘 지적인 여성들이 있었다.

나는 그들이 설치한 보잘것없는 조명 두 개를 보고 편집자들에게 돌아서서 말했다. "여기 있는 우리 모두 페미니스트지만 포토샵은 할 거죠?", "오, 그럼요." 그들은 즉답했다. 페미니스트들은 최고의 포토샵을 한다. 뼈에 붙은 살을 남겨 두기 때문이다. 그들은 몸의 크기나 피부색을 바꾸지 않는다. 그들은 역겨운 손가락 마디를 남겨 둔다. 하지만 겨드랑이털 뿌리는 지울 것이다. 그 존재를 부정해서가 아니다. 정말 좋은 날, 최고의 조명 아래에서 잡힌 모습으로 사진을 찍어도 괜찮다는 걸 이해하기 때문이다.

엄청난 용기를 발휘해 내 사진을 보여 주겠다. 포토샵을 한 사진과 하지 않은 사진이다.

일곱 군데가 다르다. 찾아내 보라[1].

포토샵 자체는 악이 아니다. 이탈리안 샐러드드레싱이 본질적으로 악이 아닌 것처럼. 절박하고 어린 여배우에게 잔뜩 발라 『맥심Maxim』

---

[1] 코 얇게, 안경 덜 멋지게, 찡그린 표정 반전, 가발 교체, 치아 넣기, 인위적으로 목둘레선을 파서 가슴골 없앰, 접이식 의자 제거 후 마당 세일 때 판매함.

표지 모델로 쓰면서 팬티를 내리는 척하게 만들기 전까지는 말이다. (그 '팬티에 엄지 넣기'는 최악이다. 진심인가? 기름을 잔뜩 바른 채 팬티를 입고 선 거로는 모자라나, 맥심?)

포기해라. 보정은 사라지지 않는다. 기술은 후퇴하지 않는다. 어떤 사회도 탈공업화하지 않는다. 그러므로 우리는 포토샵을 버리지 않을 거다. 그리고 중국의 경제 붕괴가 우리 모두의 무덤이 될 것이다. 그 부분은 신경 쓰지 마라. 포토샵에 대해서 계속 분개하도록 하자!

모두가 거식증에 걸리고 자살 충동을 느끼는 미래가 올 것 같지 않다. 내게는 우리 모두 집에서 자신의 사진을 쎄가 빠지게 보정하는 미래가 보인다. 가족 크리스마스 카드에는 눈사람 테두리에 눈과 콧구멍만 있을 것이다.

적어도 포토샵을 쓰면 실제 몸을 변형할 필요가 없다. 수많은 역겨운 주사와 삽입 보형물보다는 낫다. 컴퓨터가 사진을 변형하는 게 의사가 얼굴을 변형하는 것보다는 낫지 않은가?

나는 지금까지는 어떠한 보톡스나 성형 수술을 하지 않았다. (투명 고무 밴드 턱끈을 귀에 걸긴 한다. 그리고 낮용 가발 밑에 밀어 넣는다.) 내가 모든 의제를 이끌 수는 없다. 나에게 포토샵을 허하라.

오늘은 환상의 날이니까!

친애하는 인터넷에게

내가 후회하는 것 중 하나는 **조디악 살인마**[1]인 것 탱고를 배우지 않은 것을 제외하면, 내가 받은 멋진 글에 답할 시간이 없었다는 점이다. 사람들이 글을 쓸 정도로 관심을 가지면 보답을 하는 것이 예의 바른 일이다. 그러니 이 자리를 통해 팬들에게 답을 하는 것을 양해해 주기 바란다.

사이트: tmz.com
작성자: 소냐 in Tx, 작성일: 2010년 4월 7일, 오후 4시 33분

티나는 언제면 뺨에 있는 저 흉측한 흉터를 처리할 거래??

친애하는 소냐 in Tx,
안녕하신가, 텍사스 친구! (닉네임에 있는 'Tx'가 당신이 앓고 있는 희귀한 염색체 결핍이 아니라 텍사스의 줄임말이라고 추측한다. 맞길 바라며!)
일단 늦은 응답에 먼저 사과를 하겠다. tmz.com에 들어가서 LA에 있는 사람들이 레스토랑을 나서는 멋진 영상을 보려고 하다가 당신의 질문을 보기 전까지 당신이 글을 쓴 줄 몰랐다.
당신과 내가 일정을 조율해서 만날 수 있을 거라고 생각한다. 그런

---

[1] (옮긴이) 1960년대 후반에서 1970년대 초반 미국에서 악명을 떨친 연쇄 살인범이다. 현재까지도 검거되지 않았다.

후 내 흉터를 처리하도록 하자. 하지만 더 까다로운 일은 내 흉터를 어떻게 처리할 것인가다. 사실 당신의 조언을 받았으면 한다. 인간의 몸이 어떻게 기능하는지 정말 잘 알고 있는 걸 보니 의사인 것 같아서 말이다. 내 이 흉측한 흉터를 어떻게 해야 한다고 생각하는가? 머리에 가방을 덮어쓸 수도 있겠다. 그럼 엘리펀트맨 Elephant Man[1]처럼 리넨 소재로 해야 하나, 아니면 '언노운 코믹[2]'처럼 단순한 갈색 종이 가방으로 해야 하나? 선택지가 너무 많다, 도와주길!

시간을 내어 줘서 고맙다. 당신은 텍사스와 여자 바이킹의 자랑이다.

당신의,
티나

P.S. 그나저나 물음표 두 개 쓴 거 정말 좋았다. 어려 보인다.

사이트: Dlisted.com
작성자: 센타우리어스, 작성일: 2009년 9월 21일 월요일, 오전 2시 8분

티나 페이는 못생기고, 조롱박 같은 몸에, 쌍스럽고 과대평가된 트롤이다.

친애하는 센타우리어스,
먼저 당신이 컴퓨터 사용법을 배웠다는 점이 얼마나 감동적인지 말해두고 싶다.
이렇게 날을 세운 대화를 나누고 싶지 않지만, 당신은 내 기분을 굉장히 상하게 했다. 내가 다리를 지키는 모습을 본 적도 없으면서 과

---

1 (옮긴이) 신경섬유종증으로 인한 안면 기형으로 '괴물쇼'에 들어가게 된 조셉 매릭의 별칭. 얼굴을 가리기 위해 자루가 달린 모자를 썼다.

2 (옮긴이) 캐나다 코미디언 머레이 랭스턴의 캐릭터로, 종이 가방에 구멍을 뚫어 머리에 쓰고 무대에 올랐다.

대평가된 트롤이라고 하는 것은 명백히 부당하다. 내 입으로 내가 최고라고 하진 않겠다. 하지만 오늘날 가장 헌신적으로 다리를 지키는 트롤 중 하나라고 확실하게 말할 수 있다. 항상 세 개의 질문을 던지고 최소 두 개는 수수께끼로 한다.

"못생기고, 조롱박 같은 몸에, 쌍스럽"다고? 나는 '색다르고, 비지니스 클래스 좌석용 엉덩이에, 지쳤다'는 표현을 선호한다. 하지만 주는 대로 받겠다. 욕도 관심이라고 했다!

이제 자러 가도록 해라, 이 광란의 올빼미 같으니! 아침 일찍 나사 NASA에 가야 하지 않나. 허블 망원경으로 당신의 페니스를 찾으려면 말이다.

애정을 담아,
티나

사이트: PerezHilton.com
작성자: 저크스토어, 작성일: 2009년 1월 21일 수요일, 오후 11시 21분

내 생각에는 티나 페이가 SNL을 완전히 망쳤다. 페이가 찬양받는 유일한 이유는 여자고 거침없이 말하는 리버럴이기 때문이다. 페이는 전혀 웃기지 않다.

친애하는 저크스토어,
드디어 진실을 말하는 자가 납셨다! 이 나라의 여성은 지나치게 오랜 시간, 과도하게 찬양되어 왔다. 어제만 해도 지역 뉴스에 '실종 여성'에 대한 뉴스가 나왔다. 7, 8분을 할애하며 "마지막으로 목격된 장소"를 말하고 "친지에 의해 납치되었을지 모른다"라고 하던데 그걸 보면서 '이게 뭐야, 계집들을 위한 뉴스인가?' 싶었다. 그리고 힐러리 클린턴이 국무장관이라는 이유로 각국을 돌아다니는 뉴스가 보도되

더라. 왜 이 바보들에 대해서 계속 얘기하는 건가? 우리 사회는 계속해서 여자만을 찬양하고 있다. 멈춰야 한다! 나는 세계의 남성들이 무엇을 하고 있는지 듣고 싶다. 그들이 어떤 재미난 총을 새로 발명했나? 요즘은 어떤 걸 강간하고 있나? 마이클 베이Michael Bay[1]의 차기작은 뭔가?

내가 처음 <SNL>을 망치기로 했을 때, 나는 아무도 눈치채지 못할 줄 알았다. 하지만 정진했다. 당신이 9피스 직소 퍼즐을 맞추려고 할 때처럼, 애정을 담아 어렵게 해낸 일이기 때문이다.

자랑할 처지는 아니지만, 저크스토어 당신에게는 터놓고 말할 수 있을 것 같다. <SNL>에서 당신이 싫어한 것은 전부 내가 한 일이고, 당신이 좋아한 것은 전부 다른 사람이 내 의지에 반해서 한 일이다.

진심을 담아,
티나 페이

P.S. 진짜 웃길 줄 아는 사람이 누구인지 아나? 매일 밤 남자들을 웃게 하는 너네 엄마.

사이트: 보디빌딩 포럼
게시자: 더똑똑한아이, 게시일: 2008년 2월 24일, 오후 2시 10분

쟤 배기관에 꽂고 싶다.

친애하는 더똑똑한아이,
관심을 가져 줘서 고맙다. 성적인 의미로 한 말이든 혹은 그저 공격성을 드러낸 것이든 감사하다. 이 업계에서 일하는 '특정한 나이의 여

---

1 (옮긴이) <트랜스포머> 시리즈의 감독이다.

성'으로서, '내 항문으로' 여전히 당신의 눈을 사로잡을 수 있어서 굉장히 행운이라고 생각한다. 앞으로도 계속 응원해 주길 바란다!

진심을 담아,
미즈 티. 페이

사이트: tmz.com
게시자: 케빈 214, 게시일: 2008년 11월 9일, 오전 11시 38분

티나 페이는 반칙을 했다!!!!!! 페이의 옛날 사진을 본 적이 있는 사람이라면 페이가 100% 성형 수술을 했다는 걸 알 수 있다. 얼굴 전체가 다르다. 그때도 못생겼고 지금도 못생겼다. 페이는 자신이 세라 페일린만큼 아름다워지길 바라는 거다.

친애하는 케빈 214,
뭐라 말을 하겠나? 당신은 눈썰미가 정말 좋다. 내가 할리우드 분위기에 휩쓸린 모양이다. 얼굴을 100% 바꾸더라도 계속 못생기기만 하면 아무도 눈치 못 챌 줄 알았다. 어찌나 어리석었는지.
다 털고 새로 시작하자. 내가 받은 시술을 전부 다 공개하겠다. 눈을 갈색으로 만들고 코 길이를 늘이고 헤나 염료를 달마다 사용해 내 치아에 호박색 광택을 줬다. 입술을 얇게 만들었고, '그리마지'라는 시술을 받았는데 두 개의 낚싯줄을 턱선으로 통과시켜 고급 베개처럼 보일 때까지 피부를 모으는 것이다.
피지샘 삽입 수술도 받았다(작은 공 크기의 레스틸렌 필러를 무작위로 넣어 목에 젊은이처럼 여드름이 나게 한다).
보톡스는 맞지 않았다. 불행하게도 알레르기가 있다. 대신 매달 '브로모다이얼론'이라는, 농장에서 쓰는 쥐약을 주사한다. 이 주사는 항상 짜증이 난 표정으로 얼굴을 마비시켜 준다. 물론 이 표정은 성적

흥분과 구별이 되지 않는다. 내 얼굴은 20년 전에 비해 길어지고 홀쭉해졌다. 어떤 사람들은 이게 나이가 들어가고 체중이 줄어 나타나는 자연스러운 현상이라고 하지만 당신과 나는 진실을 알고 있다. 나는 일주일에 두 번, 내 머리 측면을 깎고 앉는 여자를 고용한다. 마돈나와 기네스도 그를 고용한다. 우리 모두 근사한 결과를 얻었다. 으웩, 말하는 것 좀 봐라. 난 정말 변했다! 왜 굳이 내가 마돈나 비커슨, 기네스 청과 친구 사이라는 사실을 언급해야 했는가?

당신이 그토록 성형 수술을 알아보는 데 능하니, 내 다른 유명인 친구들이 '한 것'도 알아챘을 것이다. 데스몬드 투투 Desmond Tutu[1] 주교… 볼에 보형물을 넣었다. 루스 베이더 긴즈버그 Ruth Bader Ginsburg[2] 대법관? 가슴 대수술. 그리고 스폰지밥 스퀘어팬츠, 성전환 수술.

계속해서 내가 '진실하게' 살도록 도와주길 바란다.
T

---

[1] (옮긴이) 최초의 흑인 주교로, 노벨평화상 수상자다.
[2] (옮긴이) 미국의 두 번째 여성 대법관이다.

30 락:
당신의 조부모님을 혼돈에 빠트리기 위한 실험

어렸을 때 누군가가 나에게, "너는 자라서 NBC 직원 대상 연례 성희롱 예방 교육을 14번이나 듣는다."라고 말했다면 나는 "'성희롱'이 뭐예요?"라고 했을 것이다. 클라렌스 토마스Clarence Thomas[3]가 90년대 초까지 발명하지 않았기 때문이다. 하지만 내 삶의 상당 기간 공작새[4]를 위해 일한다는 말을 들었다면 매우 기뻐했을 것이다. 나는 NBC에서 일하는 걸 좋아한다. 어떻게 안 좋아할 수 있겠나? 나는 <사인펠드Seinfeld>, 자니 카슨Johnny Carson[5], <레이트 나이트 위드 데이비드 레터맨Late Night with David Letterman>과 <마더스인로우The Mothers-in-Law[6]>의 재방송을 보며 자랐다.

<SNL>에서 여덟 번째 시즌을 맞았을 때, 내 삶의 다음 단계가 무엇이 될지 알아내야 했다. <SNL>은 마치 고등학교 같다. 하지만 적어도 고등학교에서는 언제 졸업할지 알려 준다. 자신을 둥지에서 밀어내는 것은 어려운 일이다. 론은 내게 NBC와 '디벨롭먼트 딜'을 맺고 시트콤을 만드는 게 어떻겠냐는 제안을 했다. '디벨롭먼트 딜'은 생각하는 동안 돈을 준다는 뜻으로, 꽤 좋은 계약이다. 나처럼 아직

---

3 (옮긴이) 미국의 대법관. 1991년 대법관 인준 청문회에서 그의 성희롱에 대해 아니타 힐이 증언을 하며 'Sexual Harassment'라는 단어가 대중적으로 널리 알려지게 되었다.
4 (옮긴이) NBC 방송국 로고는 공작새 모양이다. NBC는 간혹 '공작새 방송국'이라고 불리기도 한다.
5 (옮긴이) NBC의 <투나잇쇼>를 30년간 진행한 심야 토크쇼의 제왕이다.
6 (옮긴이) 1967년부터 1969년까지 NBC에서 방영한 시트콤이다.

생각해 낸 게 아무것도 없다는 사실에 끝없이 불안을 느끼는 사람이 아니라면 말이다. (좋은 소식을 불안으로 만드는 내 능력에 대적할 수 있는 것은 불안을 턱 여드름으로 만드는 내 능력밖에 없다.) 몇 달 동안 아무것도 하지 않고 돈을 받은 후, 나는 NBC 프라임타임 개발부 이사인 케빈 라일리Kevin Reilly에게 아이디어를 말했다. 케이블 뉴스 프로듀서(아마도 나)가 방송국의 처참한 시청률을 올리기 위해 어쩔 수 없이 허풍쟁이 우익 논객(알렉 볼드윈, 가능하다면)의 방송을 만들게 되는 이야기였다. 케빈 라일리는 "사양하겠습니다."라고 했다. 갑자기 '디벨롭먼트 딜'이 크게 나쁘지 않아 보였다. 만약 한두 번 더 거절을 당한다면 방송을 만들지 않고도 돈만 챙길 수 있는 것이다. 하지만 그렇게 되면 아마 다시는 일을 하지 못할 것이다. 그리고 나는 굉장히 경쟁심이 강하고 고분고분한 천성을 지녔기 때문에… 턱 여드름이 도졌고, 다시 쓰기에 돌입했다.

　케빈 라일리는 내 삶에 가까운 이야기를 쓰는 게 어떻겠냐는 제안을 했다. "<SNL>에서 일한 경험에 관해 쓰는 건 어때요?" 나는 이를 꺼렸다. 쇼에 대해 직접적으로 쓰는 것은 너무 거저먹으려는 것처럼 느껴졌기 때문이다. 나는 케이블 뉴스 아이디어를 정말 좋아했다. 알렉 볼드윈을 엄청난 보수주의자로 그리는 게 마음에 들었기 때문이다. 실제 삶에서 그가 믿는 모든 것을 정반대로, 열정을 담아 말하게 만드는 게 좋았다. 항상 이런 일에 있어서 좀 더 냉철한 판단을 하는 남편이 알렉의 캐릭터를 그대로 두는 게 어떻냐고 제안했다. 그러자 만약 **정말** 연예계에 대한 이야기를 쓴다면 트레이시 모건Tracy Morgan도 쓸 수 있겠다는 생각이 들었다. 나, 알렉 볼드윈 그리고 트레이시 모건 사이의 삼각 구도는 가능성이 있어 보였다. 세 캐릭터는 어떤 주제가 나와도 완전히 다른 관점을 가진다. 인종, 성별, 정치, 직장

윤리, 돈, 섹스, 여자 농구. 그들은 끝없는 조합으로 동의하고 동의하지 않을 것이었다.

나는 2005년에 케빈 라일리가 요청한 아이디어를 구체화했다. 나는 심야 코미디 방송의 수석 작가를 연기하고, 트레이시 모건은 미치광이 코미디 스타를 연기하고, 알렉 볼드윈은 고압적이고 보수적인 내 상사를 연기하는 것이었다. 알렉 볼드윈으로 상정하고 썼지만, 그때까지 우리 중 누구도 알렉에게 말할 용기를 내지 못했다.

나는 '파일럿'을 썼다. 긴 시리즈가 되기를 바라는 작품의 첫 에피소드라는 뜻이다. 파일럿 대본은 특히 쓰기 어렵다. 모든 캐릭터를 소개해야 하지만 소개의 연속처럼 느껴지면 안 되기 때문이다. 웃길 뿐 아니라 강렬한 스토리를 진행하면서 동시에 메인 캐릭터들의 관점을 돋보이게 하며, 앞으로 어떤 이야기를 다룰지 주제별로(사랑, 일, 마이애미에서 섹시한 아동 살해 사건 수사하기 등) 보여 줘야 한다.

잘 만든 파일럿을 보고 싶다면 <치어스 Cheers >의 첫 에피소드를 보라. 매력적이면서 웃기고 구성도 잘 짜여 있다. 어색하고 진땀이 나는 파일럿을 보고 싶다면 <30 락>을 보라. 그 엉망진창을 다시는 보고 싶지 않기 때문에 나는 함께하지 않을 것이다. (<30 락> 작가들이 파일럿이 끔찍하다는 말을 그만하라고 요청했다. 그러니 이제부터는 '기발하고 독특하다'고 하겠다.)

나는 잭 도너기 Jack Donaghy 역을 맡을 훌륭한 배우들을 여럿 만났다. 그러나 배우를 만날 때마다 이 배역은 알렉 볼드윈을 위한 배역이라는 게 더욱 분명해졌다. 하지만 그에게 말할 용기를 낼 필요는 없었다. 내가 임신을 해 파일럿 촬영이 연기되었기 때문이다.

9월에 딸이 태어났다. (말해 두자면 경막외 마취제를 썼고 질식 분만 vaginal delivery에, 똥은 싸지 않았다.) 크리스마스쯤 나는 <SNL>에 복귀했고, 알렉이 호스트를 맡았다. 그 주의 쇼는 훌륭했고 알렉도 즐거운 시간을 보내고 있었다. 론과 나는 서로를 바라보았다. 그냥 물어볼까?

론이 물었고 알렉은 승낙했다. 나는 방에 들어가지 않았다. 내 특기다.

순조로운 시작

NBC 임원들은 내 기발하고 독특한 파일럿을 보고 어떤 가치를 발견한 모양이었다. (알렉 볼드윈) 어떤 이유인지 (알렉 볼드윈) 작품을 '픽업'한 것이다. 이는 11개의 에피소드를 더 만들기로 동의하고 어쩌면 TV에서 방영할지도 모른다는 의미였다.

매해 5월이면 '업프런트'라고 불리는 광고주 컨벤션이 열리고, 그곳에서 어떤 방송이 픽업되었는지 발표한다. 온갖 회사의 광고 구매자들이 일주일간 뉴욕에 모인다. 하루에 한 방송국씩 자신들의 '새로운 가을 편성'을 선보인다. '라디오 시티 뮤직 홀'이나 '힐튼 호텔' 연회장을 빌려, 흥미로운 영상을 보여 주고 방송국에서 가장 인기 있는 스타를 데려와 광고주들의 눈길을 끌려 한다. 그들은 '목표 시청자층'과 '구매력이 좋은' 시청자가 얼마나 많은지에 대해 이야기한다. 섹시하다. '건강 검진 후 부모님과 점심 먹기' 정도로 섹시하다.

그 후 광고주들은 자신의 광고비를 어디에 쓸지 결정하고, 방송국은 가을에 쓸 수 있는 예산을 파악하게 된다.

우리는 이제 TV 업계에 대해 내가 알고 있는 지식의 한계에 도달했다.

2006년 업프런트가 열리기 바로 직전, 나는 론 마이클스의 사무실로 불려 갔다. <SNL> 방송이 끝난 후인 새벽 2시였다. '이거야.' 나는 생각했다. '방송 제작을 하고 싶다고 말하러 온 거야.' 그들이 <30락>을 원할 거라는 자신감이 넘친 이유를 모르겠다(알렉 볼드윈)..

나는 복잡한 심경이었다. 8개월짜리 아기가 집에 있었다. 주당 70시간을 일해야 하는 이 새로운 일이, 불명예스럽게 퇴진하는 정치인이 말하듯 "현재, 이 시점에 가족을 최우선으로 생각한" 일이 될지 확신할 수 없었다.

조금 신이 나긴 했지만 대부분은 블로프트했다. '블로프트Bloft'는 방금 내가 만들어 낸 말로 '완전히 당황했지만 아무 일도 없는 것처럼 행동하며 스트레스를 받으면 주머니쥐처럼 휴면 상태에 빠짐'이라는 뜻이다. 나는 지난 7년간 매일 블로프트하며 지냈다.

나는 좋은 소식을 듣기 위해 론의 사무실에 들어갔다. 하지만 문제가 있었다. 그 자리에 있던 NBC 유니버설 텔레비전 그룹의 CEO인 제프 주커Jeff Zucker는 안절부절못하고 있었다. 내 비즈니스 지식을 총동원했지만, 나는 알렉 볼드윈이 파일럿 외에는 계약하지 않았다는 사실을 모르고 있었다. NBC는 발표가 있기 전에 알렉이 새로운 계약서에 사인하기를 원했지만, 알렉은 역대 최고의 아이리시 기죽이기 전문가답게 서두르지 않았다.

(알렉과 나는 그의 '아이리시 협상 기술'에 대해서 농담을 하곤 한다. 보통은 그가 이렇게 말하는 것으로 귀결된다. "더 많은 돈을 제안하길래 내가 X까라고 했지.")

그 때문에 주커는 주연 배우의 출연이 확실하지 않은 방송의 제작을 승인해야 하는 상황에 놓였다. 그는 방 안을 서성거렸다. 론은 침착하게 모든 게 잘 풀릴 것이라며 그를 안심시켰다. 알렉이 결국에는 계약서에 사인할 것이라고 말했다. 그리고 론은 자신의 손을 주커의 얼굴 앞에서 부드럽게 흔들며 말했다. "네가 찾는 드로이드들이 아니다."[1] 아니, 그렇게 하지 않았다. 하지만 그런 것이나 마찬가지였다.

"정말 엄청난 위험을 감수하는 거예요." 제프 주커가 내키지 않는 듯 내게 손가락을 흔들었다. "픽업할게요." 그리고 그 순간, 불행하게도 본심이 드러나는 말실수를 했다. "고맙습니다." 대신에 "감사 인사는 하실 필요 없어요."라고 말한 것이다. 그것이 영광스러운 시작이었다. 우리는 텔레비전에서 가장 인기 있는 방송 102위에 빛나는 작품을 만들게 됐다.[2]

오합지졸 암살자팀 구성하기

알렉은 결국 계약서에 사인했고 우리는 그해 8월에 제작을 시작했다.

내 친구이자 전 <SNL> 동료였던 로버트 칼락Robert Carlock이 부인, 아기와 함께 캘리포니아에서 뉴욕으로 이사를 했다. 총괄 프로듀서이자 공동 수석 작가가 되기 위해서였다. 우리는 성실하고 재미있는 사람들로 주변을 채웠다.

> 나의 보시팬츠 인사 관리법·
>
> 여성 프로듀서로서 '다혈질 사절' 방침이 있다는 걸 인정하겠다. 수년간 이 업계에서 코미디 천재로 여겨지려면 '위험'하고 '예측 불가능'한 사람이어야 했다. 나는 굉장히 위험하고 변덕스러우며 재미있는 사람들을 수년에 걸쳐 만났다. 내가 존경하는 사람들이다. 하지만 매일 그들과 일하고 싶지는 않다. 자기 쇼를 하러 가세요, 터프 가이들. 나는 안전하게 집에서 그걸 볼 테니

---

1 (옮긴이) <스타워즈>에서 오비완 케노비가 이 행동과 대사를 하며 자신이 원하는 대로 상대를 조종한다.

2 역대 텔레비전 쇼 중에 가장 인기 있는 쇼 102위가 아니다. 2006년에 방영된 텔레비전 쇼 중에서 102번째로 인기 있는 쇼였다.

> 까. 나는 직장에서 주먹을 날릴 가능성이 제일 낮으면서 가장 재능 있는 사람들을 고용했다. 이게 '미국의 탈남성화'에 일조하는 거라면, 이를 막기 위한 자선 방송을 개최한 후 기부 전화가 얼마나 오는지 알려 달라. 나는 농담 때문에 맞고 싶지 않다. 누가 소리 지르는 것조차 싫다.

이들이 바로 그 점잖은 사람들이다.

잭 버딧 Jack Burditt은 수많은 프로그램에서 일한 TV 베테랑이다. 그가 참여한 프로그램에는 <결혼 이야기 Mad About You>, <프레이저 Frasier>, <DAG>가 있다. 잘생기고 부드럽게 이야기하는 게리 쿠퍼 같은 타입의 사람이다. 잭은 첫 4주간 말을 한 마디도 안 한 것 같다. 그가 마침내 말을 한 것은, 작가실에서 십 대 시절에 했던 형편없는 여름 아르바이트 이야기를 하고 있었을 때였다. 잭은 웃었다. 열여덟 살 때 매직 마운틴[3]에서 롤러코스터를 작동하는 일을 했는데, 하루는 디스코 콘서트 후 공원에서 폭동이 일어났고 여섯 명이 찔렸다고 했다. 한 남자는 잭의 눈앞에서 피를 흘렸다고 한다. 그 말을 한 후 그는 사려 깊고 재미있는 <30 락> 대본을 제출해, 사람이 죽는 걸 본 전 유원지 직원 이상이라는 것을 보여 줬다. 두 달 후, 그는 다시 입을 열었는데, 한번은 폭뢰를 한 무더기 산 후 멕시코에서 보트 옆에 던졌다고 말했다. 그리고 그는 자신의 파열된 전방십자인대가 나은 것이 로즈웰[4]을 방문했기 때문이라고 믿는다. 그리고 한번은 링고 스타 Ringo Starr 앞에서 기절한 적이 있다. 진단을 받지 않은 고환염 때문이었다. 잭의 이야기만으로도 그를 곁에 둘 이유가 충분했다. 그의 품격 있는 대본은 보너스였다.

---

[3] (옮긴이) 미국 캘리포니아에 있는 놀이공원, 현재 이름은 식스 플래그 매직 마운틴이다.
[4] (옮긴이) 미국 뉴멕시코주에 있는 도시로, UFO가 추락했고 외계인 사체가 발견되었다는 '로즈웰 사건'으로 유명하다.

- MVP 에피소드: 204 '로즈마리의 아기'
- MVP 농담: 잭 도너기의 이 지혜.

리즈
와, 세상에. 끔찍했어요. 로즈마리 아파트에 갔는데, 변기도 없는 것 같았어요. 내 미래를 본 것 같아요, 잭.

잭이 리즈에게 술을 부어 건넨다.

잭
히피와는 절대로 자리를 옮기면 안 돼.

케이 캐넌Kay Cannon[1]은 시카고 즉흥극 세계를 통해 알게 된 여성이다. 아름답고 강한 중서부 여자로 많은 스포츠를 했고 대학 시절에 육상을 했다. 케이는 훌륭한 대본 샘플을 제출했다. 하지만 나는 그의 운동선수다운 접근에 더 큰 인상을 받았다. 케이는 '할 수 있다' 정신과 연습을 통해 배우고자 하는 의지가 있었고, 조언을 받는 것에 거부감이 없었다. <30 락>에서 그의 성공은, 모든 부모가 딸에게 미인 대회가 아니라 팀 스포츠를 시켜야 한다는 증거다. 케이가 미인 대회에서 우승하지 못한다는 게 아니다. 우승할 수 있을 것이다. 장기 자랑 때 장난감 총을 쏘면서 노래방 버전으로 <레드넥 우먼Redneck Woman>을 부를 수만 있다면 말이다.

- MVP 농담: 트레이시 조던이 쓰레기를 먹는 비둘기를 꾸짖는 장면.

---

[1] (옮긴이) 영화 <피치 퍼펙트>의 작가다.

씨씨
(마지못해 동의하며)
누구도 우리가 사귀는 걸 알아선 안 돼요, 잭. 거기 있는 당신 친구 트레이시 조던조차도요.

잭
트레이시에 대해서는 걱정하지 않아도 될 것 같아요.

화면 전환: 건물 앞에 있는 트레이시. 비둘기와 대화한다.

트레이시
사람들이 버린 오래된 프렌치프라이 그만 먹어, 작은 비둘기야. 자기 자신을 존중하란 말이야. 네가 날 수 있다는 걸 모르니?

데이브 핑클Dave Finkel과 브렛 베어Brett Baer는 LA에서 온 팀으로 일하는 작가들이다. 자랑스럽게도 그들은, 첫해에 우리가 한 가장 이상한 소재들을 내놓았다.

- MVP 에피소드: 118 '폭죽', 트레이시가 자신이 토마스 제퍼슨의 후손임을 알게 된다.
- MVP 장면: 트레이시, 자신의 인종 정체성의 변화에 불안을 느껴 <모리 포비치 쇼The Maury Povich Show[2]>에 토마스 제퍼슨과 출연해 친자 확인을 하는 꿈을 꾼다. 토마스 제퍼슨 역은 꿈속 논리와 재정적 이유로 알렉 볼드윈이 맡았다.

---

2 (옮긴이) 미국의 타블로이드 토크쇼로 원색적이고 자극적인 내용을 다룬다. 친자 확인 검사가 대표적인 소재였다.

모리 포비치

샐리 헤밍스가 방금 당신을 개라고 불렀습니다, 토마스 제퍼슨.

토마스 제퍼슨

상관없소. 이건 트레이시에 대한 것이오.. 나는 그에게 할 말이 있어 천국에서 여기까지 말을 타고 왔소.

맷 허버드Matt Hubbard는 아기 얼굴을 한 하버드 보이다. 스태프 점심 식사 때 항상 맥도날드에서 주문을 하고 싶어 했고 나는 그 점이 굉장히 좋았다. 맷과 그의 아내는 맨해튼의 어퍼 이스트사이드의 아파트에 세를 들었는데, 알고 보니 빈대가 있었다. 이러한 인간적 고통이 가공식품 위주의 식단과 합쳐져, 그는 농담을 쓰는 수퍼히어로로 변신했다.

· MVP 에피소드: 115 '하드볼'
· MVP 농담: 음식에 대해 논하는 트레이시 조던.

케네스

안녕하세요, 미스터 조던! 미스터 슬래터리, 미스터 오펜하임. 실비아에서 점심 가져왔어요. 옥수수빵 추가로 가져왔고요. 좋아하시는 거 아니까요.

트레이시
좋아해? 사랑해! 옥수수빵 너무 사랑해서 중학교 뒤로 데려가서 임신시키고 싶어!

데이지 가드너^{Daisy Gardner}는 과민한 장을 가진 섬세한 영혼이다. 가장 더러운 농담을, 가장 부드러운 목소리로 말한다.
- MVP 에피소드: 116 '소스 시상식', 잭 도너기는 끔찍한 맛이 나는 자신의 와인인 '도너기 에스테이츠'의 실패를 만회하려, 힙합 커뮤니티에서 '크리스탈' 샴페인을 대체하려는 마케팅을 한다.
- MVP 농담: 래퍼 고스트페이스 킬라^{Ghostface Killah}가 뮤직비디오에서 도너기 에스테이츠를 꿀꺽꿀꺽 마시려 한다.

고스트페이스 킬라 (계속)
나는 판을 깔아 주면 뒤집어 놓지/르브론 제임스^{Lebron James}처럼 말이지/그리고 도너기는 파티랑 라임이 맞는 것도 같지/멋지지

그는 한 모금을 더 마시고 역겨워한다.
고스트페이스 킬라(계속)
잠깐 쉬어야겠어. 더는 못 마시겠어. 배가 아야해!

신께선 내게 존 리지^{John Riggi}를 보내셨다. 첫인상은 데님 재킷과 스컬캡을 쓴 화가 난 항만 노동자 같았으나, 알고 보니 신시네티 출신의 섬세한 이탈리아인이었다. 거기다 요리도 잘한다.

- MVP 에피소드: 104 '블라인드 데이트'
- MVP 농담:

리즈
그레첸 토마스 Gretchen Thomas 말하는 거예요? 뛰어난 플라스틱 공학자에 레즈비언인? (잭은 의아한 표정을 짓는다) 왜 제가 동성애자라고 생각했어요?

잭
자네 신발.

리즈는 자신의 신발을 내려다본다. 아슬아슬하다.

리즈
전 이성애자예요.

잭
그 신발로 봤을 땐 바이-큐리어스[1]야.

가장 어린 작가는 도널드 글로버 Donald Glover[2] 였다. 그는 뉴욕대의 극작과를 막 졸업했고, 사감 일을 하며 여전히 기숙사에 살고 있었다. 도널드는 당시 우리의 유일한 아프리카계 미국인 작가였다. 하지만 그의 진정한 다양성 요소는 우리 중 유일하게 '요즘 애들은 무엇

---

1 (옮긴이) 자신을 이성애자로 여기나 동성과의 관계에 호기심이 있는 상태를 말한다.
2 (옮긴이) 시트콤 <커뮤니티>에 출연했으며 '차일디시 갬비노'라는 이름으로 음악 활동을 하고 있다. 코미디 시리즈 <애틀랜타>를 만들고 출연했다.

을 듣는지' 말해 줄 수 있는 '쿨한 어린 사람'이라는 점이었다. 그리고 그는 조지아의 대가족 출신이어서 '사환 케네스' 역을 쓰는 데 굉장히 도움이 됐다.

· MVP 농담: 제나(제인 크라코스키 Jane Krakowski)가 케네스(잭 맥브레이어 Jack McBrayer)에게 수동공격적으로 자기 자랑을 하는 법을 가르쳐 준다.

제나
'뒷문 자랑'도 안 했어?

케네스
'뒷문 자랑'이 뭐예요?

제나
일상적인 대화에 자신의 근사한 점을 슬쩍 집어넣는 거야. 내가 사람들에게 이렇게 말하는 것처럼 말이야. "<아메리칸 아이돌 American Idol> 보기 힘들더라고요. 저는 절대 음감이 있어서."

케네스
와… 으.

제나
네가 해 봐.

케네스
<아메리칸 아이돌> 보기 힘들더라고요. 채널 변경기에 물벌레가 있어서요.

이 농담에서 어떤 부분이 제일 좋은지 꼭 집어 말하기 힘들다. 케네스가 진정으로 자랑을 하는 데 소질이 없어서인가? 케네스의 아파트에 물벌레가 우글거린다는 사실인가? 아니, '채널 변경기'라는 할머니스러운 표현 때문인 것 같다.

로버트 칼락으로 말할 것 같으면, 그의 장점은 학문적 깊이가 느껴지는 배경 지식과 희한한 농담 구조와 다문화 세계에서 백인 남성이 느끼는 불안감이다.

- MVP 에피소드: 105 '잭-터', 215 '샌드위치 데이', 310 '제너럴리시모', 416 '아폴로, 아폴로'.
- MVP 농담: 너무 많아서 다 쓸 수 없다. 하지만 그가 쓸 때 가장 자연스럽게 흘러가는 캐릭터는 닥터 리오 스페체맨(크리스 파넬[Chris Parnell][1])이다. 시즌 1의 후반부에 잭은 심장 마비를 겪는다. 그의 부도덕한 연예인 전담 의사는 대기실로 나와, 리즈와 잭의 어머니(일레인 스트리치[Elaine Stritch][2])와 잭의 약혼자(에밀리 모티머[Emily Mortimer][3])에게 잭의 상태를 전한다.

닥터 스페체맨이 중환자실에서 나온다. 그의 의사 가운이 피로 뒤덮여 있다. 여자들은 모두 경악한다.

닥터 스페체맨
뭐, 이거요? 아니, 아니에요.. 아까 코스튬 파티에 갔는데… 주최자네 개가 절 공격해서 찔러 버렸죠.

---

1 (옮긴이) <SNL> 출신 코미디언. 디지털 쇼트 '레이지 선데이'에 앤디 샘버그와 함께 출연했다.
2 (옮긴이) 브로드웨이의 전설적인 배우. 손드하임이 쓴 <The Ladies Who Lunch>를 불렀다.
3 (옮긴이) 영국 배우. <뉴스룸>의 맥켄지로 잘 알려져 있다.

어쩌면 칼락의 세계관을 가장 잘 압축해서 보여 주는 것은 최근에 방영된 에피소드에서 나온 이 대화가 아닐까 싶다. 트레이시는 딸이 태어난 직후 병원에 도착한다.

트레이시 (오프 스크린) (계속)
왜 아기가 저런 끈적한 거로 덮여 있는 거예요?!

닥터 스페체맨 (오프 스크린)
출산에 관련된 모든 건 역겨우니까요!

폭풍처럼 세상을 휩쓸다!(기상 전문가에 따르면 폭풍은 얕은 비로 격하되었다)

우리는 2006년 10월 11일 수요일 오후 8시에 첫 방송을 했다. 그리고 우리는 즉시 히트를 쳤다. 무화과 디저트나 파티에서 기타를 꺼내오는 것처럼. 우리는 새로운 코카콜라[4]였다!

우리는 히트를 치지 않았다.

하지만 최소한 DVD가 만들어져 친구들에게 보여 줄 수 있다는 생각으로 계속 나아갔다. 초반의 스토리 아이디어는 정신없이 빠르게 나왔다. "트레이시가 약을 안 먹어서 환각에 시달리는데 조그만 파란 놈이 어딜 가든 보이는 건?" 좋지. "제나가 <루럴 쥐러[The Rural Juror]>라는 영화에 출연했는데 누구도 영화 제목을 못 알아듣는 거 어때?" 좋아. "리즈를 누가 보지년이라고 부르는 이야기는 어때?" 못 할 게 뭐야? 나한테도 엄청 많이 생긴 일이야![5]

---

4 (옮긴이) 코카콜라사에서 기존과 다른 재료 배합으로 만들어 낸 새로운 코카콜라 '코크2'는 실패의 상징이다.
5 사실 딱 한 번 겪어봤다. <SNL>의 동료가 분노의 ㅂ폭탄을 떨어트렸고, 나는 굉장히 이상하게 반응했다. 놀란 나는 이렇게 내뱉었다. "아니. 날 그렇게 부르면 안 되지. 우리 부모님은 날 사랑해. 나는 그런 헛소리를 듣고도 넘어가는 알코올 중독에 빠진 애어른이 아니야." 그 후 다시

'아무도 보지 않는 것처럼 춤춰라.'라는 말을 아는가? 그게 우리가 한 일이다. 우리는 제멋대로 춤을 췄다. 그리고 아무도 보지 않았다. 사실 550만 명이 시청했다. 하지만 그건 아무것도 아닌 취급을 받는다. 시카고 극단에서 활동하던 시절에는 무대에 있는 사람보다 관객이 많아야 했다. 그렇지 않으면 공연을 취소했다. <아이언 미스트리스Ironmistress>라는 여성 2인극을 했을 때 관객이 두 명이었던 적이 있긴 했지만. 그 때문에 500만 명의 시청자는 꽤 많게 느껴졌다. 하지만 <프렌즈Friends>는 전성기에 2,500만 명의 시청자를 확보했다. 우리는 위태로운 상황이었다.

로버트 칼락은 첫해 내내 짐을 풀지도 않았던 것 같다. 머지않아 방영 취소될 것을 예상해, 1갤런짜리 우유 한 통조차 사지 않았을 것이다. 취소 즉시 입에 털어 넣고 LA로 돌아가는 비행기에 올라야 했으니까.

나는 얼간이의 태평한 자신감으로 계속 일을 했다. 나는 영화 <베이비 데이 아웃Baby's Day Out[1]>의 아기였다. 모루가 바로 내 뒤에 떨어진 걸 전혀 모르고 길거리를 기어 다녔다.[2] 반대로 로버트는 사무실의 전화가 울릴 때마다 코트를 입었다. 높은 지능의 저주였다.

첫해에 우리는 믿기지 않을 정도로 열심히 일했다. 그리고 이후로도 매해 열심히 했다. 칼락과 나는 우리가 <SNL> 시절에 근무 시간과 관련해 불평했다는 사실을 믿을 수 없었다. 이제 보니 케이크워크[3]로 느껴졌다. 특히 내 경우에는 더 그랬다. <SNL>에서 일을 시작하고

는 그런 일이 일어나지 않았다… 내가 아는 한은.
1 (옮긴이) 아기를 납치한 일당이 아기를 잃어버려 아기가 도심을 돌아다니는 내용의 영화다.
2 좋은 소식에는 협심증이 오지만, 나쁜 소식에는 영향을 받지 않는다. 나는 올리버 색스Oliver Sacks(뇌 신경학자)의 책에 들어가야 한다. 분명 희귀한 뇌 손상이 있을 테니까.
3 (옮긴이) 승자에게 케이크를 주는 걷기 게임의 이름이다. '식은 죽 먹기'라는 뜻이 있다.

첫 두 해 동안 내가 한 일은 케이크를 찾아 걸어 다니는 일밖에 없었으니까. 이해를 돕기 위해, 다양한 직업에 따른 스트레스 지수 도표를 첨부했다.

제프 주커와 NBC 프라임타임 개발부 이사 케빈 라일리는 우리 작품의 진정한 챔피언이었다. 우리는 시작하자마자 NBC와 모회사인 GE[4]에 대해서 농담을 시작했다. 우리는 GE에 대해 반대하는 것도 없었고, 사실 GE에 대해 아는 것도 없었다. 하지만 우리는 잭 도너기의 직장을 GE로 택하면서 우리 자신을 곤경에 빠트렸다. 하루는 칼락이 한 여성으로부터 전화를 받았다. GE의 법무부서에서 우리 대본에 나온 GE 묘사가 정확하지 않다며 반박하기 위해 건 전화였다. 우리는 혼란에 빠졌고 초조했다. 왜 모회사에서 우리 대본을 가지고 있지? 매주 이런 일이 벌어질까? 그들은 내가 <베이비 데이 아웃>의 아기라는 걸 모르는 거야? 주커가 직접 중재에 들어가 회사 동료들에게 이는 그저 농담일 뿐이니 우리를 내버려 두라고 한 모양이었다. 어쩌면 우리가 곧 사라질 거라 생각했는지도 모른다. 이유가 무엇이든, NBC 측에서 우리가 자신들에 대해 끝없이 농담을 하게 해 준 걸 고맙게 생각한다. ABC나 CBS라면 그런 조롱을 참지 않았을 거라 생각한다. 나는 아마 영원히 알지 못하겠지만 말이다.

하기, 배우기, 죽기

우리는 <30 락>을 필름으로 촬영했다. 매주 작은 영화를 찍은 셈이다. 이 말은 모든 대사를 다섯 번씩 다섯 개의 앵글로 찍었다는 뜻이다. 앵글을 바꿀 때마다 카메라들을 재배치하는 데 20분이 소요됐다. 5분마다 카메라의 필름이 떨어져서 다시 갈아야 했다. 만약 누군

---

4 (옮긴이) 당시 NBC의 모회사였던 '제너럴 일렉트릭'이다.

가 가짜 엘리베이터에 들어가는 장면이 있으면, 엘리베이터 문이 닫히는 정확한 타이밍을 담기 위해 보통 추가로 다섯 번은 더 찍어야 했다. 개나 고양이, 앵무새, 아기, 혹은 공작새가 나오면 말할 것도 없다. 그리고 최악은 우리 배우들과 스태프들은 서로를 좋아하고 떠들썩한 대화를 즐긴다는 점이다. 이 우스꽝스러운 일을 다 더하면 하루에 14시간이 된다. (최신 고해상도 비디오로 찍으면 더 빠를 것이다. 하지만 그렇게 되면 우리는 <스릴러Thriller> 뮤직비디오의 좀비 백업 댄서처럼 보일 것이다.)

우리는 '싱글 카메라' 스타일로만 촬영한다. 현재 유행이기 때문이다. <프레이저>, <내 사랑 레이몬드Everybody Loves Raymond>, 그리고 <사인펠드> 같은 클래식 작품은 모두 '멀티 카메라'로 관객들 앞에서 촬영했다. 아마 일주일에 세 시간이면 촬영이 끝났을 거다. 왜 방송국의 취향이 싱글 카메라로 바뀌었는지 모르겠지만 유행을 막을 수는 없다. 그게 가능했다면 나는 대학 시절에 입던 끝내주는 연청색 청바지를 아직도 입고 다녔을 것이다. 옷의 앞쪽에 벨트가 네 개나 달려 있었다.

첫 시즌에 우리가 맨해튼에서 야외 촬영을 하고 있으면 사람들은 가던 길을 멈추고 구경했다. 그들은 우리가 <섹스 앤 더 시티Sex and the City>가 아니라는 사실을 깨닫는 순간, 즉시 자리를 떴다. 그해 나는 연기에 대해 많은 것을 배웠다. '필름 연기'는 다른 사람의 조명을 가리지 않고 물건을 어떤 손에 들고 있었는지 기억하는 게 대부분이라는 것을 배웠다. 상대 배우를 위해 '오프 카메라' 대사를 할 때면 카메라에 자신의 머리를 최대한 가까이 붙인다. 이 정도면 끝이다. 당신도 이제 훈련받은 '필름 연기자'다.

'진짜 연기'에 대해서 내가 배운 게 있다면 알렉 볼드윈을 보면서

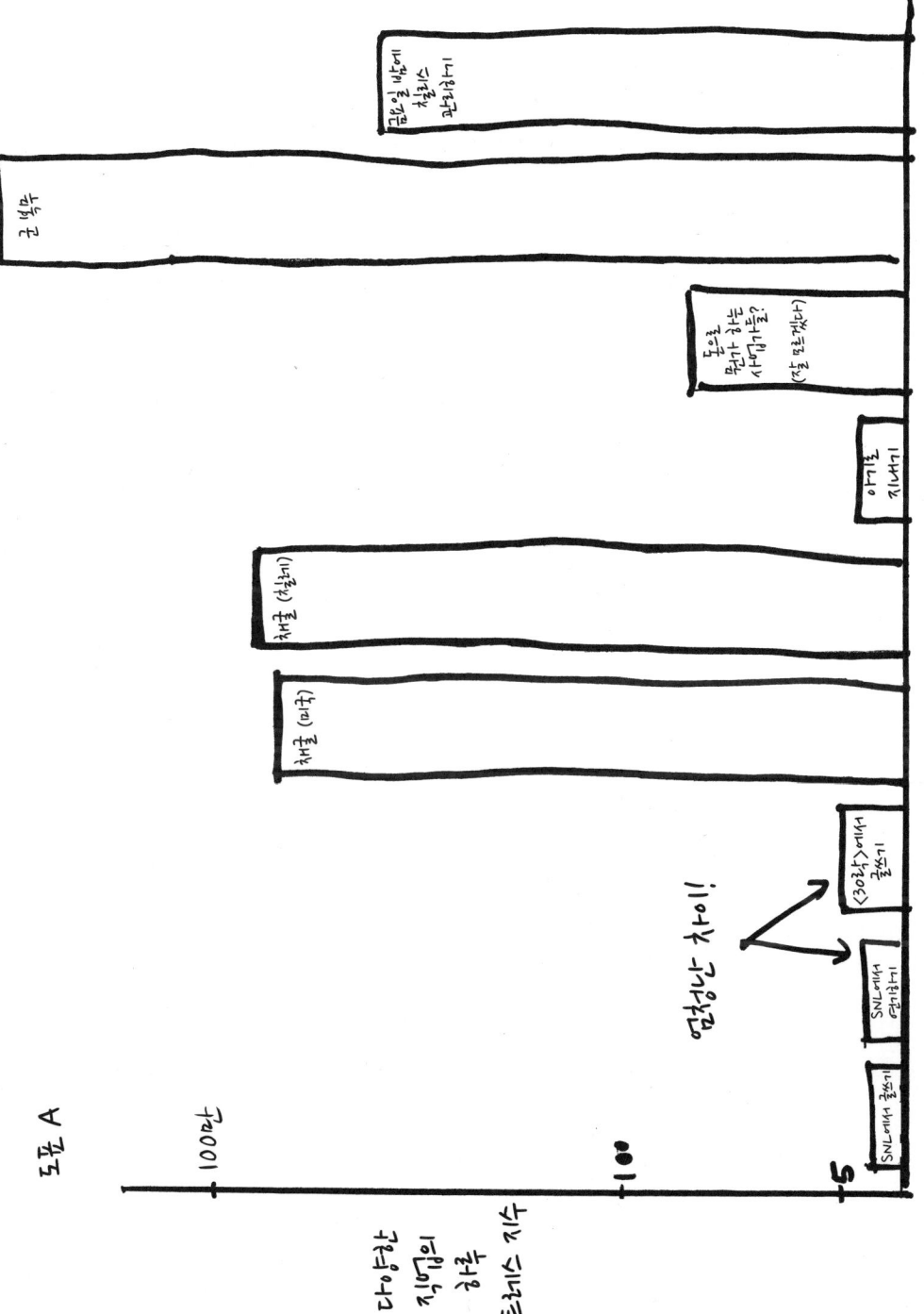

배운 것이다. '진짜 연기'라는 말은 '감정적으로 자연스러우면서 기술적으로 정확하게 인간의 행동을 모방해, 타인으로부터 눈물이나 웃음을 끌어낼 수 있는 연기'라는 뜻이다. 알렉은 필름 연기와 진짜 연기 모두에 통달했다. 그는 핵심 장면에서 감정 연기를 하면서(사랑에 빠진다, 그의 어머니가 그를 괴롭힌다, 그의 멘토가 공작새로 환생했다) 동시에 긴 대사를 토씨 하나 틀리지 않고 전달하며, 모든 농담을 정확한 리듬에 맞춰 칠 수 있다. 얼마나 많은 오스카 수상자가 이를 못 하는지 알면 놀랄 것이다. 전 세계에서 아홉 명만이 이런 연기를 할 수 있다. 어쩌면 북한에 우리가 모르는 세 명 정도가 더 있을 수 있다.

알렉은 카메라가 자신에게 오게 하는 법을 안다. 그는 눈의 미세한 움직임을 통해 많은 감정을 전달할 수 있다. 가끔 정말 작은 소리로 말해 그의 바로 옆에 서 있는 나조차 듣기 힘들 때가 있다. 하지만 필름을 돌려 보면 전부 담겨 있다.

그렇게 그를 관찰했다고 더 좋은 연기자가 되었는지는 모르겠다. 하지만 적어도 이제는 내 연기가 형편없는 이유를 안다.

14시간의 연기 수업이 끝난 후, 나는 내 아파트에서 대여섯 명의 작가들과 만났다. 그들이 하루 동안 쓴 것을 따라잡기 위해서였다. 초기에는 음식을 시켜 새벽 1시, 2시까지 일했다. 남편 제프는 식료품 저장실이어야 했을 곳에 앉아서 작품에 쓸 음악을 작곡했다. 우리가 일하는 동안 딸이 잠드는 모습을 볼 수 있도록, 비디오 베이비 모니터를 컴퓨터 모니터 옆에 뒀다. 나는 때때로 기저귀를 갈기 위해 밤중에 자리를 비웠다. 대부분은 아기 기저귀였다. 이것이 이 시기에 대한 내 가장 행복한 기억이다. 내가 아끼는 모든 것이 3미터 이내에 있었기 때문이다. 하룻밤은 딸을 침대에 눕히고 작가들과 밤새 일을 해서, 딸이 기어 나왔을 때 작가들이 여전히 있었던 적도 있다. 세상에서 가장 근사한 최악의 일이었다.

기억에 남는 또 다른 밤이 있다. 새벽 3시경 칼락과 나는 거실에서 퇴고 작업을 주도하고 있었다. 우리 두 사람은 이야기를 하던 중 잠에 들었다. 잠시(혹은 몇 시간?) 뒤 우리가 일어났을 때, 다른 작가들은 그저 점잖게 앉아 다음 지시를 기다리고 있었다. 정말 헌신적인 사람들이다.

유일한 단점은 다음 날 일이 새벽 6시에 시작한다는 점이었다. 그렇게 지쳤음에도 이성의 끈이 끊어진 것은 단 한 번뿐이었다고 자랑스럽게 말하겠다. "너무 많아. 일이 너무 많아." 나는 부엌에서 남편을 붙잡고 울었다. 어느 정도의 스트레스를 겪었는지 알기 위해 도표 A(185쪽)에 나와 있는 채굴과 군 복무 막대를 확인하기 바란다.

가정 폭력을 행사한 적은 딱 한 번이다. 우리는 새벽 5시 30분에 일어나야 한다는 사실을 알고 새벽 3시에 침대에 누웠다. 남편은 내가 잠에 들려 하자 장난으로 계속해서 말을 했다. 그는 너무 지쳐 키득거리기 시작했다. 그리고 계속해서 나를 찌르고 이런 말을 하며 깨웠다. "있지, 하나만 물어볼게. 프레젤 좋아해?" 나는 버럭 화를 내며 그를 침대 반대편으로 세게 밀쳤다. 그의 얼굴에 공포가 스치는 것을 보았다. 내 삶에서 몇 안 되는 '<스타 80[1]> 삭제 장면' 같은 순간이었다.

누구에게도 인정하지 않은 창피한 비밀을 하나 더 밝혀야겠다. 우리는 <30 락>이 평론가와 힙스터에게 받은 애정을 감사히 생각하지만, 사실 인기 있는 방송을 만들려 했다. 우리는 시청률 면에서 고전하며 관습을 거부하는 비평계의 총아를 만들려고 한 게 아니다. 우

---

1 (옮긴이) 플레이보이 모델이 남편에게 살해당하는 내용의 영화다.

리는 <아빠 뭐 하세요Home Improvement[1]>를 만들려 했는데, 잘못 만든 것이다. 혈압약을 개발하다가 우연히 비아그라를 발명한 과학자들이 있지 않은가? 우리는 비아그라를 만들려고 하다가 혈압약을 만들었다.

우리가 아무리 시청자를 유입시키려 궤도 수정을 수차례 해도(대화 속도 늦추기, 에피소드 당 스토리 줄이기, 블랙페이스[2] 하지 않기) 작품은 결국 다시 궤도를 이탈해 달렸다. 내 경험상 작품은 마치 아이 같다. 예의를 가르치고 조그만 선원 복장을 입혀 줄 수는 있지만 결국은 자신이 갈 길을 가는 것이다.

<30 락>은 11회에 제 목소리를 찾았다. 그리고 그것은 미친 자의 목소리였다. 에피소드 제목은 최종적으로 '블랙 타이'가 되었지만, 촬영하는 동안 우리는 '굿바이, 아메리카'라고 불렀다. 초기에 제작 승인된 에피소드의 촬영이 거의 끝났지만 다시 픽업될 기미가 없었기 때문이다. '굿바이, 아메리카'라고 불린 또 다른 이유는 이 에피소드가 미쳤기 때문이다. 우리 방송이 너무 이상해서 성공하기 힘들지 않을까 하는 걱정을 했다면, 이 에피소드는 확실히 도움이 되지 않았다. 이 에피소드의 메인 스토리는 알렉의 캐릭터인 잭 도너기가 친구의 생일 파티에 참석하는 것이다. 그 친구는 근친 관계를 통해 태어난 오스트리아의 왕자 게어하르트 합스부르크Gerhardt Hapsburg였다.

게어하르트 합스부르크는 피위 허먼[3]으로 가장 잘 알려진 천재, 폴 루벤스Paul Reubens가 연기했다. 폴은 자신의 역할에 깊이 몰입했다. 그는 자진해서 가짜 치아를 끼고 창백한 화장을 하기로 했다. 그리고

---

1 (옮긴이) 팀 알렌 주연의 시트콤으로 대중적인 인기를 누린 작품이다.
2 (옮긴이) 얼굴을 검게 칠해 흑인을 흉내 내는 것을 말한다.
3 (옮긴이) 팀 버튼 감독의 <피위의 모험>의 주인공이다.

그의 한 손은 상아색의 아주 작은 손이었다(크리스틴 위그[4]가 <SNL>에서 작은 손을 쓰기 수년 전 일이다. 우리 작가들이 내게 그 점을 명시하라고 했다). <30 락>이 상업적으로 성공할 일이 있을까 궁금하다면 다음 사진을 보라.

극 중에서 제나(제인 크라코스키)는 '그레이스 켈리Grace Kelly[5] 전법'으로 게어하드를 만나 결혼해 공주가 되겠다는 결심을 한다. 이 계획은 왕자를 위해 제나가 춤을 추는 장면으로 절정에 치닫는다. 제인은 (아무도 보지 않는 것처럼) 춤을 췄다. 폴이 즉흥적으로 다른 춤 스타일을 외쳤다. "재즈! 탭! 지루박! 찰스턴! 해석 무용! 회전! 다시 회전! 계속 회전!" 그가 제나에 대한 자신의 사랑을 고백하고 제나는 받아들인다. 게어하드는 축하주를 한 모금 마신다. 자신의 기형적인 몸이 포도를 분해하지 못해 죽게 된다는 사실을 알면서도. 그는 즉시 죽는다. 이게 우리가 최선을 다해 시트콤을 쓰려고 한 것이다.

불쌍한 게어하드는 우리 방송에 대한 비유 그 자체였다. 이상하지

---

4 (옮긴이) <SNL>의 대표적인 스타. '두니스'라는 캐릭터를 연기할 때 작은 손을 썼다.
5 (옮긴이) 미국 배우. 레니에 대공과의 결혼으로 모나코의 대공비Princess of Monaco가 되었다.

만 멍청하지는 않은, 사랑을 갈구하지만 대다수가 질색하는. 자랑스러운 귀족의 일원이나 더 이상 그 귀족은 존재하지 않는, 지상파 방송국.

텔레비전에 대한 아무도 묻지 않은 이론

게어하드의 사진을 보니 또 하나 언급하고 싶은 게 있다. 우리 배우들이 얼마나 사람같이 생겼는지에 대한 것이다. 물론 알렉은 영화배우 얼굴이고 제인은 늘씬한 다리를 가진 금발이다. 하지만 우리 주연 배우의 나이를 합치면 210이다. 아프리카계 미국인 배우들조차 꽤나 창백하다. 나는 개인적으로 다른 모양의 얼굴과 이상하고 작은 몸과 다양한 약한 턱을 가진 배우진을 좋아한다. 캐릭터를 구분하는 데 도움이 되기 때문이다. 배우들이 너무 잘생기면 나는 기억을 하지 못한다. 예를 들어 나는 시에나 밀러Sienna Miller[1]의 사진을 보면 항상 이렇게 말한다. "그 여자 예쁘다. 누구야?"

수년간 방송국들은 <프렌즈>의 성공을 재현하려 애썼다. 아름다운 이십 대들이 뉴욕에 함께 사는 이야기, 아름다운 이십 대들이 로스앤젤레스에 사는 이야기, 아름다운 이십 대들이 마이애미에서 섹시한 아동 살해 사건을 수사하는 이야기를 다룬 파일럿이 쏟아졌다.

이 유형은 결코 통하지 않는다. 방송국 중역들이 깨닫기를 거부하지만, <프렌즈>는 예외였지 법칙이 아니다. <치어스>, <프레이저>, <사인펠드>, <뉴하트Newhart[2]>, 그리고 <딕 반 다이크 쇼The Dick Van Dyke Show[3]>처럼 사랑받은 작품의 스타들은 평범한 사람의 얼굴을 하고 있다. 그리

---

1 (옮긴이) <아메리칸 스나이퍼>, <나를 책임져, 알피>에 출연한 배우다.
2 (옮긴이) 1982년부터 1990년까지 방영한 시트콤. 밥 뉴하트가 주연을 맡았다.
3 (옮긴이) 1961년부터 1966년까지 방영한 시트콤. 딕 반 다이크, 매리 타일러 무어가 주연을 맡았다.

고 그게 우리 작품에 나오는 사람들의 얼굴이다.

<샌포드와 아들Sanford and Son[4]>을 볼 때, 눈에 보이는 모두와 섹스하고 싶어지지 않는다. 그냥 그레이디랑만 하고 싶지. TV쇼를 즐기는 데 모든 캐릭터가 '핫'할 필요가 있는지 모르겠다. 내가 '후터스[5]'를 이해하지 못하는 이유도 같다. 꼭 닭 날개와 여자 가슴을 동시에 즐겨야 하나? 그래, 자연스럽고 아름다운 경험의 일부다. 가슴도 마찬가지다. 하지만 왜 동시여야 하나? 화장실에 가는 것도 삶의 일부지만 사람들은 변기가 좌석인 식당에 가진 않는다……. **가려나?** 잠시 사업 매니저에게 전화해야겠다.

"가망이 없다"고 한다. 이미 일본에 있단다.

'굿바이, 아메리카'를 촬영한 다음 주, 우리는 열두 번째 에피소드를 촬영했다. 에피소드 제목은 '베이비 쇼'였다. 제작 승인을 받은 마지막 에피소드였다. 스태프들은 다음 일을 찾기 위해 연락을 돌렸다. 사람들은 세트의 가구를 눈여겨보며 어떤 물건이 '종영 창고 세일'에 나올지 재기 시작했다.

케빈 라일리가 첫 시즌의 남은 에피소드도 픽업했다는 소식을 전해 온 그 주에, 마침 돈 페이가 세트장을 방문했다. 왜 계속해서 <30락>을 만들기로 했는지 앞으로도 알 수 없겠지만(알렉 볼드윈), 성인이 된 후 자신이 가장 자랑스러웠던 때는 음향 부스로 들어가 모두에게 직장을 잃지 않았다고 말한 순간이다. (어린 시절 자신이 가장 자랑스러웠던 순간은 스크래블 게임에서 피에르 삼촌을 일곱 글자, 방귀Farting로 이겼을 때다.)

---

4 (옮긴이) 1972년부터 1977년까지 방영한 시트콤. 그레이디는 주인공 프레드의 가장 친한 친구다.
5 (옮긴이) '후터'는 '가슴'이라는 뜻의 속어다. '후터스'는 종업원들이 몸매를 드러내는 옷을 입고 서빙을 하는 레스토랑이다.

3월, <30 락>의 첫 시즌이 완성됐다. (말해 두자면 경막외 마취제를 쓰지 않았고, 단체 질식 분만에, 똥은 싸지 않았다.) 그해 9월, 우리는 에미 시상식에서 코미디 부문 최우수 작품상을 받았다.

이미 다른 사람들이 수백 번 한 말을 반복하는 셈이지만, <30 락>은 미국에서 벌어지는 '프로라이프 운동[1]'의 완벽한 상징이다. 누구도 성공할 거라고 생각하지 못했던 작은 방송이었다. NBC에서 없앨까 고민했는데, 우리가 에미를 탔을 때는 이미 늦어 버렸다.

이제 다섯 살 먹은 작품의 어머니로서, 여전히 우리 허약하고 작은 프로그램보다 <두 남자와 1/2> 같은 거대하고 강한 프로그램을 하고 싶냐고? 아니, 그렇지 않다. 나는 내 이상하고 작은 작품을 사랑하기 때문이다. 나는 이 작품이 내게 인내와 연민을 가르쳐 주기 위해 지상에 내려왔다고 생각한다.

"하루는 길고 한 해는 짧다" - 가정주부와 성 노동자

이제 다섯 번째 시즌을 끝냈으니 다시 낙하산 쇼핑을 할 때가 되었다. 롭 라이너 Rob Reiner[2]가 올해 게스트 출연을 했는데, 우리에게 이 일을 소중히 여기라고 신신당부했다. 이런 일은 특별하며 영원하지 않다고 했다. 말하지 않아도 알아요, 마이클 스티빅 Michael Stivic. 나는 내 미래를 보았다. 라이프타임 채널에서 방영되는 체중 감량 게임쇼에 출연하는 것이었다. 심지어 거기서 이기지도 못한다.

---

1 (옮긴이) 여성의 생식 결정권을 두고 보수 진영은 '프로라이프(생명 중시, 임신 중절 반대)', 진보 진영은 '프로초이스(선택 중시, 임신 중절 찬성)'로 의견이 나뉜다.

2 (옮긴이) <올 인 더 패밀리>에서 마이클 스티빅 역을 맡은 배우이자, <해리가 샐리를 만났을 때>의 감독이다.

<30 락>에 관한 FAQ에 답하겠다

Q: 알렉 볼드윈은 정말로 연예계를 떠나나?
A: 잘 모르겠다. 하지만 대비책은 마련해 뒀다. 빌리 볼드윈Billy Baldwin[3]을 약간 초점이 안 맞게 찍는 것이다.

Q: 트레이시 모건은 그의 캐릭터처럼 제멋대로에 미친 사람인가?
A: 이에 대한 답을 알아낼 방법은 하나밖에 없다. 트레이시와 차를 타고 전국 일주를 해 봐라.

Q: 잭이랑 리즈가 '엮이는' 일이 있을까?
A: '샘과 다이앤[4]'처럼 옥신각신하는 관계성이 있지만, 그들의 관계는 '놈과 클리프[5]'로 남을 것이다. 취한 상태로 키스하고 부정하는 것이다.

Q: 방영 시간이 언제라고?
A: 목요일 10시나 8시 30분 아니면… 아니다. 그냥 녹화 프로그램을 써라.

Q: 그리즈Grizz와 닷컴Dotcom은 어디서 찾았나?
A: 그리즈와 닷컴은 귀엽고 완전히 옷을 입은 상태로 태어나, 밭에 편안히 누운 상태로 발견됐다. 양배추 인형과 양배추 춤에 영감을 줬다.

---

3 (옮긴이) 알렉 볼드윈의 동생. 2012년에 <30 락> 속 영화에서 '잭 도너기' 역을 맡는 배우로 출연했다.
4 (옮긴이) <치어스>의 캐릭터. 커플 성사 여부를 두고 시청자의 관심을 집중시킨 관계다. <프렌즈>의 로스와 레이첼, <오피스>의 짐과 팸 같은 '커플'의 대명사다.
5 (옮긴이) <치어스>의 캐릭터. 항상 '치어스' 바에 죽치고 있는 중년 남성 콤비다.

Q: 언제면 피트와 작가들을 더 볼 수 있나?
A: 시즌 9

Q: 트레이시 모건이 NBC 임원과 프렌치 키스를 한 적이 있나?
A: 있다. NBC 공식 행사 때만 그랬고, 항상 상대의 의사에 반해서 했다.

Q: 잭 맥브레이어는 정말로 자기 캐릭터 같은가?
A: 아니, 잭의 캐릭터는 조지아 스톤 마운틴 출신의 평범한 농촌 소년이다. 잭 본인은 농촌에서 아무 쓸모가 없으며 은행 강도와 십대 성 스캔들의 대도시, 조지아 코니어스 출신이다.

Q: 어떻게 리즈 레몬은 음식과 과식에 대한 이야기를 그렇게 많이 하면서 뚱뚱하지 않은가?
A: 리즈 레몬이라는 캐릭터는 '오로파즈미아 orophasmia'라는 희귀한 질환을 앓고 있다. 먹는 족족 바로 밑으로, 귀신같이 빠져 버리는 증상이다. 이는 에피소드 219, '리즈의 오로파즈미아에 대한 이야기'에서 만들어진 설정이다. 롤러코스터 장면에서 에미상 후보에 오른 적이 있는 마리사 토메이 Marisa Tomei[1] 가 게스트로 출연했다.

Q: <30 락>은 텔레비전에 나오는 쇼 중 가장 인종차별적인 쇼 아닌가?
A: 아니다. 내 의견으로는 NFL 미식축구가 가장 인종차별적이다. 왜 계속 이 사람들을 살인자와 강간범으로 그리는가?

---

[1] (옮긴이) <나의 사촌 비니>로 오스카를 수상한 배우로, <30 락>에 출연한 적은 없다.

Q: <30 락> 속 가상의 작품 <TGS>에서 일하는 청소부는 몇 명인가?
A: 우리는 8명의 개성 있는 청소부 캐릭터를 구축했다. 조, 수바스, 나이 든 청소부, 롤리, 코나니, 유제비아, 로사, 야드위가. 피규어를 제작 중이다.

세라, 오프라, 캡틴 후크,
혹은 누군가와 조금 닮은 걸로 성공하기

나는 일반적인 방법으로는 절대 <SNL>의 캐스트가 되지 못했을 거다. <SNL>의 오디션을 볼 때 참가자들은 역사적인 <SNL> 홈베이스 무대[1]에 서야 한다. 참가자는 네다섯 명의 냉정한 낯선 사람이 지켜보는 앞에서 웃기려는 시도를 한다. 자신의 재미있는 캐릭터와 목소리를 보여야 하는데, 나는 그런 게 전혀 없다. 내 '재미있는 목소리'는 전혀 새롭지 않고, 내 '스미[2]' 성대모사는 영화에 나온 사람과는 전혀 다르다고 내 아이가 말해 줄 것이다.

내가 TV에 나오게 된 것은 론 마이클스가 내부 승진을 선호했기 때문이다. 그는 데이비드 레터맨의 <레이트 나이트> 후임으로, 전 <SNL> 작가였던 무명의 코난 오브라이언을 택했다. 1999년에 '위켄드 업데이트'의 새로운 앵커를 뽑을 때가 되었을 때, 그는 전국적인 신인 발굴 작업을 복도 끝까지 했다. 그는 수석 작가 중 한 사람(나)과 캐스트 멤버인 지미 팰런의 조합으로 스크린 테스트를 했다. 나는 그곳에서 이미 3년을 일했다. 그 장소에 있는 누구에게도 겁을 먹지 않았고, 이 일이 풀리지 않더라도 다시 돌아갈 본업이 그곳에 있었다. 캐릭터를 연기할 필요도 없었고, 그저 망치지 않고 농담을 읽으면 됐다.

---

1 (옮긴이) 호스트가 모놀로그를 하는 장소다.
2 (옮긴이) 후크 선장의 갑판장이다.

<위켄드 업데이트>가 재편성된 타이밍은 그때까지 내 인생에서 가장 큰 행운이며 말도 안 되는 일이었다.

스크린 테스트를 위한 연습을 할 때, 나는 큐 카드가 보이지 않는다는 사실을 깨달았다. 나는 스물한 살 때부터 멀리 있는 물체를 볼 때는 안경을 썼다. 하지만 안경을 쓸 일이 많지는 않았다. 영화를 보러 가거나 오리온 좌를 찾거나 큐 카드를 읽을 때 필요했다. 그래서 나는 안과에 가, 첫 콘택트렌즈를 맞췄다. 스크린 테스트를 하는 날, 나는 초조해하며 25분 동안 렌즈를 눈에 넣으려 했다. 카메라 앞에 서기 직전까지 내 눈알을 계속 만진 탓에 나는 땀범벅이 됐고 파랗게 질렸다. 이런 경험이 없는 독자를 위해 예를 들자면, 탐폰 줄을 잃어버렸을 때만큼 메스껍진 않지만 정확히 유방 자가검진만큼 메슥거린다. 남자 독자라면 자신의 눈알을 만지는 것과 같다고 말하겠다. 그리고 이 책을 사 줘서 고맙다.

지미와 나는 스크린 테스트를 했다. 다른 캐스트 멤버들과 쇼에 출연하지 않는 외부 코미디언들도 스크린 테스트를 했다. 지미는 스타였고 론은 내가 대본 부분을 꽉 잡으리라 생각했기에, 지미와 내가 자리를 따냈다.

우리는 세트와 조명을 갖추고 카메라 테스트를 또 했다. 눈알을 다시 만지고 싶지 않아 두 번째에는 안경을 썼다. 테스트가 끝나자 위대한 코미디 작가이자 인간 도착의 연대기를 기록하는 T. 션 섀년T. Sean Shannon이 내게 다가와 텍사스 억양으로 말했다. "안경 계속 끼지 그래, 자매님." 그리하여 평범한 사서 페티쉬가 받아들여졌다.

'업데이트'에 고용된 후부터 작가들은 종종 나를 스케치에도 출연시켰다. 모든 여자 캐스트가 이미 스케치에 나와서 머릿수가 부족할 때만 생긴 일이다. 나를 많이 쓰지는 않았다. 누구와도 닮지 않았기 때문이었다. 몰리 섀넌Molly Shannon[1]은 가발이 잘 어울리는 얼굴이었다. 이목구비는 섬세하고 대칭적이었고 피부색은 너무 어둡지도 밝지도 않아, 금발인 코트니 러브Courtney Love와 검은 머리카락인 모니카 르윈스키를 연기할 수 있었고 잘 어울렸다. 마야 루돌프의 얼굴은 도나텔라 베르사체Donatella Versace에서 비욘세로 1분 17초 만에 변신할 수 있었다. 나는 항상 나 같았다. 가발을 쓴 나. (아래의 사진을 통해 내가 디나 로한Dina Lohan[2], 재니스 디킨슨Janice Dickinson[3], 바바라 피어스 부시Barbara Pierce Bush[4]와 닮지 않은 걸 볼 수 있다.)

내가 그나마 누군가와 제일 닮았던 건, 서커스의 '수염 난 여인' 분장을 시켰는데 내 오빠처럼 보인 것이다. 내 눈과 눈썹은 굉장히 검고 피부는 매우 창백한 데다 코가 조금 긴 탓이다. 나는 '닮은 꼴 캐릭터'로 쓸 수가 없었다.

---

1 (옮긴이) 대표 캐릭터는 '매리 캐서린 갤러거'다. 영화 <다른 사람들>의 주연을 맡았다.
2 (옮긴이) 린제이 로한의 어머니다.
3 (옮긴이) 미국의 모델. <도전! 슈퍼모델>의 심사위원을 맡았다.
4 (옮긴이) 조지 W. 부시의 딸이다.

그러니 내가 얼마나 놀랐는지 짐작이 될 것이다…….

그러니 2008년 8월 29일에 내가 얼마나 놀랐는지 짐작이 될 것이다. 남편이 CNN을 보라며 나를 방으로 불렀다. 존 맥케인John McCain이 알래스카 주지사로 첫 임기를 수행 중인 세라 페일린Sarah Palin을 러닝메이트로 지명했을 때, 두 가지 사실이 뚜렷하게 드러났다. 첫째, 페일린 지명은 오바마에게서 힐러리 지지자를 뺏기 위한 비겁한 시도였다. 둘째, "당신이랑 좀 닮았어." 남편이 말했다. 나는 코웃음을 쳤다. 그냥 갈색 머리카락에 안경을 낀 것 때문이었다. 하지만 친구, 사촌, 동료들의 이메일이 쏟아지기 시작했다. 사람들은 우리가 정말 닮았다고 생각하는 것 같았다. 세상에서 가장 위대한 지성(케이블 뉴스 앵커와 인터넷 사용자)이 내가 <SNL>에서 세라 역을 맡을지 추측을 하기 시작했다.

우리는 이미 <30 락>을 두 시즌이나 했고 세 번째 시즌의 촬영을 막 시작했었다. 사람들이 내가 새로 시작한 작품에 대해서 알고 있는지 궁금했다면 답은 명백했다. 몰랐다. 사람들은 내가 <SNL>에서 더 이상 일하지 않는다는 사실조차 몰랐다. 그리고 내가 그곳에서 일했을 때조차 나는 뉴스만 했다는 사실을 아무도 기억하지 못했다. 그런 건 알 바 아니었다. 사람들은 맹목적인 광란에 빠졌다. "갈색 머리카락! 안경!"

급작스럽게 화제 전환을 해서…….

한편, 오프라 윈프리가 <30 락> 출연에 조금 관심을 보였다. 절박하게 더 많은 시청자를 얻고자 했던 우리는 감기 시럽 판매대의 마약 중독자처럼 달려들었다. 로버트 칼락은 리즈 레몬이 비행기에서 오프라와 만나는 내용의 재미있는 대본을 썼다. (아이튠즈에서 살 수 있다!) 우리는 하포에 대본을 보냈고, 하포 측에서는 오프라가 마음에 들어 했으며 분명 출연할 거라고 말했다. 우리는 열광했다. 하지만 여름이 지나가며 오프라가 사실은 대본을 보지 않았다는 사실이 명확해졌다. 8월 말에 오프라의 수석 보좌관(농담 아니다)이 전화를 걸어, 오프라는 출연할 수 없을 것 같다며 정말로 미안해한다고 전했다. 오프라 에피소드는 그 시즌의 두 번째 에피소드였고 오프라는 대체 불가능했다. 우리는 이미 그 에피소드의 절반을 찍어 둔 상태였다. 오프라의 출연이 성사되지 못하면 우리는 수십만 달러의 금전적 타격을 입을 상황이었다. 나는 오프라가 출연하도록 설득하는 부담스러운 임무를 떠안았다. 나는 정말로 그런 일에 적합하지 않았다. 나는 수줍음이 많고 세일즈 기술이라고는 없었다. 내 손바닥 땀을 전화 너머로 전달할 수 있을 정도였다. 나는 그 에피소드의 코미디로 오프라를 설득하려 하지 않았다. 대신 나는 그가 텔레비전 일정에 관해 알고 있는 지식에 호소했다. 그가 거절하면 우리가 얼마나 곤란한 상황이 되는지 말이다. 오프라는 똑똑하고 관대하기에 내 말을 들어주었다. 그리고 우리가 대본을 다시 퇴고한 뒤 고려해 보기로 했다. 하지만 나는 오프라의 영상을 '캔에 집어넣기 전까지'[1] 내 심장이 건포도 크기로 줄어든 것 같은, 굉장히 특정한 형태의 불안을 안고 돌아다니리라는 사실을 알았다.

한편, 도시 건너편에서는······.

한편, 도시 건너편에서는 <SNL>의 스태프들이 시즌을 일찍 시작하기 위해 준비를 했다. 이 중요한 대통령 선거를 다루기 위해서 방송일을 9월 13일로 잡았다. 선거가 있는 해에 <SNL>은 항상 활기가

---

1 (옮긴이) '촬영 혹은 편집을 마쳐 방영, 상영할 준비가 완료되다.'라는 뜻의 표현이다.

넘친다. <SNL>은 자신들의 정치 시사성을 35년에 걸쳐 몇 번이고 되풀이해서 증명했다. (이걸로 대학 학점을 받을 계획이기 때문에 이런 문장을 넣어야 된다.)

2008년 9월 3일, 페일린 주지사가 부통령 후보직을 수락했다. 이때쯤 오프라가 <30 락> 출연을 정식으로 결정했고, 내 딸의 세 번째 생일 파티 테마는 '피터 팬'으로 결정됐다. 내게 있어 이 세 가지 일의 중요도는 동일했다.

론과 나는 내가 페일린 주지사 역을 해야 한다는 압도적인 여론(과장)에 대해 의논했다. 그날 아침 론의 수위와 로버트 드 니로 Robert De Niro가 론을 불러 세워, 두 사람이 얼마나 닮았는지 말했다고 한다. 우리가 감히 수위 프랭크와 로버트 드 니로를 실망시킬 수 있나?

론과 나는 같은 이유로 주저했다. 만일 세상 모두가 같은 생각을 하고 있다면, 좋은 생각일 리가 없었다. 안 그런가? <SNL>에서 일하면 사람들이 항상 다가와서 이런 말을 한다. "뭘 해야 하는지 알아요? 내 처남에 대한 스케치를 해요." 혹은 "타이거 우즈 Tiger Woods랑 오바마가 서로 동성애를 하는 스케치를 만들어요." 혹은 "그 쇼는 70년대 이후로 재밌었던 적이 없어." 사람들은 항상 쇼에 대해서 온갖 의견을 냈고, 그 의견이 옳았던 적은 없다. 지금이라고 옳겠는가?

하지만 론은 구식 프로듀서이기도 했다. 그는 '대중의 요구'로 내게 페일린 역을 맡기면, 내가 못하더라도 시청률은 잘 나오리라는 사실을 알았다. 시청률이 높으면 좋은 것이다. 너무 구려서 사람들이 화를 내기 위해 보더라도 말이다.

우리는 결정하지 않기로 결정했다. 이는 론에게서 배운 또 다른 기술이다. 가끔 어려운 결정을 내려야 할 때면, 답이 나올 때까지 시간을 끌어라.

다시 <30 락>으로 돌아와…….

다시 <30 락>으로 돌아와, 우리는 오프라 윈프리의 촬영일을 잡았다. 오프라는 관대하게도 9월 13일 토요일에 뉴욕으로 날아와 촬영을 하겠다고 했다. 완벽했다. 나는 딸의 파티를 14일 일요일에 열기로 했다. 유일한 문제는 피터 팬 접시나 컵을 찾을 수 없다는 것이었다. 팅커벨이나 캡틴 후크는 있는데 피터 팬이 없었다. 디즈니에서 J. M. 배리[1] 측과 법적 분쟁이라도 했던 걸까? 그걸 파고들 시간은 없다! 일주일도 안 남았다! 캡틴 후크 컵과 팅커벨 접시로도 충분하리라.

<SNL>의 시즌 첫 방송이 나흘 앞으로 다가왔지만 론은 아무런 결정을 내리지 않았다. 나는 <30 락> 사무실을 돌아다니며 내가 페일린을 할 수는 없을 거라고 모두에게 말했다. 나는 너무 바쁘고 성대모사도 안 하고 가끔은 거절을 하는 것도 중요하며 전념할 수 없을 거라고 했다. 하지만 머릿속으로는 누구도 나에게 출연 제안을 하지 않았다는 점을 매우 잘 알고 있었다. "그가 전화했니? 그가 전화했어?" 친구들이 물었다. 아니. 나는 로커에 기댄 채로 털썩 앉아, 포니테일을 빙글빙글 꼬았다.

나는 오만하게도 이 모든 일이 나에 관한 것이고 내가 할 마음이 들지 말지에 달린 일이라 생각했다. 하지만 이것은 당연히 론이 내릴 결정이지 내가 내릴 결정이 아니었다. 론의 쇼니까.

여전히 상황을 통제해 보려는 마음에, 수요일 저녁 <SNL>의 대본 리딩이 끝났을 시간에 론의 사무실에 전화를 걸어 메시지를 남겼다. 페일린 역을 맡고 싶지 않다고 말하려 했지만 회신이 오지 않았다.

---

1 (옮긴이) 영국의 소설가. <피터 팬>의 작가다.

수요일 밤, 앨리스와 나는 파티 때 걸 피터 팬 그림을 그렸다. 나는 앨리스에게 저작권 문제 때문에 피터 팬 접시가 없다고 설명했다. 아이는 이해하더니 65분간 웬디와 인어 흉내를 내며 긴장을 풀자고 했다.

목요일, 오프라의 사무실에서 연락이 왔다. 내가 토요일에 <SNL>을 할지도 모른다는 소식을 들었는데 일정을 조정하고 싶냐고 했다. 아니, 아니, 아니! 'O'를 캔에 집어넣어. 내 건포도 심장을 위해서.

목요일 아침, 나는 내 아마존닷컴 주문을 확인했다. 주문한 생일 선물이 아직 도착하지 않았다. 그리고 나는 세라 페일린의 유튜브 영상을 흘끔거리기 시작했다. 저 목소리를 흉내 내는 게 뭐 얼마나 어렵겠어?

목요일 저녁, 론이 전화를 걸어 세스 마이어스가 스케치를 썼으니 금요일 저녁에 와서 에이미와 리허설을 하라고 했다. 영 아닌 것 같으면 다른 사람이 하면 된다고 했다.

나는 내 걱정을 늘어놓았다. 크리스틴 위그가 더 잘할 거다. (론은 동의했다.) 내가 출연하면 사람들은 내가 썼다고 생각할 거고 내 의견이라고 생각할 것 같았다. 물론 이는 과대망상이었다. 기억하는가. 사람들은 내가 그만둔 줄도 몰랐다. 어쨌든 나는 어떤 작가나 쓸 수 있는 '진부한 캐릭터'가 되고 싶지 않았다. 예를 들어, 힐러리 클린턴을 질투심 많은 레즈처럼 묘사하는 스케치에서 세라 페일린 연기를 하고 싶지 않았다.

그리고 그보다 몇 달 앞서 문제가 생긴 적이 있었기에 정치 코미디를 하는 게 조심스러웠다.

정치를 입에 올리면 후폭풍이 몰려온다.

2008년에 세상을 바꾼 작가조합 파업이 끝난 후, 나는 <SNL>이 다시 방송을 시작하는 에피소드의 호스트를 맡아 달라는 제안을 받았다. 드디어 나의 다양한 코미디 캐릭터를 세상에 선보일 수 있게 된 것이다. 투덜거리는 사서에서 러시아인 사서까지.

세스와 에이미는 위켄드 업데이트에서 '여성 뉴스' 코너를 하겠냐고 내게 물었다. 업데이트 작가들과 나는 캠페인 기간에 사람들이 힐러리 클린턴을 대한 방식과 사람들의 인식에 대해 다루려 했다. 미국인들이 남성 소수자 후보를 백인 여성 후보보다 더 편히 받아들이는 것 같다는 점을 지적하고자 했다. (농담의 형태로) 사람들이 힐러리를 좋아하지 않는 이유는 그가 조금 나쁜 년이라고 느끼기 때문이고 그게 얼마나 부당한지에 대해 논하고자 했다. 젠더 정치를 다루려 했지, 진짜 정치를 다루려고 한 것은 아니었다.

튀어나온 것은 공공연한 힐러리 클린턴 지지 선언이었다.

내가 특별히 클린턴을 후보로서 좋아하지 않는 건 아니었다. 그저 위켄드 업데이트 코너는 굉장히 급하게 쓰게 되고, 호스트라면 토요일 오후가 되어야 쓰기 시작한다. 엉성하고 거칠게 나오는 게 놀랄 일은 아니다. 나는 드레스 리허설과 본방 사이, 호스트 대기실에 앉아 스탤론이 된 것 같은 기분을 느꼈다. 시가와 멋진 치아는 없었지만 말이다. 나는 그저 쇼의 수준이 높았으면 했다. 힐러리 클린턴 업데이트 코너에서 좀 더 강한 엔딩이 필요했다. 그리고 내 친구이자 메이크업 아티스트인 리처드 딘Richard Dean이 제안했다. "비치 이즈 더 뉴 블랙Bitch is the new black.[1]" 코너의 맥락에서도 말이 되고 확실히 강렬했다. 그리고 이미 오후 11시 10분이었으므로 그래, 그걸로 가자 싶었다.

만일 더 다듬을 시간이 있었다면 과도하게 정치적으로 가지는 않았을 것이다. 왜냐하면 첫째, 나는 코미디언과 뉴스 앵커들이 공정성을 유지할 때 더

---

1 (옮긴이) '~이 새로운 검정이다'라는 말은 패션계에서 특정 색깔이 새로운 트렌드가 될 때 쓰는 표현으로, 색깔 외에도 특정 대상이 인기를 끌거나 주목을 받을 때 사용하는 표현이다.

강한 힘을 가진다고 생각한다. 그리고 둘째, 나는 겁쟁이니까.

다음 날 허핑턴 포스트의 오바마 지지자들은 분개했다. 클린턴 전 대통령이 집으로 직접 전화를 해 감사를 전했다. 같은 날, 힐러리 클린턴도 감사 전화를 했는데 '인사치레' 측면의 정치에서 빌이 아주 조금 더 낫다는 걸 증명했다.

나는 엄마에게 클린턴 전 대통령이 한 말을 전했다. 힐러리를 그렇게 변호해 주다니 내가 "우리 나라를 위해 큰일을 했다"고. 엄마는 듣더니 구토하는 소리를 냈다. 부모님이 공화당원이라고 이미 말했던가?

금요일이 왔다. 당신이 무슨 생각을 하는지 안다. 맞다. 내가 주문한 이메지넥스트의 해적선과 바다 괴물이 도착했다. 촬영 준비 시간 동안에 대기실에서 선물을 포장했다. 나는 12시간 동안 가짜 30 락[2]에서 촬영을 한 뒤, 다음 날 쓸 오프라의 비행기 세트와 대기실이 청결한지 확인했다.[3] 오후 10시쯤 진짜 30 락으로 가서 에이미 폴러와 리허설을 했다. 내가 망치더라도 에이미가 스케치를 끌어 나갈 수 있다는 걸 알았기에 안심했다. 에이미는 엄청나게 노련하고 관대한 퍼포머이기 때문이다. 에이미가 드레스 입은 카탄은 아니지만 코미디계의 여성이 갖고 있는 진화론적 한계를 생각할 때, 에이미는 굉장히 잘하고 있었다.

우리는 스튜디오로 가 스태프 앞에 섰다. 나는 조심스럽게 덜 익은 성대모사를 선보였다. 최악은 아니었다. 다만 개선의 여지가 상당했다.

세스와 나는 성대모사의 달인인 대럴 해먼드 Darrell Hammond 같은 사

---

2 (옮긴이) 30 락은 30 록펠러 플라자의 줄임말이다.
3 보통은 이렇게 하지 않는다. 하지만 미스 오프라를 위해서 모든 게 완벽하길 원했다. 존 햄 Jon Hamm, 네가 다시 돌아오면 사전에 네 변기를 검사하지 않을 거다. 네가 가고 나서 훔친 게 없나 검사할지도 모른다.

람을 위해 수년간 글을 썼고, 몇 가지 요령을 알았다. 어떤 소리든 성대모사에 도움이 된다면 대본에 최대한 많이 집어넣는다. 페일린의 경우 '강한 R' 소리를 많이 넣었다. '리포터와 코멘테이터' 같은 단어였다. 말하지 못하는 단어는 피한다. 예컨대, 나는 '토드[1]'의 이름을 페일린처럼 발음할 수 없었다. 에이미가 농담을 추가했다. 나도 농담을 추가했다. 모든 과정이 즐겁고 협조적이고 편안했다.

9월 13일 토요일, 나는 새벽 6시에 일어났다. 퀸즈에 있는 실버컵 스튜디오에서 오프라와 촬영을 했다. 오프라는 근사했다. 그리고 정말 냄새가 좋았다. 촬영 중에 포옹을 많이 했다. (아이튠즈가 별로면 주변 월마트에서 <30 락> DVD를 살 수 있다.) 스태프들이 촬영 준비를 하는 동안, 나는 딸을 무릎에 앉히고 유튜브로 페일린 주지사의 영상을 보며 억양을 더 비슷하게 따라 하려 했다. 오프라는 진심으로 나를 걱정하는 것 같았다. "연습할 시간은 얼마나 있어요?", "듣고 따라 할 음성 테이프는 있어요?", "이걸 찍고 바로 거기로 간다고요?!" (그나저나 오프라 윈프리에게 과하게 일한다는 말을 들었다면, 자신의 빌어먹을 인생을 점검해 보는 게 좋다.) 오후 5시 30분경, 오프라와의 촬영을 마치고 나는 <SNL>로 향했다. 하지만 그 전에 오프라의 대기실로 가 손대지 않은 식용 장식 부케를 훔쳤다. 다음 날 생일 파티에서 내어놓을 작정이었다.

그날 밤은 이렇게 흘러갔다. <SNL>에 도착했다. 가발과 의상을 입어 봤다. 에이미와 나는 스케치를 세 번 했다. 예행연습, 드레스 리허설, 생방송. 그게 끝이었다. 오후 11시 40분이 되어, 나는 긴장을 풀고 와인을 마시며 나머지 쇼를 감상했다. 사실 남편과 나는 수개월 만에 외출을 한 것이었다.

---

1 (옮긴이) 세라 페일린의 남편 토드 페일린을 말한다.

그 모든 경험은 놀라울 정도로 평화로웠다. 어쩌면 오프라 영상이 '캔에 들어갔'기 때문에 내 심장이 그만 쪼그라들어서 그랬을 수 있다. 어쩌면 내 다정한 친구 에이미의 옆이라 안전했기 때문인지도 모른다. 어쩌면 이제 그곳에서 일하지 않으니 잘릴 일도 없다는 사실을 알아서였을 수도 있다. 당연히 세스가 아주 훌륭한 스케치를 썼다는 점이 크게 작용했다. 나는 전혀 초조하지 않았다. 그 스케치를 생방송에서 하는 것은 즐거움 그 자체였고, 이전까지 퍼포머로서 한 번도 경험해 보지 못한 일이었다.

그 스케치는 다음과 같다…….

수정 일자 토요일, 오후 2시 30분
(마이어스)   *1

페일린/클린턴 콜드 오픈 - 티나 페이/에이미/~~파토~~ 빌 보이스 오버

(시작: 이미지: ~~대정~~ 그래픽)

~~파토~~ 빌 (보이스오버)(1/4")

세라 페일린 주지사와 힐러리 클린턴 의원의
메시지입니다.
초당파적
(화면 전환: 힐러리 클린턴인 에이미와
세라 페일린인 티나가 연단에 있다.
티나는 열정적이고, 에이미는 덜하다)

티나   에이미
감사합니다!   고마워요.

          티나 (계속)
안녕하십니까, 미 국민 여러분.
클린턴 의원과 제가 오늘
함께 연설한다는 소식을 들었을 때
정말 기뻤습니다.

             (이어짐)

페일린/클린턴 콜드 오픈 (계속)   *2

   에이미
저는 저 혼자 연설을 한다고 들었습니다.

   티나
저희 두 사람이 함께 있는 모습이
조금 낯설게 느껴지시겠죠.
저는 존 맥케인의 러닝메이트고

   에이미
그리고 저는 버락 오바마와
의원의 열렬한 지지자니까요. - 이
버튼이 그 증거입니다.

   티나
하지만 오늘 우리는 당파를 초월해,
대선 캠페인 중 벌어지는
추악한 성차별에 대해서 말하고자 합니다.

   에이미
솔직히 말해 사람들이 갑자기
이 문제에 신경을 쓰다니 놀랐습니다.

    (이어짐)

페일린/클린턴 콜드 오픈 (계속)   *3

티나
아시다시피, 힐러리와
저는 동의하는 경우가 많지 않습니다.

에이미
저는 외교가
대외 정책의 근간이라고 믿습니다.

*없습니다.

티나
우리 집에서는 러시아가 보여요.*

에이미
저는 지구 온난화가 인재라고 믿습니다.

티나
저는 그저 신께서 저희를
꽉 안아 주시는 거라고 믿어요.

에이미
저는 부시 독트린**에 동의하지 않습니다.

티나
그게 뭔지 모르겠어요.

에이미
하지만 우리가 동의 할 수 있는 건
선거 과정에서 성차별은
용납할 수 없다는 겁니다.

(이어짐)

* (옮긴이) 페일린이 알래스카에서 러시아가 보인다고 한 발언을 패러디한 말이다.
** (옮긴이) 선제공격전략에 초점을 둔 부시 정부의 대외 정책을 가리키는 말이다.

210   보시팬츠

2차 수정 토요일, 오후 7시
페일린/클린턴 콜드 오픈 (계속)　　**4

　　　티나
그러니 제발, 섹시한 비키니에
제 얼굴을 합성하지 마세요.

　　　에이미　 종아리랑 맞먹는 발목
제가 ~~뚱뚱한 발목~~을 가졌다고 하지 마세요.

　　　티나
저를 밀프*라고 부르지 마세요.

　　　에이미
그리고 절 "현자타임**"이라고 부르지 마세요.
무슨 뜻인지 검색해 봤는데
~~광장히 불쾌하더군~~요. 마음에 안 듭니다

　　　티나
~~그러니 우리는 요청합니다~~ 기자와 평론가 여러분,
우리를 깎아내리는 언어를 사용하지 마세요. 예를 들어
"예쁘다", "매력적이다", "아름답다"

　　　에이미　하피 성실 더러운 년
혹은 "~~전투 도끼~~", "하피", 그리고
"발기 ~~실어다~~"　촉소사

　　　티나
저희의 정치 의견은 다를지 모르나,
제 친구와 저는 굉장히 터프한 여성입니다.
그러고 보니 알래스카에서 하는 농담이 생각나네요.

　　　　　(이어짐)

* (옮긴이) 'MILF', 섹스하고 싶은 엄마(유부녀)라는 뜻이다.
** (옮긴이) 'FLURJ', 자위한 걸 후회하게 되는 사람이라는 뜻이다.

세라, 오프라, 캡틴 후크, 혹은 누군가와 조금 닮은 걸로 성공하기

2차 수정 토요일, 오후 7시
                          페일린/클린턴 콜드 오픈 (계속)   **5

            티나 (계속)   에이미
            하키맘과   립스틱.
            핏불의   립스틱.
            차이가 뭘까요?   립스틱.
    (쉼)
            립스틱입니다.

            티나
우리가 어디까지 왔는지 보세요.
힐러리 클린턴, 백악관에
정말로 근접했었죠. 그리고 저,
세라 페일린, 그보다 더 가까워졌습니다.
믿어지시나요, 힐러리?

            에이미
아니오.

            티나
정말로 멋진 일이고 저는 모든 여성이
동의할 거라고 생각합니다.
정치관과 무관하게,
여성이 백악관에 갈 때가 되었다고요.

                (이어짐)

　　　　　　　　　　　　　2차 수정 토요일, 오후 7시
　　　　　　　　　　페일린/클린턴 콜드 오픈 (계속)　　　**6

　　　　에이미, 내 자리여야 해.
아니. 내 거야! 내 거야!

　　　~~된다~~
~~외원날~~?　여자일 뿐이고요.

　　　　에이미
한마디 해야겠어요.
나는 여자가 대통령이 되길 바란 게 아니에요.
내가 대통령이 되고 싶었던 거고
내가 ~~여자에욘~~. 여자일 뿐이고요.
그리고 당신이 백악관으로 가기까지의 여정을
내 여정과 비교하지 말아요.
나는 산전수전을 다 겪고 진흙탕을 뒹굴었지만
당신은 개 썰매를 타고 내려왔죠.
미인 대회 어깨띠를 두르고 티나 페이 안경을 끼고.

　　　　티나
~~고마워요,~~ ~~힐러리~~. 얼마나 멋진 시기인가요.
2년 전만 해도 저는 작은 도시의 시장이었습니다.
알래스카의 마약굴이었죠.

　　　　　　(이어짐)

2차 수정 토요일, 오후 7시
페일린/클린턴 콜드 오픈 (계속)   **7

　　　티나 (계속)
이제 저는 미 합중국의 대통령까지
~~둘은~~ 심장 박동 하나만 남겨 두고 있습니다.
<u>누구라도</u> 대통령이 될 수 있다는 걸 보여 주는 거지요.

　　　에이미
누구라도.

　　　티나
그저 원하기만 하면 됩니다.

　　　에이미
(웃음)
그래요, 돌이켜 보니, 과거를 딱 하나 바꿀 수 있다면
더 <u>원할</u> 걸 그랬네요.
(연단 조각을 떼어 낸다)

　　　티나
남은 6주간 언론에서 성차별적인 행동을 경계하길 바랍니다.

　　　에이미
하지만 여성 정치인을 검증하는 것은 결코 성차별이 아닙니다. 제발,
의시한테 곰용에 대해서 질문해 보세요,

　　　　(이어짐)

214　　보시팬츠

페일린/클린턴 콜드 오픈 (계속)　　　　**8-11

　　　　에이미 (계속)
~~몇 달 전에는 불명 아니었잖아요.~~ 결혼을 내리자면
언론 여러분 불알을 좀 키우세요.* 그렇게 못하면
내 걸 빌려줄 테니.

───────────────

　　　티나/에이미　　　　　티나
　　라이브 프롬 뉴욕　　알래스카에서는
　잇츠 새터데이 나이트!!!　이렇게 합니다.

　(화면: 몽타주)　　　　　에이미
　(음악: 테마곡)　　　어디서나 이렇게 말해요
　(컷)

---

* (옮긴이) 'grow a pair', 남자답게 굴라는 의미의 속어다.

세라, 오프라, 캡틴 후크, 혹은 누군가와 조금 닮은 걸로 성공하기　　215

이 스케치는 두 여성 후보 사이의 멍청한 여적여 싸움이 되기 딱 좋았다. 하지만 세스와 에이미가 쓴 스케치는 두 여성이 캠페인 기간에 벌어지는 성차별에 대해 함께 목소리를 내는 내용이었다. 이 여성들은 같은 성차별 동전의 다른 면을 경험하고 있었다. 힐러리를 좋아하지 않는 사람들은 힐러리가 남자 기를 죽인다고 했다. 세라를 좋아하지 않는 사람들은 그를 카리부 바비 인형이라고 불렀다. 사람들은 성별에 기반해 이 여성들을 깎아내리려 했다. 에이미가 한 대사인 "여성 정치인을 검증하는 것은 성차별이 아닙니다."는 우리가 다음 6주간 한 모든 일의 주제문이나 마찬가지였다. 누구도 알아차리지 못했지만. 사람들은 페미니즘에 대한 스케치를 봤지만 농담 때문에 알아차리지 못했다. 제시카 사인펠드Jessica Seinfeld가 아이들 브라우니에 시금치를 넣은 것과 같다. 속았지!

그날 밤 시청자 수는 1,000만 명이었다. 세컨드 시티에서 "관객들은 여자 두 명이 나오는 스케치를 보고 싶어 하지 않는다."라고 했던 감독은 가서 똥이나 싸라고 해라.

다음 날 생일 파티 역시 성공이었다. 그리고 2008년 대통령 선거 캠페인에 위 스케치와 동일한 영향을 끼쳤다고 생각한다. '마카로니 앤 치즈'를 가져온 새언니 디와 '저크 치킨'을 만들어 준 제시에게 특별히 감사를 전하고 싶다. 이 사진은 역사적인 사진이다. 내 친구 마이클의 해적선 케이크다.

다음 몇 주는 굉장히

신이 났다. 수요일에 딸은 유치원에 다니기 시작했다. 일요일에 <30 락>은 일곱 개의 에미상을 탔다. 그 와중에 나는 일주일에 한 번씩 재미있는 밤일을 하러 가서 이 스케치들을 했다. 다음은 그에 대한 내 기억이다.

2주 차: 케이티 쿠릭과 세라 페일린의 인터뷰

에이미는 이 사진에서 자신이 만삭이라는 사실을 내가 언급하길 바랄 거다.

세스는 원래 세라 페일린 '단독' 스케치를 썼다. 혼자서 카메라를 정면으로 보며 말한다는 뜻이다. 나는 다시 에이미와 함께 하는 스케치로 바꿀 수 있는지 물었다. 내 코미디 배경이 스탠드업이 아니라 즉흥극이니만큼 나는 다른 사람과 함께 무대에 서는 걸 선호했다. 케이티 쿠릭 인터뷰 스케치는 하늘에서 뚝 떨어진 셈이었다.

나는 성대모사를 더 비슷하게 하려 페일린 주지사의 유튜브 영상을 반복해 봤고, 세스에게 페일린이 금융 구제에 대해 길게 횡설수설하는 부분을 넣을 수 있겠냐고 했다. 그 부분은 거의 받아쓰기 수준으로 들어갔고, 세스는 초고를 빠르게 완성했다.

둘째 주에 나는 왜 이 경험이 재밌고 색다른지 깨달았다. 난생처음으로 나를 보고 싶어 하는 관객들 앞에서 공연을 했기 때문이다. 나는 오랜 세월 동안 사람들에게 전단을 나눠 주며 우리 즉흥극 공연을 봐 달라고 애원했다. 나는 관객을 내 편으로 만들기 위해 애쓰거나 그 자리에 있어도 된다는 허락을 받기 위해 애쓰는 데 너무도 익숙했다. 때문에 자발적인 관객은 내게 엄청난 호사였다. 가슴을 누르는 무게가 덜어지는 느낌이었다. 나는 생각했다. '빌 클린턴을 연기할 때 대릴 기분이 이랬겠구나.' 혹은 트레이시 모건이 무엇을 하든 이런 기분을 느끼지 싶었다. 사람들은 그들을 보는 것만으로 기뻐했다.

3주 차: 부통령 토론

이 스케치는 내가 제일 좋아하는 스케치다. 이유는 세 가지다. 첫째, 이 스케치에 내 농담이 많이 들어가서 작가로서 가장 좋았다.

둘째, 퀸 라티파Queen Latifah가 나왔다.

셋째, 짐 다우니Jim Downey가 제이슨 수데키스Jason Sudeikis의 조 바이든Joe Biden에게 준 대사가 훌륭하다고 생각했다. 특히 바이든이 자신은 워싱턴 엘리트가 아니라는 걸 증명하려 자신의 고향 펜실베이니아 스크랜턴에 대해 한 대사가 그랬다. "지구상에서 가장 타락한 곳." 기발하다고 생각했다. 스크랜턴에 대한 인신공격적 발언이 굉장히 웃긴, 예상 밖의 코미디였을 뿐 아니라 선거가 어떻게 변했는지 보여주는 전형적인 예시였기 때문이다. 쟁점에 대해서 말하기보다 모두가 자신이 얼마나 '소박'한지 증명하려 했다. '나는 당신과 같아요.'가 모든 발언에 담긴 함의였다.

정치와 매춘만이 경험 부족을 미덕으로 여긴다. 대체 어떤 직업에서 무지를 자랑하나? "저는 잘난 하버드의 심장 전문의는 아닙니다. 그저 꿈 많은 무면허 배관공인데 당신의 가슴을 절개하고 싶네요." 관객이 환호한다.

그 토론 스케치에서 쓴 농담 중 기억나는 것은 두 개다. 하나는 지구 온난화에 대한 농담이었다.

그웬 아이필Gwen Ifill
페일린 주지사, 지구 온난화에 대한 입장과 이를 인재로 보는지에 대해 밝혀 주십시오.

주지사 세라 페일린
그웬, 우리는 이 기후 변화인지 머시깽이인지가 인재인지 '종말의 날'이 다가오는 자연스러운 단계인지 모릅니다.

그리고 하나는 이거였다.

그웬 아이필
페일린 주지사, 동성 커플의 권리를 전국적으로 확대하시겠습니까?

주자사 세라 페일린
있죠, 저는 그게 어디까지 갈지 두렵네요. 결혼은 두 청소년이 억지로 하는 신성한 제도라고 생각합니다.

"결혼은 신성한 제도"라는 농담이 우리가 한 가장 거친 농담이었다. 스케치 코미디에서 '거칠다'는 말은 가혹하거나 어둡다는 의미다. 모두 기억하겠지만 페일린 주지사의 딸 브리스톨은 당시 임신을 했었고 고등학생 남자 친구인 리바이 존스턴Levi Johnston과 약혼을 했다. 이 농담은 페일린 가족에 대해 너무 직접적인 언급을 한 것으로 여겨질 수도 있었다. 하지만 나는 브리스톨의 임신과 임신 직후 하게 된 약혼이 많은 사람에게 '프로라이프 운동'의 빛나는 상징으로 받아들여졌기 때문에 공식적으로 캠페인의 일부라고 생각했다. 그리고 그 농담은 그렇게까지 거칠지 않았다. 정말로 거친 농담은 이거다.

소아성애자가 아이와 숲을 걸어갔다. 아이가 말했다. "이 숲 무서워요." 소아성애자가 말했다. "그러게 말이야. 난 여기 혼자 지나가야 한다고."

이게 거친 농담이다.
혹은

세라 페일린: 2년 전만 해도 저는 작은 도시의 시장이었습니다. 알래

스카의 마약굴이었죠. 이제 저는 미합중국의 대통령까지 이상한 점 하나만 남겨 두고 있습니다.

존 맥케인 피부암 농담? 지나치게 거칠었다. 저 농담은 세라-힐러리 스케치의 드레스 리허설 때 한 농담이었다. 암을 극복한 내 친구 젠 로저스Jen Rogers는 웃기다고 생각했다. 스튜디오 관객들은 그렇게 여기지 않았다.

나는 라티파가 "라이브 프롬 뉴욕"을 외치고 난 후 무대를 내려오던 순간을 또렷하게 기억한다. 이게 내 인생에서 가장 재밌고, 신나는 일이라고 생각했다. 이것은 '영구적인 승리'이며 누구도 내게서 빼앗아 갈 수 없다고 생각했다. 내가 웃겼다는 증거가 영원히 테이프에 담겨 남을 것이다.

이때가 내 6주 커리어의 중간 지점이다. 스케치는 정말로 '무언가'가 되어 가고 있었다. 인터넷을 통해 전 세계에서 시청했다. 프랑스의 한 신문은 실수로 에이미와 내가 케이티 쿡릭 스케치를 하던 모습을 실제 쿡릭과 페일린으로 착각해 싣기도 했다. 하지만 이는 '풍자의 힘'보다는 프랑스인에게 우리는 전부 구분이 안 되는 뚱뚱한 반죽덩어리라서가 아닐까 싶다.

그리고 오, 케이블 뉴스 보도! 케이블 뉴스의 멋진 점은 하루 24시간 동안 이야기할 소재가 필요하다는 거다. 그건 앤더슨 쿠퍼Anderson Cooper가 <리얼 하우스와이프 오브 애틀랜타>의 출연진과 낄낄거리는 영상일 때도 있다. 릭 산체즈Rick Sanchez가 옥수수 시럽에 대해 소리치는 영상일 때도 있다. 끝없이 시간을 때워야 하지만 전쟁 같은 일에 대한 진짜 정보를 제공하면 시청자들이 우울해한다. 그러니 '세라 페일린에 대한 언론의 묘사'와 <SNL>과 내가 몇 주간 미국 뉴스의 주 소재가 되었다. 나는 케이블 뉴스 스타였다. 상어나 실종된 백인 아이처럼!

케이블 뉴스 스타의 단점은 똑딱이 넥타이를 한 어떤 멍충이든 '전문가' 행세를 하며 출연해 나에 대해 말한다는 것이다. 하루는 우연히 톰 어쩌고 하는 놈이 MSNBC에서 내가 '처신을 잘하지' 못했다고 떠드는 모습을 봤다. 그의 견해는 페일린 주지사는 굉장히 품위 있게 처신했고 나는 처신을 잘못했다는 것이었다. (톰이 가지고 있다고 주장하는 유일한 전문성은, 사람들이 연예계 시상식에서 누가 상을 탈지 틀리게 예측하는 사이트 관리자라는 점밖에 없다고 확신한다.) 톰의 발언에는 업신여기는 태도가 깔려 있었다. 나는 그가 남자 코미디언은 그런 식으로 보지 않았을 거라고 생각한다. 크리스 락Chris Rock은 당시 투어를 하고 있었고 그는 공연에서 조지 W. 부시를 문자 그대로 '정신 지체'라고 불렀다. 톰 뭐시기는 '크리스가 조신하게 처신하지 못하고 있다'며 실망을 표하지 않았을 거다. 나는 누군가 자신을 까대는데 **반응을 할 수 없는 것**이 얼마나 믿을 수 없을 정도로 답답한지 알게 되었다.

이런 류의 분노는 페일린 주지사와 내가 공통으로 느끼는 감정이었을 것이다. 누군가 우리에 대해 나쁜 말을 하면 우리는 반응을 하고 싶다.

하지만 경험이 풍부한 동부지역 언론 엘리트의 일원인 나는 시도조차 하면 안 된다는 사실을 안다. 배우자에게는 실컷 화를 내도 되지만, 가명으로 인터넷 댓글을 남기거나 라디오 방송에 즉흥적으로 전화를 해서 자신은 '버터페이스[1]'가 아니라고 주장하거나 <워싱턴 포스트>의 리사 드 모라이스Lisa de Moraes에게 편지를 써 "좆이나 잔뜩 빨아라."라고 하는 순간, '미친 동네'로 건너가게 되고 돌아오지 못한다.

---

1 (옮긴이) 'but her face(하지만 그 여자의 얼굴은)'의 발음을 뭉갠 것으로, 여성의 얼굴을 비하하는 속어다.

이 시기에…….

이 시기에 『TV 가이드』에서 작가로 있는 내 옛 친구 데미안 홀브룩Damian Holbrook은 가을 시즌을 맞아 나를 인터뷰하기로 했다. (데미안과 나는 서머 쇼타임에 함께 다녔다.[2] <퀸카로 살아남는 법>에 나오는 캐릭터 데미안은 그의 이름을 딴 것이다.)

그는 <30 락> 세트장에서 한나절을 보낸 후 저녁을 먹기 위해 내 아파트로 왔다. 데미안은 유머 감각이 뛰어났고 우리는 많이 웃었다. 저녁 식사를 마친 후(내가 '인터뷰'가 끝난 지 한참 됐다고 생각했을 때) 데미안은 내게 맥케인-페일린이 선거에서 승리하면 어떻게 할 거냐고 물었다. <SNL> 부업을 계속할 것인가? 나는 농담조로 '여배우'스러운 목소리로 말했다. "걔들이 이기면, 지구를 뜰 거야." 당연히 그런 멍청한 소리를 하는 사람들에 대한 농담이었다. 정치관이 어떻든, 주변에 이런 떠버리가 한 명쯤은 있을 것이다. "부시가 이기면 캐나다로 이사 갈 거야.", "부시가 또 이기면, 정말 캐나다로 이사할 거야.", "오바마가 이기면 그 *#%*@를 쏴 버리겠어." 등.

하지만 데미안은 "지구를 뜰 거야."를 그의 기사에 넣었다. 활자로 보니 정말 어리석어 보였다. 그의 편집장이 잡지에 대한 관심을 형성하기 위해 그 글을 해당 호의 '미리 보기'로 공개했다. 케이블 뉴스는 미끼를 물었고 신나게 물어뜯었다. 나는 A급 멍청이로 보였다. 데미안에게 짜증이 났지만, 당황스러운 게 더 컸다. 내 집에서 한 덜 익은 농담으로 '곤란'에 처할 정도로 주시의 대상이 되는 건 결코 유쾌하지 않았다.

오빠가 진심으로 걱정을 하며 전화를 했다. "여기 미친 사람들이 많으니" 말을 조심해야 한다고 했다. 나는 전화를 끊고 <30 락> 작가

---

2 그 챕터에서 그의 이름을 뭘로 바꿨는지 맞혀 보라.

실에서 울음을 터트렸다. 불쌍한 맷 허버드는 보통 엄마가 토하는 모습을 볼 때의 걱정과 역겨움이 섞인 시선으로 내가 무너지는 모습을 지켜봤다.

4주 차: 윌 페럴과 함께한 위켄드 업데이트 프라임타임 스페셜

<SNL>은 목요일 밤 8시 30분에 30분짜리 스페셜 방송을 했다. 나도 한 번 출연했는데, '스케치 코미디 판타지 캠프 여행'이라고만 표현할 수 있다. 나는 조지 W. 부시 분장을 한 윌 페럴과 존 맥케인 분장을 한 대럴 해먼드 옆에 섰다. 이 두 사람은 달인이었다. 대럴은 제시 잭슨에서 도널드 트럼프Donald Trump에 알 고어Al Gore까지 누구든 흉내 낼 수 있는 정밀한 기술자다. 반면에 윌은 인상파다. 그의 기술은 느슨하고 닥치는 대로 하는 것처럼 느껴지지만, 한 발 물러서서 보면 조지 W. 부시를 만들어 냈다는 사실을 알 수 있다.

대럴이 다빈치라면 윌은 모네이고 나는 가발을 쓴 나다.

이 스케치는 다른 스케치와 다른 분위기였다. 이 스케치를 쓴 것은 세계 제일의 코미디 천재 아담 맥케이Adam McKay[1](<앵커맨Anchorman>, <탤러데가 나이트Talladega Nights>)였다. 조지 W. 부시가 맥케인-페일린 지지 선언을 하려 하는데 존 맥케인이 피한다는 내용의 스케치였다.

이 스케치가 공화당원인 내 부모님의 한계 지점이었다는 걸 말해야겠다. 부모님도 다른 사람들처럼 첫 몇 주간은 흥분했고 즐거워했다. 어쩌면 이 스케치의 논조가 더 공격적이어서였는지 어쩌면 끝없는 케이블 뉴스 때문에 우리가 너무 못되게 군다고 생각하게 됐는지도 모르겠다. 아무튼 결과적으로 엄마가 호통을 쳤다. "이제 너무 과해."

---

[1] (옮긴이) <SNL> 수석 작가 출신으로 영화 <빅쇼트>로 아카데미상을 탔다.

5주 차: '스니커 어퍼'

'스니커 어퍼'는 <SNL>의 베테랑 작가인 짐 다우니가 고안한 용어로, 유명인이 자신을 연기하는 배우의 뒤로 '살금살금 다가가' 화가 난 척하는 희한한 순간을 묘사하는 말이다. 나는 짐의 정의를 확장해서 쇼에서 패러디하는 인물이 자진해서 출연을 요청해 자신도 '같이 농담을 하는' 입장이라고 증명하려는 것까지 포함하겠다. 코미디 작가들은 스니커 어퍼를 싫어한다. 순수히 글을 쓰는 측면에서 보자면, 그냥 시시하다. 하지만 다른 시시한 것들(셔벗, 라인댄스, 새해 전날)처럼 사람들은 좋아한다. 내가 스니커 어퍼를 하지 않을 정도로 잘났다는 건 아니다. <SNL>에서 일하는 동안 적어도 다섯 번은 했다. 데비 마테노폴로스Debbie Matenopoulos[2]부터 모니카 르윈스키까지 다양하게 성공을 거뒀다.

스니커 어퍼가 있는 주면 동료들은 딱하다는 투로 물었다. "그건

---

2 (옮긴이) 토크쇼 <더 뷰>의 호스트다.

어떻게 되어 가?" 어찌하겠나? 어떤 주에는 알렉 볼드윈이나 줄리아 루이 드레이퍼스^Julia Louis-Dreyfus1 같은 멋진 호스트가 출연해 소중한 코미디 그 자체를 만들게 된다. 어떤 주에는 핸슨² 형제 중 가장 작은 이가 어떤 농담을 마음에 안 들어 하는지 앉아서 받아 적게 된다. 스니커 어퍼는 그저 직업 특성상 감수해야 할 위험이다. 그리고 직업 특성상 감수해야 할 위험으로 치자면 탈곡기에 팔이 잘려 나갈 위험보다는 훨씬 낫다.

이 이야기를 꺼낸 이유가 있다. 5주 차에 페일린 캠프 측에서 론에게 전화를 해, 페일린이 출연을 하고 싶어 한다고 했다. 나는 반대했다.

첫째, 전형적인 스니커 어퍼였고 그때까지 대본의 수준이 훌륭했기 때문이다.

둘째, 분위기가 험악해지고 있었다. 맥케인-페일린 지지자들은 집회에서 인종차별적 욕설을 외쳤고, 캠프 측에서는 딱히 그 행동을 저지하려 하지 않았다. 나는 카메라 앞에서 농담을 하고 페일린과 포옹을 해, 그들의 캠페인을 지지하는 것처럼 보이고 싶지 않았다.

셋째, 페일린 주지사와 그의 막내딸 파이퍼가 플라이어스 경기 때 야유를 당하는 영상을 봤다. (품위 있다, 고향이여, 정말 품위 있어.) 나는 <SNL>을 보러 오는 뉴욕의 리버럴 관객들이 페일린에게 죽어라 야유를 퍼부을 거라고 확신했다. 그런 일이 벌어지지 않았으면 했고, 그런 일이 벌어질 때 마치 우리가 덫이라도 놓은 것처럼 그 옆에 서 있는 것은 더더욱 원치 않았다. 캠페인이 나날이 추해져 가는 와중에 추한 생방송 장면에 연루되고 싶지 않았다.

1 (옮긴이) <SNL> 출신의 코미디언. 대표작에는 <사인펠드>, <Veep>이 있다.
2 (옮긴이) 핸슨 형제 세 명이 결성한 밴드. 대표곡은 <MMMBop>이다.

론은 문제가 되지 않을 거라고 생각했다. 어쨌거나 시청률은 3주째 7%를 웃돌며 고공 행진을 하고 있었고, 진짜 페일린 주지사가 나온다면 분명 종전의 시청률을 뛰어넘을 것이었다. 페일린은 황금 시청률을 보장했다. 그 황금 시청률은 시체의 치아에서 뽑아내기만 하면 되는 금덩어리 그 자체였다. (이 비유에서 시체가 의미하는 게 내 커리어인지, 맥케인 캠페인인지, 텔레비전 방송인지 모르겠다.)

나는 론에게 진짜 주지사가 나온다면 이번에는 출연하지 않겠다고 했다. 론은 그리 급하게 결정 내리지 말라고 했다. 케이블 뉴스 보도 행태가 너무도 이상해져, 만일 내가 나타나지 않으면 그것대로 가짜 뉴스거리가 된다는 사실을 우리 두 사람 다 알았다. CNN에서 이런 자막이 나왔을 것이다. "민 걸[3]: 페이는 페일린과 출연하기를 거부했다. 페일린 지지자들이 이는 '미국인답지 못한' 행동이며 '살짝 유대인스러운' 행동이라고 했다. 오늘 밤 9시 릭 산체스는 옥수수 시럽과 관련된 낭설에 대해 알린다······."

론이 페일린의 출연을 거절하지 않는 이상, 나는 옴짝달싹할 수 없는 상황에 빠지게 됐다. 그리고 론이 출연을 거절하는 일은 일어날 리 없었다. 앞을 다시 보라, 황금 시청률.

나는 론이 나를 그런 처지에 놓이게 만든 데 상처를 받았다. 동시에 애초에 TV에 출연하는 '처지'로 만들어 준 것도 론이라는 사실을 잊지 않았다. 세상 어느 누구도 하지 않았을 일이었다. 정말이다. 오디션을 보는 족족 다 떨어졌었다.

나는 론에게 전화해 출연을 하겠다고 말했다. 대신 페일린 주지사가 야유를 받지 않게 보호하는 것이 내게 굉장히 중요하다고 말했다. 나는 8H 스튜디오의 무대 뒤 복도에서 스케치를 시작하는 게 어떻겠

---

3 (옮긴이) <퀸카로 살아남는 법>의 영제 <Mean Girls>에 페이를 빗댄 것이다.

냐는 제안을 했다. 현장 관객들은 모니터를 통해서만 페일린을 보게 될 것이므로, 해당 영상이 생방송인지 녹화인지 구분할 수 없고 야유를 할 가능성도 적어진다.

나의 두 번째이자 마지막 요청은 페일린 주지사와 나란히 서서 동시에 화면에 담기는 일이 없게 해 달라는 것이었다. 페일린은 정말 나보다 키도 크고 더 잘생겼고, 문자 그대로 똑같은 의상을 입을 예정이었으니까. 나는 이미 제니퍼 애니스턴Jennifer Aniston과 셀마 헤이엑Selma Hayek의 옆에 서서 카메라에 찍힌 적이 있으므로 더는 감당할 수 없었다. 그리고 솔직히 말하자면, 그런 사진이 존재하면 내가 죽었을 때 에미 시상식에서 그 사진을 보여 줄 테니까. 나는 차라리 이 사진을 보여 줬으면 좋겠다.

론은 다음 날 전화를 걸어 자신에게 아이디어가 있으며 세스가 초고를 쓰고 있다고 했다. 우리는 내가 가짜 기자회견을 하는 장면으로 시작해, 론과 페일린 주지사가 무대 뒤에 있는 장면으로 전환했다. 론의 아이디어는 그곳에 알렉 볼드윈도 자리하는 것이었다.

사랑받는 <SNL> 호스트이자 잘 알려진 진보 인사인 알렉이 세라의 옆에 서 "모두 진정해."라는 메시지를 관객에게 보내는 것이다.

우리는 평소처럼 토요일 오후에 리허설을 했다. 평소와 다른 점은 부통령 후보를 보호하기 위한 보안 요원들이 건물에 가득했다는 점이다. 리허설을 하기 위해 스튜디오로 나왔을 때 페일린 주지사를 만났다. 그는 선거 운동 장소에서 곧장 왔기에 단장을 마친 상태였다. 나는 머리카락을 하나로 질끈 묶고, 내 트레이드마크인 피곤해 보이는 몰골로 갔다. 우리는 악수를 했고 나는 불쑥 말했다. "걱정하지 마세요. 화장할 거니까요." 우리가 리허설을 하기 위해 자리를 잡자, 내 딸이 페일린 주지사가 나오는 모니터를 활기차게 가리켰다. "따님이 헷갈려 하네요." 페일린 주지사가 웃었다.

페일린과 시간을 많이 보내지는 못했다. 하지만 아이들에 대해서 조금 대화를 나눴다. 페일린은 필요하다면 그의 딸인 브리스톨이 방송하는 동안 알리스를 돌봐 줄 수 있다고 했다. 나는 감사 인사를 하며 알리스는 너무 어려서 방송 시간에는 돌아갈 거라고 했다. 알리스는 항상 저녁 식사 시간이 끝나고 아빠와 집으로 돌아갔다. 그건 그렇고 브리스톨이 알리스를 돌보고 싶진 않았을 거다. 그날은 브리스톨의 열여덟 번째 생일이었는데 뉴욕에 있어야 했고, 전주에 내가 브리스톨에 관해 잔인한 농담을 했기 때문이다. 하지만 나는 페일린 주지사가 엄마로서 건넨 제안을 감사히 여겼다. 이렇게 말한 거나 다름없었다. "오늘 밤에 세트 해체할 거예요? 토드한테 공구 들고 오라고 할 수 있어요."

페일린 캠프의 모든 사람이 기꺼이 도움을 줬다. 페일린의 미용사는 주지사의 머리카락과 더 비슷해 보이도록 내 가발을 만져 줬다. 메이크업 아티스트는 우리가 4주간 알아내려 애썼던 입술 색을 알려 줬다. 챕스틱 아래에 립 라이너를 바른 것이었다.

그리고 11시 30분이 되었다.

세스는 감탄할 만한 스니커 어퍼를 썼다. 초반에 확실한 농담이 꽤 있었고, 알렉은 무대 뒤에서 주지사와 재밌는 장면을 만들었다. 연출된 '진땀 나는 순간'이 딱 필요한 만큼 들어갔다.

페일린 주지사와 내가 아주 잠시 서로를 스쳐 지나갔고, 페일린이 중앙 무대에 서자 관객들로부터 장시간 환영의 박수가 쏟아졌다. 무대 뒤에서 시작하자는 내 제안이 잘 통해서라고 하고 싶지만, 그보다 세라 페일린이 얼마나 엄청난 언론의 스타인지 내가 간과했다고 보는 게 맞을 거다. 가장 뉴욕적인 관객조차 그를 직접 보게 되어 신이 나 있었다.

방송이 끝나고 나는 대기실에서 페일린 주지사를 찾아 작별 인사를 해야겠다고 생각했다. "잘하셨어요. 언제 다시 와서 호스트를 하셔야겠어요." 내가 말했다. 분명 페일린은 감당할 수 있을 터였다. 그리고 덧붙였다. "이제 사람들한테 뉴욕에서 좋은 시간 보냈다고 하실 거죠? 다들 잘 대해 줬다고요?" 페일린 주지사는 웃으며 끄덕였다. "네. 아무도 무섭거나 그러지 않았어요." 나는 내 입에서 나오는, 어르는 듯한 말을 믿을 수 없었다. 나는 이 여성에게 마치 어린아이에게 "주세요."라는 말을 하라고 시키듯 말했다. 그저 그가 다음 날 어디로 캠페인을 하러 가든, 뉴욕을 '미국적인 도시[1]'에 포함시켜 주길 바랐다.

내 의견으로는, 2008년 대선 과정에서 여성에게 가장 의미 있는 순간은 페일린 주지사의 전당대회 연설도 아니고, 힐러리 클린턴이

---

[1] (옮긴이) 페일린은 미국 내 특정 지역을 "진짜 미국", "이 위대한 나라의 미국적인 지역"이라고 칭해, '가짜 미국', '반미적인 지역'이 있다는 의미로 들린 것에 대해 사과한 바 있다.

자신의 대의원 1,896명을 넘겨준 순간도 아니었다. 미국 여성에게 있어 세상이 어떻게 바뀌었는지 가장 상징적으로 보여 준 순간은 9개월 만삭의 에이미 폴러가 세라 페일린을 대신해 랩을 해 좌중을 압도한 순간이다.

에이미가 랩을 하는 모습을 보니 나는 정말 행복했다. 에이미는 스니커 어퍼에서 진정한 코미디를 할 방법을 찾아낸 것이다. 그 퍼포먼스의 기교와 흥겨움을 통해 이제 이 일을 프로들에게 돌려줄 때가 되었다는 사실을 깨달았다. 나는 『앨저넌에게 꽃을Flowers for Algernon²』의 캐릭터가 된 느낌이었다. 찰리가 아니라 대학의 여자 선생 말이다. '이 지적 장애가 있는 남자랑 부비부비 그만해야 해!'

시청률은 10.7%로 1,400만 명이 시청했다.

한 번 더 이상한 시간을 보내면 그걸로 끝?

투표가 있기 바로 전주, 존 맥케인이 출연을 원했다. 나는 맥케인 의원이 <SNL>의 호스트를 맡았던 2002년에 그를 만난 적이 있다. 우리 모두 다 그를 굉장히 좋아했다. (그는 이름을 말할 수 없는 개자식 중 하나가 아니다.) 심지어 워싱턴에서 그와 하루 동안 붙어 있었던 적도 있다. 그는 남편과 나에게 국회 구경을 시켜주었다. 그 후 『라이프Life』 잡지의 이 '투표 권장' 표지를 촬영했다. (그나저나 잡지는 이 표지 촬영 직후 폐간했다.)

---

2 (옮긴이) IQ 68에서 IQ 185의 천재가 된 빵 가게 점원 찰리의 이야기다.

대통령 후보가 투표를 고작 며칠 앞두고 자신의 러닝메이트를 패러디하는 스케치에 출연하는 건 미친 짓이 아니냐고? 물론이다. 하지만 그 당시 안 미친 게 뭐가 있었나? 무슬림 공산주의자 케냐인이 대통령이 되기 직전이었다. 세스가 스케치를 썼다. 맥케인-페일린이 유권자를 포섭하기 위한 최후의 노력으로 홈쇼핑 채널에서 방송 연설을 하는 내용이었다.

마지막으로[1], 메이크업 아티스트 제인이 내 입이 더 커 보이게 립 라인을 그렸다. 루이는 내 귀를 접착제로 붙여 내렸다. (내 귀는 뾰족하지만 세라는 그렇지 않다.) 베티는 긴 갈색 가발을 씌워 주었다. 나는 함께 큐 카드를 읽기 위해서 맥케인 의원 대기실로 갔다. 그는 나를 보자 어색하게 웃기 시작했다. "그냥 이상해서요." 그가 말했다.

그리고 그걸로 끝이었다. 우리는 <SNL> 캐릭터의 생명 주기(첫 떨림에서 스니커 어퍼 그리고 "또 이거야?"까지)를 6주 만에 전부 거쳤다.

이 경험을 통해 내 딸이 <SNL>을 방문한 어린 시절 기억을 갖게 될지도 모른다는 점이 정말 좋았다. 아이가 태어나자마자 <SNL>을 떠났으니, 내 딸이 그 장소와 사람들을 알게 되리라 생각하지 못했다. 하지만 이제 딸에게는 그 추억이 생겼고 내게 의미가 깊은 일이다. 그곳은 오랜 시간 동안 나의 집이었으니까.

이 경험을 통해 욕받이가 되는 기분이 어떤지 알게 된 것은 정말 좋지 않았다. 협박 편지를 조금 받았고, 세라 페일린에게 '내가 한 짓' 때문에 내 남은 생애 동안 나를 싫어할 사람들이 생겼다. 지적 차원에서 이 점은 전혀 신경 쓰이지 않았다. 인간적인 차원에서 나는 호감을 사는 편이 좋았다. 내가 TV에서 세라 페일린을 흉내 낸 것이 사적인 공격이었다는 억측이 있었다. 체비 체이스 Chevy Chase[2]가 연기한

---

1 알고 보니 마지막이 아니었다. 그리고 나는 파티나 기업 행사도 뛴다.
2 (옮긴이) <커뮤니티>의 출연자로 <SNL> 초기 멤버이자 첫 스타다. 제럴드 포드 대통령을 흉내 내며 항상 우당탕 넘어져, 실제로 포드가 계속해서 넘어졌다고 생각하는 사람이 많다.

제럴드 포드Gerald Ford가 항상 넘어진다고 해서 누구도 "심술 궂다."고 하지 않았다. 데이나 카비Dana Carvey, 대럴 해먼드, 댄 애크로이드가 정치인 흉내를 낼 때 누구도 "너무 지나치다."고 하지 않았다. 내가 무슨 말을 하려는지 짐작할 거다. 나는 심술 궂지 않고, 페일린 주지사는 연약하지 않다. 이를 부정하면 우리 두 사람 모두를 폄훼하는 것이다.

아이들에 대한 친근한 대화(그리고 뉴욕에 대한 내 어르고 달래기)를 나누고 몇 달이 지나, 페일린 주지사는 보수적인 영화제작자 존 지글러John Ziegler에게 케이티 쿠릭과 내가 그의 가족을 이용하고 영리를 취했다고 발언했다. 매체를 이용한 공격에 대응하지 않는 게 낫다는 걸 안다. 하지만 만약에 대응을 **한다면** 아마 이렇게 말할 것이다. "리얼리티 쇼[3] 멋지네요." 아니면 전 세계에서 인터넷을 통해 그 스케치를 5,800만 회 이상 시청했지만, 나는 한 푼도 못 벌었다는 사실을 지적할지도 모른다. 배우는 인터넷 영상 재생에 대한 돈을 받지 못하기 때문이다. (2012년에 있을 배우 파업을 기대하라.) 하지만 그냥 대응하지 않는 게 나을 거다.

어떤 사람들은 페일린 주지사와 그 가족을 이용해서, 시청률이 낮은 내 TV쇼가 관심을 받게 되지 않았냐고 한다. 자랑스럽게 말하겠다. 틀렸다. 내 TV쇼는 여전히 굉장히 낮은 시청률을 기록 중이다. 사실 난 페일린 일이 타격을 줬을지도 모른다고 생각한다. 한번 보라. 알렉 볼드윈에 나까지 합하면 인구의 절반이 우리가 빨갱이라고 생각한다.

---

3 (옮긴이) 2010년, 페일린은 자신의 가족이 나오는 리얼리티 쇼 <세라 페일린의 알래스카>를 찍었다.

우리 집의 술 취한 난쟁이

아, 아기들! 그들은 그저 방귀 뀐 책임을 돌릴 수 있는 작고 귀여운 생명체가 아니다. 아기 한 명을 가진 사람의 대부분이 그렇듯, 나 역시 모든 부문에 있어서 전문가이니 묻지도 않은 아이 기르는 법에 대해서 말해 주겠다!

수유 vs 분유

분유는 1800년대 중반, 고아와 저체중 유아에게 먹일 최후의 수단으로 발명되었다. 이후 분유는 산모들에게 완전하고 믿을 수 있는 스트레스와 수치의 근원이 되었다. 출산 준비 책을 읽어 본 사람은 누구라도 안다. 모유에는 영양이 가득하고, 모유는 면역력을 올려 주며, 산모는 수유를 통해 아기와 값을 헤아릴 수 없을 정도의 유대감을 형성하게 된다. 가슴이 최고다. 정신과 약을 다시 먹어야 하는 경우가 아니라면 말이다. 그 경우에는 아기에게 파우더 음료를 타 줘라. 혹은 뭐든 당신을 미치게 하지 않는 걸 해라.

하지만 산모가 건강하다면 반드시 수유를 해야 한다. 아기에게 모유 수유를 해야 할 의무가 있다.

나는 임신을 했을 때 (기억해 둘 것, 나는 한 번 임신했었다. 게다가 TV 출연 중이었다. 그 두 가지를 합치면 나는 전문가가 된다.) 왜 모유 수유에 대해 읽는 인쇄물마다 전부 분유 광고로 뒤덮여 있는지 혼란스러웠다.

병원에 있는 공짜 잡지에 실린 기사 내용은 하나같았다. "모유 수유는 아기를 위한 최선의 선택." 하지만 여러 장의 가슴을 따뜻하게 하는 풀컬러 광고가 그 기사들을 압도했다.

"당신의 아기는 최고만을 먹어야 합니다. '인파밀크', 크립테코디늄 함량이 더 늘었습니다!"

"의사들은 말합니다. 수유를 하거나 당신이 입양모라면 '시미밀'을 먹여 보라고요."

"10만 명의 의사 중 10명은, '엔판테'는 아마 실명을 일으키지 않을 거라고 했습니다."

"아기의 삶을 시작할 때 이보다 좋은 분유는 없습니다. 당신 몸에서 공짜로 나오는 그거 빼고."

모유 수유를 해야 하나, 말아야 하나? 나는 엄마에게 조언을 구했다. "시작도 하지 마." 엄마가 말했다. 이건 세대 차이다. 이분은 내가 분만할 때 '트와일라이트 슬립'을 달라고 하라고 말한 분이다. ('트와일라이트 슬립'은 기억을 지우는 진통제로, 1950년대에 의사들이 아기를 꺼내거나 외계인을 넣을 때 여성에게 쓴 약이다.) 나는 **결코** 트와일라이트 슬립을 택하지 않았다. 분만 과정을 기억하고 싶었고, 병원에서 더는 그 약을 쓰지 않기 때문이다. 나의 모친은 대공황 세대다. X세대의 일원으로서 나는 더 많은 정보를 알고 있고 더 많은 힘도 가지고 있다. 그리고 나는 모유 수유를 시도한 척할 의무가 있다는 걸 알았다.

나는 모유 수유를 하기로 했다. 나는 근사한 시간을 보냈다. 수유는 여성으로서 나를 변하게 했고, 내 인생에서 가장 만족스러운 경험

이었다.[1]

모유 수유를 얼마나 오래 해야 하는지에 대해서도 이견이 많다. 세계보건기구에서는 6개월이라 한다. 미국소아과협회에서는 1년이 이상적이라고 한다. 『마더링Mothering』 잡지에서는 자식의 결혼식 전날 저녁 식사 전까지 수유를 하라고 권한다. 나는 당사자에게 맞는 시기를 찾아야 한다고 하겠다. 내 작은 천사와 나의 마법 같은 시간은 약 72시간이었다.

우리는 병원에서 모유 수유를 시작했다. 격려를 아끼지 않는 아일랜드계 간호사 매리의 지도 아래였다. 여러 자세를 시도했다. 럭비공 자세, 교차 요람 자세, 그리고 하나는 내가 '브렛 마이클스Bret Michaels[2]'라고 불렀는데, 아이 위로 엎드려 아이가 깨도록 가슴을 입에 집어넣는 것이다. 우리는 성공하지 못했다. 그래서 첫날 밤은 다른 간호사가 우리에게 묻지도 않고 아기에게 분유를 줬다. 나는 불쾌함을 표시하려 했지만 너무 피곤했다. 집으로 돌아와서 우리는 다시 시도했다. 나는 마땅히 그래야 하듯 모든 허영을 버리고 윗옷을 벗고 소파에 자리를 잡았다. 여기서 또 다른 세대 차이를 경험한다. X세대는 다른 사람에게 자기가 해냈다고 말하기 위해 성공하고 싶어 한다. 그리고 작은 Z세대는 내가 망할 분유를 내어놓길 원했다. 그리고 받아 내기 전까지 소리를 지를 요량이었다.

내가 딸에게 붙인 500개가 넘는 별명 중 하나는 미지Midge다. 난쟁이Midget를 줄인 것인데, 아주 작은 아기였기 때문이다. 아기는 예정일보다 일주일 빨리 태어났고 2.5kg으로 약간 저체중이었다. 담당의는 다음 날 회진 때 어쩌면 내가 임신 중에 푹 쉬지 않아서 아이가 작

---

1 일과 관련된 매우 만족스러운 경험을 제외하고.
2 (옮긴이) 미국의 밴드 '포이즌'의 멤버다.

을 수 있다고 말했다. '쌍년 같으니라고.' 나는 혼자 생각했다. 산후 호르몬 때문에 언뜻 든 생각이거나 의사의 성격을 정확히 평가한 것이다.³

우리는 미지에게 보충용으로 분유를 주기적으로 줬다. 아기는 이미 작았고 내가 얼마나 놀랍고 멋진지 증명하기 위해, 모유 수유라는 고대 기술에 통달할 때까지 더 작아지게 두기 싫었다. 물론 모유는 줬다. 반드시, 반드시, 반드시 아기에게 모유를 줘야 한다. **아기에게 모유를 줄 의무가 있다.** 이렇게 하면 된다.

직접 모유 수유를 할 정도까지 아이를 사랑하지는 않기로 결정했다면, 유축기를 사용해 모유를 짤 수 있다. (현대의 엄마에게는 수유보다 더 쉬울 수 있다. 비싼 기기고 우리는 아기보다 이런 기기가 더 익숙하니까.) 편하면서 지속적으로 지킬 수 있는 유축 시간을 정한다. 나는 HBO 시리즈 <앙투라지Entourage⁴>를 보며 2시간마다 한 번씩 유축을 하기로 했다. 유축기의 모터 소리 너머로, 다른 방에서 애정을 담아 내 아기를 돌보는 소리가 들리는 듯했다. 터틀이 SUV 건너편으로 이렇게 소리치는 와중이었다. "이봐, E. 여자가 생리할 때 섹스한 적 있어?" 나는 <앙투라지> 방영분이 모두 떨어질 때까지 거의 7주간 이 일을 계속했다. 그 후, 깊은 우울에 빠졌다.

그리고 머지않아 우리는 분유로 완전히 바꿨다. 분유통을 열어본 적이 있다면 그 냄새를 알 것이다. 젖은 낙엽이 든 바구니에 오래된 비타민을 적신 뒤 열기가 오른 차에서 말린 냄새다. 그리고 분유는 한 캔에 40달러다. 마트에서는 카운터 뒤, 자물쇠가 달린 보관함

---

3 과민반응처럼 보일까 덧붙이자면, 의사는 이 말도 했다. "이렇게 작은 아기를 낳으면서 너무 오래 걸려서 간호사랑 나랑 웃었어요."
4 (옮긴이) 연예인과 그 연예인을 둘러싼 주변인을 다룬 드라마로 남자판 <섹스 앤 더 시티>라고 불리기도 했다.

에 분유, 배터리, 마약 제조 성분을 함께 보관한다. 그 정도로 사람들이 분유를 원하는 거다!

하지만 아기는 잘 자랐다. 나는 더 이상 덫에 걸린 기분이 들지 않았다. 90분마다 한 번씩 30분 동안 윌리엄스-소노마의 젖 주스 제조기를 붙이지 않아도 됐다. 하지만 여전히 실망으로 가득했다. 나는 자연스러워야 하는 일에 실패했다.

나는 이 주제가 나오면 방어적이고 부루퉁했다. 한번은 파티에서 성공적으로 수유에 성공한 친구를 만났다. 나는 그의 남편이 대용량 음료 컵인 '빅 걸프'만 한 병에 담긴 모유를 꺼내는 모습을 봤다. 내가 7주 내내 짜낸 모유의 양보다 많았다. <앙투라지> 탓이다. 내 친구의 남편이 아기에게 모유를 먹이며 무심코 말했다. "이건 정말 금이나 다름없어요. 모유를 먹으면 똑똑해진다는 거 알아요?", "날짜를 정해요!" 나는 소리 질렀다. "5년 후 오늘 날짜에 IQ 테스트를 해요. 내 분유 아기가 너네 아기를 납작하게 만들어 줄 거야!" 다행히도 내 입은 케이크로 가득 차 있어서 누구도 내 말을 알아듣지 못했다.

죄책감을 느끼지 않기까지 시간이 조금 걸렸다. 하지만 그렇게 되자 유일하게 남은 장애물은 젖꼭지 나치뿐이었다. 이들은 자신의 다섯 살짜리 아이가 아직도 얼마나 모유를 좋아하는지 끝없이 자랑할 뿐 아니라 타인의 선택에 대해서도 굵는 여자들이다. 젖꼭지 나치들은 그들이 지니고 다니는 손으로 깎은 단검으로 알아볼 수 있다.

"모유 수유해? 근사하지 않니? 난 정말 모유 수유로 금방 쉽게 살을 뺀 것 같아. 자연 분만 했니? 난 자연 분만 했는데 찢어지지도 않았어. 벌써 직장에 복귀했어? 직장에 돌아가니까 기분 이상하지 않아? 나는 내 아기를 너무 사랑해서 벌써 복귀하는 건 상상을 못 하겠어. 수유 안 해? 15개월밖에 안 됐잖아. 다시 시도해 봐!"

분명히 해 둘 게 있다. 전 세계의 수많은 여성들이 다른 사람을 힘들게 하지 않고 수년간 아름답게 수유를 한다. 젖꼭지 나치는 오로지 서양 중산층에서 나타나는 현상으로, 야심이 가득한 여성들이 사회 활동의 성과에 박탈감을 느낄 때 일어난다. 이 현상이 가장 만연한 곳은 브루클린과 할리우드다.

만일 젖꼭지 나치와 맞닥뜨린다면 선택지는 두 개다. 하나는 그들이 모유 수유를 하고 있냐고 물으면 웃으며 말하는 거다. "네, 하고 있어요. 정말 근사해요." (아기를 위해 거짓말을 할 의무가 있다.) 아니면 끝장을 볼 수도 있다. 젖꼭지 나치를 부끄럽게 할 수 있는 유일한 사람은 입양모다. 아이를 입양한 친구가 있다면, 특히 다른 나라에서 아이를 입양했다면 그 친구를 곁으로 데려와라. 그들은 젖꼭지 나치의 뇌에 합선을 일으킨다. "어떻게 해야… 너보다… 우월감을 느끼지… 더 큰… 희생… 까질 못하겠……." 거대한 접시만 한 젖꼭지는 날아가고 그들은 바닥으로 부스러져 사라질 것이다.

배운 게 있다면? 사람들이 "정말, 정말 **반드시**" 무언가를 해야 한다고 말하면, 정말로 그래야 할 필요는 없다는 뜻이다. 누구도 이렇게 말하지 않는다. "정말, 정말 **반드시** 분만 중에 아기를 낳아야 해." 사실이라면 말이 필요하지 않다.

'내 시간'

전문가들은 입을 모아 더 좋은 엄마가 되기 위해서는 자신을 위한 시간을 조금이라도 만들어야 한다고 말한다. 그래서 여기에 '내 시간'에 할 수 있는 좋은 활동들을 모아 봤다.

- 화장실에 많이 가기.

- 식기 세척기 비워 줄지 묻기.

- 90분간 샤워하기. (만약 3, 4일마다 한 번씩 샤워를 한다면 90분을 해도 뭐라고 못 한다.)

- 기저귀 크림을 찾으러 간다고 말하고 아이 방에 들어간 뒤 그냥 서 있어라. 배우자가 들어와서 딱딱하게 "뭐 하고 있어?"라고 말할 때까지.

- 아이가 남긴 저녁을 싱크대에 앞에 서서 먹어라. 아이가 바지 자락을 잡아당기며 돌려 달라고 하는 동안.

- 가족 중 우체국에 가도 되는 건 자신뿐이라고 각인시켜라.

- "아기가 잘 때 엄마도 자라." 모두가 이 고전적인 비법을 안다. 하지만 왜 거기서 멈추나? 아기가 소리 지를 때 엄마도 소리 질러라. 아이가 알레르기 약을 먹을 때 엄마도 알레르기 약을 먹어라. 아이가 바지를 입지 않고 걸어 다닐 때 엄마도 바지를 입지 않고 걸어 다녀라.

- 책을 읽어라! 밤에 아기가 마침내 잠들면 『먹고 기도하고 사랑하라』나 『오만과 편견』 같이 군침이 도는 책을 들어라. 혹은 내가 개인적으로 제일 좋아하는 『수면 장애의 이해: 기면과 무호흡; 임상 연구』를 보라. 매일 밤 조금씩 시간을 내 독서를 해서 배운 게 있다. 남편이 크리스마스트리 정리를 어떻게 할 거냐고 물을 때 기면증인

척하는 법이다.

이 사소한 기술을 네다섯 개 시행하면 원기가 회복되고, 밤이 될 때까지 술을 마시지 않아도 버틸 수 있는 에너지가 생길 것이다.

유명인이 소개하는
예수의 탄생을 축하하는 법

골디와 커트[1]는 세인트 바츠섬의 수정 같은 푸른 바다에 몸을 담갔고, 멜라니와 안토니오[2]는 아스펜의 축제 분위기를 즐겼다. 티나와 제프는 필라델피아와 영스타운 사이를 잇는 80W 고속도로에 푹 빠졌다! 우리는 반드시 이 도로를 이용한다.

해변에 누워 크리스마스를 보내는 것은 너무 싱겁다. 나는 복고풍으로 크리스마스를 보내는 편을 선호한다. 요셉과 마리아가 한 것처럼 말이다. 도착하면 잠을 청할 곳이 있는지 확실하지도 않은데, 호구조사를 받기 위해 힘들게 여행을 했다. 복근 운동 기구의 해설식 광고가 틀어져 있고 개가 얼굴을 핥는 곳에서, 오래된 고리버들 소파를 침대 삼아 자게 될지도 몰랐다. 현대의 구유다.

우리는 항상 12월 26일에 한 가족에서 다른 가족으로 가는 연례 순례를 했다. 캐나다에서는 26일을 '지루한 날'이라고 부른다.

우리는 항상 아침 7시에 떠날 계획을 세우지만 언제나 10시에 문을 나선다. 기름을 채우고 제빙을 하고 예기치 못한 대장 운동에 차를 돌리다 보면, 10시 반에 장엄한 80W 도로로 진입하게 된다. 물론 76번이나 70번 도로를 선호하는 유행에 민감한 사람도 있다. '더 경치가 좋'고 '맥도날드가 있다'나. 하지만 내 생각에 80W에는 그만의

---

1 (옮긴이) 골디 혼과 커트 러셀을 말한다.
2 (옮긴이) 멜라니 그리피스와 안토니오 반데라스를 말한다.

ceci me déprime³가 있다고 생각한다.

나는 면허증이 없기 때문에 남편이 7시간 내내 운전을 한다. 내가 성숙하지 못한 인간이라는 사실을 보여 주는 많은 증거 중 하나다. 나는 운전을 하지 않는다. 고기를 제대로 요리하지 못한다. 그리고 나는 동물에 대한 호감이 없다. 동물을 싫어하지 않고 절대로 동물을 해치진 않는다. 그냥 적극적으로 동물을 아끼지 않을 뿐이다. 동료가 자기 개의 귀여운 사진을 보여 주면 나는 적절하게 반응하기 위해 애쓴다. 플래시 카드를 통해서 사람의 감정을 알아보는 교육을 받은 자폐인처럼 말이다. 요약하자면 나는 최악이다.

나와 결혼해서 좋은 점도 분명 많이 있을 것이다. 그저 당장 내 머리에 떠오르지 않을 뿐이다. 그리고 내 남편도 펜실베이니아를 가로질러 운전하는 동안은 생각이 나지 않을 게 분명하다.

그래도 정신없이 라디오 신호를 찾으며 앨러게니강을 통과하면 홀린 듯 편안한 기분이 든다. 차가 막히지 않으면 노래 한 곡을 다 듣기도 전에 신호가 바뀐다. 그래서 펄펄 끓는 대시보드와 엄청나게 차가운 문 사이에 자리를 잡고, 라디오의 잡음과 가끔 부분적으로 들려오는 종교 방송의 고함을 즐기게 된다.

취이이이이이이이이이이이이이익- 여러분, 천국에서 왕관이 기다리고 있는 삶을 살고 계십니까?- 취이이이이이이이이이이이이이이이이이익-남자는 죽음을 맞이- 취이이이이이이이이이이이이이이이이이이이이이이이이익

"죽음을 맞이"할 것 같은 기분이 들면 차를 세우고 현지 식당에

---

3 (옮긴이) '이게 나를 우울하게 한다'라는 뜻의 프랑스어다.

들러라.

4B 출구에 있는 로이 로저스나 78번 출구에 있는 로이 로저스를 추천한다. '미식가'라면 두보이스로 빠져 서브웨이 샌드위치를 먹어라. 가게의 80퍼센트는 주유소다.

"영스타운!" 남편은 우리가 그 표지판을 지날 때 항상 소리친다. 그는 마치 옛날 엽서처럼 글자가 끝으로 갈수록 커지는 느낌으로 소리친다. 그때마다 나는 놀라서 웃음을 터트린다. 그 때문에 깨는 경우도 절반쯤 된다. 맞다. 그가 운전하는 동안 나는 잠에 든다. 내가 최악이라고 말했던가?

마지막 한 시간 동안에는 고속도로에서 눈 쌓인 시골 도로로 접어들고 내비게이션은 먹통이 된다. 도요타가 알아보지 못하는 세상에 들어섰기 때문이다. (이 세상도 도요타를 알아보지 못한다.)

우리는 밖에서 기르는 고양이를 치지 않도록 조심하며 차를 세운다. ('전원생활'의 비밀 중 하나는 사람들이 사고로 자신의 애완동물을 치는 경우가 많다는 점이다.)

집은 난로를 피워 포근하고 따뜻하다. 포옹과 뽀뽀와 파이와 수프와 햄과 비스킷과 끝없이 제공되는 비유제품 크림이 들어간 맥스웰 하우스 커피까지. 우리 '도시 사람'들은 '스타코프'에서 파는 탈지유에 스플렌다를 넣은 저질 술을 좋아하는 척하지만 누굴 속이겠나? 맥스웰 하우스에 프렌치 바닐라 콘 시럽을 넣으면 무적이다.

세인트 바츠에는 없지만 남편의 고향에 있는 것을 고르라면 물이다. '법적으로 음용 가능하다.'는 말로는 부족하다. 수도꼭지에서 나오자마자 나는 냄새는… 어떻게 설명해야 할까? 매춘부의 목욕물에 달걀을 1만 개 끓인 것 같다. 보석을 녹색으로 만들지만 머리카락은 부드럽고 관리하기 좋게 만든다. 세인트 바츠에서 **찾을 수는 없지만**

아마 팔 수는 있을 것이다.

시댁에서는 항상 큰 개를 기른다. 정말 커서 나조차 볼 수 있는 크기다. 수년간 로비를 길렀다. 로비가 놀랍게도 자동차와 연관없는 사유로 죽고 난 뒤 베어를 기르기 시작했다. 내 몸이 개 사랑을 거부하는 방법이 또 있다. 나는 개 알레르기가 있다. 초기에는 그곳을 방문할 때마다 살기 위해서 알레르기 약인 베나드릴을 먹었다. 결국 반나절 이상 잠을 잤고 크리스마스 스페셜 방송에 출연한 노년의 주디 갈랜드처럼 목적 없이 집 안을 어슬렁거리며 돌아다녔다. 클라리틴이 나오기 전까지 시댁 식구들은 내 진짜 성격을 경험한 적이 없다. 클라리틴이 나왔을 때는 너무 늦어 나를 떼어 낼 수 없었다.

세 명의 시누이는 항상 나를 환영해 줬고 애정으로 대해 줬다. 그리고 주방 정리를 어찌나 잘하는지. 대가족이 식사를 마치고 나면 그들은 굉장히 능숙하게 씻고 긁고 말리고 랩으로 싸서 보관한다. 나는 응석받이 교외 출신 막내처럼 어설프게 도우려고 한다. "이거… 어디에… 이… 닭 뼈…? 버려요, 아니면…?" 앞서 언급했듯 "최악이다."

80번 도로에서 크리스마스를 보낼 때 내 시댁보다 더 사랑스러운 가족을 찾지는 못할 거라고 생각한다. 솔직히 말하자면 찾지 못할 거라는 걸 안다. 우리에게는 펄린 할머니가 있었으니까. 처음 만났을 때 펄린은 87세였다. 그리고 96세까지 사셨다. 그는 거의 대부분의 시간을 위층에 있는 방에서 TV를 보고 줄담배를 피우면서 지냈다. 펄린은 아이들을 키우고 청소를 하고 웨스트 버지니아의 탄광촌에서 요리를 했다. 펄린은 평생 열심히 일했고 서서히 은퇴했다. 『내셔널 인콰이어러National Enquirer[1]』를 '신문'이라고 부를 자격을 얻은 분이다.

내 딸이 태어났을 때 펄린의 단기 기억은 날아가 버렸다. 펄린은

---

1 (옮긴이) 미국의 타블로이드 잡지다.

아래층에 내려와 아기를 보며 웃었다. "누구네 아기니?", "제프 애예요!" 우리는 소리쳤다. "요 까만 눈썹 좀 보게." 펄린은 웃으며 아기의 머리를 쓰다듬었다. "이렇게 눈썹이 까만 아기는 처음 보네!" 그리고 두 시간이 지나 커피를 마시러 내려온 펄린이 말했다. "누구네 아기야? 저 까만 눈썹 좀 봐!" 이 일은 3일간 계속됐다.

참고로 이쪽이 그 까만 눈썹을 한 작은 아기다.

우리는 80W에서 일고여덟 번의 크리스마스를 연달아 보냈다. 내가 바보같이 망치기 전까지 말이다. 나는 왜 골디와 커트처럼 완벽하게 잘 풀리는 일정을 계속 반복하지 않았을까? 이유가 있다. 드라이브는 항상 멋졌지만 아기가 유아가 되자 더욱 마법 같고 멋지게 변했기 때문이다. 아이가 헤이즐턴에서 모섀넌 국유림까지[1] 소리를 지른 해도 있었다. 아이 탓을 할 수 있나? 아이는 어째서 우리가 자신을 차가운 기계에 묶어 놓고, 로이 로저스의 차가운 감자 튀김을 자기 입

---

1 (옮긴이) 차로 이동하면 약 2시간 반이 걸린다.

에 집어넣는지 이해하지 못했다.

역사상 최악의 결정들('조지 W. 부시의 상속세 폐지', '스콧 피터슨$^{Scott Peterson2}$의 계획', 그리고 '드레드 스콧 대 샌드포드 판결³')은 자신을 편하게 하기 위해 내려졌다. 나 역시 나 자신이 편해지자고 크리스마스에 가족 모두를 뉴욕으로 초대했다. 시골 사람들에게 대도시를 좋아하라고 강요하는 일은, 게이 사촌에게 "네가 아직 좋은 여자를 못 만나서 그래."라고 말하는 일과 같다는 사실을 즉시 알게 됐다. 그들은 대도시를 좋아하지 않는다. 괜찮다. 자연스러운 일이다. 그들은 그렇게 태어난 것이다.

뉴욕을 동경하지 않는 사람의 시선으로 이 도시를 보면 평소에는 눈치채지 못하던 것을 보게 된다.

"흠. 83번가에 개똥이 정말 많긴 하네요."

"아니, 좋아요. 그냥 뒷문에 쓰레기를 내어놓으면 되고, 넘칠 때 관리인이 가져가요."

"누구, 저 남자요? 네… 자위하고 있네요. 좋아요, 놀이터는 다른 길로 가요."

뉴욕에서 보내는 크리스마스는 잘 풀리지 않았다. 시아버지는 인도의 틈에 걸려 넘어졌고 점잖게 어깨가 탈구되지 않은 척하며 남은 기간을 보냈다. 나는 아이들을 데리고 지하철을 타고 인파를 뚫고 록펠러 센터의 크리스마스트리를 보러 갔다. 세상 여느 나무와는 달랐

---

2 (옮긴이) 2002년 임신한 아내를 살해해 사형 선고를 받은 사람이다.
3 (옮긴이) 노예였던 드레드 스콧이 자유를 얻기 위해 제기한 소송에서 연방 대법원은 흑인은 미국의 시민이 아니므로 소송을 제기할 자격이 없다며 패소 판결을 내렸다. 대중의 분노를 일으킨 판결이다.

유명인이 소개하는 예수의 탄생을 축하하는 법

기 때문이다. 그들의 집, 오하이오에 널린 나무를 제외하면 말이다.

시골 사람들은 새로운 음식을 먹는 걸 좋아하지 않는다. 이탈리안 푸드를 먹고는 소화제를 먹으러 달려갔고, 그릭 요거트를 먹은 시누이는 내가 공업용 풀이라도 먹인 것처럼 좌절했다. 하지만 내가 그들을 재단할 처지인가? 나는 햄 샐러드와 달걀 피클을 이해할 수 없었다. 그리고 애플 버터의 무엇이 그리 대단하다는 건지 글로 설명해 줬으면 한다.

나흘이 지나자 그들이 도시에 지친 게 보였다. 희한하게도 너무 많이 걷는 점이 컸다. 도시 사람이 시골 사람보다 훨씬 많이 걸었다.

어린 조카와 식료품점에 갔다. "여긴 외국인이 참 많네요." 아니야. 여기 사는 사람들이야. 나는 설명했다. '미국의 거대한 용광로' 속에서 오하이오의 시골은 제대로 저어지지 않은 하얀 밀가루 덩어리인 모양이었다. 뉴욕이라고 더 낫지 않다. 뉴욕으로 말하자면, 감자라고 생각하고 물었는데 마늘이었고 그 맛이 온종일 사라지지 않는 것과 같다. 섞고 나면 잘 어우러지지만 가끔은 옆면으로 제대로 찧어야 한다.

그해의 기억은 떨쳐 버리고 새로운 시도를 했다. 우리는 딸이 80W 드라이브를 처음부터 끝까지 즐길 수 있을 20년 후까지 80W 도로를 '아껴 두기'로 했다. 그래서 나는 새로운 제안을 했다. 중간에서 만납시다. 우리는 펜실베이니아 '윌리엄스포트'를 선택했다. 리틀 리그 월드 시리즈가 열리는 곳이자 가족 사이의 거리가 지도상 딱 절반쯤 되는 곳이었다.

우리는 홀리데이 인에서 2박 3일을 묵고 각자 갈 길을 가기로 했다. 이게 얼마나 잘 풀렸는지 더 강조할 수가 없다……. 컴퓨터로 밑

줄을 두 개 긋는 방법을 모르기 때문이다.

아이들은 호텔 수영장에서 수영을 했다. 우리는 '레드 랍스터'에서 식사를 했다. 여자 몸에서 태어나 레드 랍스터의 체다 비스킷을 좋아하지 않는 이는 없으리라. 다른 소리를 하는 자는 거짓말쟁이에다 사회주의자다. 우리는 200달러로 열다섯 명을 먹였다. 성공이었다!

다음 날, 비욘세와 제이지Jay-Z가 자신들의 요트에서 뚫어뻥을 프랑스어로 뭐라고 하는지 알아내려 인고의 시간을 보냈을 무렵, 우리는 '라이커밍 몰'을 걸어 다녔다. 쇼핑몰 안에는 아이들이 탈 수 있는 회전목마가 있었다. 우리는 로비에서 선물 교환을 했다. 누구도 꾸미거나 치울 필요가 없는 3m의 크리스마스트리 옆에서 말이다. 승리다!

그날 밤, 머라이어와 닉[1]이 아스펜에서 개에게 줄 보석을 살 동안, 우리는 '허딕 하우스'라는 지역 호텔에서 근사한 식사를 하기 위해 모였다. 이 우아한 빅토리아 시대풍 호텔에서는 도시 놈과 육식성 시골 사람 모두 식사를 즐길 수 있다. 폭 찹, 오리, 페어 크리스프까지. 식사 세팅은 편안하고 반짝이고 크리스마스풍이어서 모두가 흡족해했다.

물론 완벽한 크리스마스 연휴를 완성시키는 최종 요소는 좋은 '완충 장치'다. 완충 장치는 대화가 심각해지지 않게 해주는 제3자다. 마리아와 요셉이 북 치는 소년을 보았을 때 기쁘지 않았을 것 같나?

그날 밤 허딕 하우스에는 내 고등학교 시절 제일 친한 친구였던 말린이 남편과 함께 합류했다. 말린도 윌리엄스포트에 가족을 만나러 왔고, 그는 완벽한 '완충 장치'였다. 나의 말린은 **누구와도 얘기할**

---

[1] (옮긴이) 머라이어 캐리와 닉 캐논을 말한다.

수 있다. 프랑켄슈타인과 목에 박힌 나사에 관해 얘기할 수 있고, 조이스 대고모와 만난 적도 없는 사람의 종양에 관해 얘기할 수 있다. 화환과도 이메일 주소 교환을 할 수 있는 사람이다. 닉과 머라이어는 자신들도 이 정도로 좋은 완충 장치가 있길 **바랄** 것이다. 커플 스키복을 입고 스키를 하지 않은 채 3일간 지내느라 서로 죽이고 싶을 터였다. 윌리엄스포트의 우승!

이번 크리스마스에는 비유의 당나귀를 타고 80W 도로를 끝까지 달릴 것이다. 하지만 새해 전날에는 뉴욕으로 돌아오자고 할 것이다. 우리가 아합과 이사벨[1] 같은 일을 하는 곳 말이다.

---

1 (옮긴이) 구약성경에 등장하는 이스라엘의 왕과 왕비로 악행을 저질렀다는 부부다.

저글링

내 딸은 최근에 유치원 도서관에서 『일하는 우리 엄마My Working Mom』라는 책을 대여했다. 표지에는 마녀 그림이 그려져 있었다. "네가 직접 고른 거야?" 나는 태연한 척을 하며 딸에게 물었다. 응. 우리는 함께 책을 읽었다. 마녀인 엄마는 굉장히 바빴다. 그리고 가끔 자신의 가마솥 주변을 어지럽힌다며 딸을 질책했다. 마녀는 회의를 하러 날아가는 일이 많았다. 마녀의 아이는 대충 이런 말을 했다. "엄마가 일을 하는 건 힘들어요. 특히 엄마가 일하는 걸 좋아할 때는요." 가슴이 따뜻해지는 결말이 기다리고 있었다. 마녀인 엄마는 아이의 학교 연극이 끝나기 직전에 참석한다. 그리고 아이는 이렇게 말한다. 엄마가 일하는 건 싫지만 일을 하지 않는 엄마는 상상할 수 없다고. 나는 마음에 들지 않았다. 이 책의 저자인 '두 남자'는 분명 좋은 의도를 가지고 쓴 것이겠지만 책을 보니 이 이야기를 하게 된다. 워킹맘이라는 주제를 다루는 것은 지뢰밭에서 탭댄스를 추는 것과 마찬가지다.

알라가 엉클 샘[2]과 프렌치 키스를 하는 만화를 그리는 것(분명하게 말해 두겠는데 나는 이런 일을 한 적이 없다)이 이 주제에 대해 솔직하게 말하는 것보다 덜 위험하다.

일단 이것부터 언급하겠다. 워킹맘 모임이나 엄마들이 보는 잡지

---

2 (옮긴이) 미국을 의인화한 캐릭터다.

에서 내게 '올해의 어머니' 상을 주겠다고 한 적이 한두 번 있다. 나는 매번 거절했다. 내가 좋은 어머니인지 그들이 어떻게 안단 말인가? 아이가 서른세 살이 되어 인격이 완전히 자리 잡을 때까지 그 누가 알 수 있단 말인가? 하지만 워킹맘들은 일해도 괜찮다는 증명을 받고 싶어 한다. 특히 바깥세상의 소식을 듣고 싶어 하는 가정주부인 엄마들에게 그 증명을 팔 수 있는 잡지사에 일한다면 더욱 그럴 것이다.

여성에게 물을 수 있는 가장 무례한 질문은 무엇일까? "몇 살이에요?", "몸무게가 얼마나 나가요?", "당신이랑 당신 쌍둥이 자매가 휴 헤프너와 셋만 남게 됐을 때 레즈비언인 척해야 하나요?" 아니다. 최악의 질문은 "어떻게 이 모든 일을 다 하세요?"다.

사람들은 내게 "어떻게 이 모든 일을 다 하세요?"라고 묻는다. 추궁하는 듯한 눈빛으로 말이다. "너 전부 망치고 있지? 안 그래?" 그들의 눈이 말한다. 내 표준 답변은 나 역시 직장에 다니는 다른 부모들과 같은 문제를 겪고 있으며, 내 꿈의 직장에서 일하는 행운이 따랐을 뿐이라는 대답이다.

길게 답을 하자면 더 복잡하다.

딸이 두 살이 되었을 때, 나는 우리 베이비시터가 딸의 손톱을 너무 짧게 자른다고 생각했다. 아이의 손끝이 가끔 빨갰다. 하얀 부분 아래로 잘랐고 내가 보기엔 영 아니었다. 당연히 베이비시터에게 그 부분을 지적하면 된다고 생각하는 거 안다. 잠깐 들어 보라.

나는 20명의 코미디 작가들에게 무엇을 하라고 지시할 수 있다. 나는 10번가와 웨스트사이드 하이웨이 중 어떤 길이 나은지 택시 운전사와 논쟁할 수 있다. 오사마 빈 라덴이나 KKK에 대한 농담을 생방송에서 기쁘게 할 수 있다. 하지만 나는 베이비시터에게 손톱에 대해서 말할 수 없었다. 마가렛 대처가 살아 있었다면 나와 같은 말을

했을 것이다.[1]

진실은 이러하다. 나는 매일 애정을 담아, 헌신적으로 내 아이를 돌보아 주는 여성에게 이 한 가지가 마음에 안 든다고 할 수 없었다. 그의 기분을 상하게 하고 싶지 않았다.

그리고 다른 층위의 진실이 있다. 중산층 가족에서 유모나 가정부 등이 없이 자란 사람으로서, 나는 어떻게 해야 할지 몰랐다. 그저 처음으로 엄마가 된 것만이 아니라, 처음으로 문화가 다른 유모와 소통을 하는 사람이었다. 나는 고장이 났다. <쇼비즈 할리우드>의 리포터가 나에게 이런 질문을 할 때 이렇게 말을 해야겠다. "이 많은 사람의 상사로 지내니 기분이 이상하지 않으세요?", "누구요? 배우랑 트럭 운전사랑 카메라 스태프요? 이 바보들은 하나도 겁나지 않아요. 이제 그쪽이 우리 집에 전화해서 베이비시터한테 저 40분 늦는다고 해 주실래요? 부탁해용?"

하지만 더 깊은 층위의 진실은 이것이다. 나는 집에서 보내는 내 소중한 시간을 베이비시터와 불편한 대화를 하는 데 쓰고 싶지 않았다. 나는 그저 내 아이와 함께 있고 싶었다. 결국 본질은 그것이었다. 가장 좋은 날은 베이비시터를 엘리베이터에서 만나 웃으며 스쳐 지나가는 날이다. 아파트에 들어섰을 때 아파트에는 자신의 가족만이 있는 날 말이다. 우리 베이비시터[2]도 동의할 거라고 생각한다. 하지만 물어보기가 무섭다.

일이 바쁜 날, 작업 도중에 미지의 조그만 손가락을 생각하곤 했

---

1 마가렛 대처는 살아 있고 곧장 그 문제에 대해 유모에게 말했을 것이라고 한다. 내가 완전 겁쟁이라고 생각한단다.
2 유모라는 단어 대신 '베이비시터'라는 말을 쓴 것이 사기라는 사실을 나도 안다. 나는 상근하는 유모를 고용했다. 마치 이웃의 십 대가 일주일에 하루씩 들리는 듯이 표현했기에 대대적으로 비난을 받아 마땅하다. 하지만 나는 '유모'라는 말을 좋아하지 않는다. 그 단어는 내게 계급적인 불안과 인종적인 불안을 안겨 준다. 그러한 사유로 이제부터 우리 유모를 유아 코디라고 부르겠다.

다. 나는 스스로에게 말했다. "내가 아이를 내내 돌볼 수 있게 되면 그때는 모든 게 더 쉬울 거야." 그리고 번뜩 깨달았다. 그런 날은 오지 않는다. 이 '일'은 사라지지 않는다. 아기와 나만 있을 수 있는 긴 시간은 근시일 내에 생길 리 없었다. 나는 내 사무실에서 10분간 울었다. 잡지에서 윗몸 일으키기를 하거나 삼두근 운동을 하는 데 쓰라고 한 그 10분이었다. 물론 나는 내 사무실에서 연 3회 폭포수처럼 눈물을 흘린다는 사실을 인정해서는 안 됐다. 페미니스트의 대의에 해가 되기 때문이다. 여성이 직장에서 진지하게 받아들여지기 더욱 어렵게 만든다. 다른 워킹맘이 자신의 선택을 정당화하기 더 힘들어진다. 하지만 아이들과 함께 지내는 가정주부인 내 친구들도 연 3회 운다고 하니 비겼다고 하자. 우리는 이와 관련해 서로 가혹하게 굴지 말아야 한다. 우리 모두 아이들을 탓해야 한다. 그리고 내가 1년에 세 번씩 우는 것이 일에 방해가 되는 정도는, 내 남자 동료들이 대학농구선수권 대회를 보는 것이나 서로를 장난감 총으로 쏘는 것보다 심하지 않다. 혹은 (일반화를 그만하자면) 동성 파트너와 이탈리아로 여행을 가기 전에 핏불을 강아지 호텔에 맡기느라 20분간 예약 전화를 하는 것보다 더 방해가 되진 않는다.

 울음을 그친 후, 나는 항상 일을 그만두는 상상을 한다. "돈이 많이 필요하지도 않잖아!" 나는 내 자신에게 말한다. "사치스럽게 살지도 않잖아. 그냥 돈이 많이 드는 도시에 사는 거지. 펜실베이니아에 있는 작은 집으로 이사를 하면 훨씬 적은 돈으로 왕처럼 살 수 있을 거야! 우리 모두 온종일 함께 있을 수 있어. 컵케이크 만들고 정원을 가꾸면서! 그리고 나는 키가 클 거야! 그래, 이유는 모르겠지만 나는 더 키가 클 거야." 필연적으로 일터의 누군가가 나를 찾으면 공상은 끝난다. 이 TV쇼에서 나와 일하는 사람은 거의 200명이다. 많은 이들이 나와 마찬가지로 자신의 아이를 온종일 그리워한다. 나와 같은 시간을 견디며 일한다. 하지만 나와는 달리, 그들은 꿈의 직장에서 일하는 게 아니다. 그들은 생계를 위해 이 일을 한다. 만일 내가 나가떨어져 그만두면 그들은 직장을 잃게 된다.

그리고 일을 하면서 대단히 만족스럽고 재밌는 경험을 굉장히 많이 한다. 전업주부를 하면 블루치즈 덩어리에 '엑스 바디스프레이'를 뿌린 것만큼 구린내 나는 경험도 그만큼 많이 하게 될 것이다.[1]

그래서 아이의 손톱을 어떻게 했겠는가? 내 아가의 손가락이 아프도록 그냥 뒀다고 생각하지 않기를 바란다.

나는 논리적인 일을 했다. 혹은 적어도 내가 스스로 만들어 놓은 호화로운 삶에서 논리적이라고 느껴지는 일을 했다. 아침에 일어나면 제일 먼저, 아이가 유아 변기에 앉아 있는 동안 아이의 손톱을 깎았다. 일을 하러 가기 전에 말이다. 처음에는 아이가 손톱을 깎고 싶어 하지 않았다. (손톱을 깎는 게 조금 아픈 일이라고 생각했기 때문이리라.) 하지만 나는 왼쪽에서 오른쪽까지 거의 다 깎은 뒤 아이가 마지막으로 손톱을 떼어 내게 하는 걸로 아이를 설득했다.[2] 이 과정은 터무니없을 정도로 느렸다. 하지만 우리는 손톱을 깎는 동안 몸을 꼭 붙이고 대화를 했다. 이런 게 엄마 노릇의 가장 이상한 점이다. 아침 6시 변기 근처에서 산테리아[3] 여사제처럼 잘라 낸 손톱을 그러쥐고 있을 때가 최고의 순간이 될 거라고는 예측할 수 없으니까.

이제 3년이 지났다. 가정 내 대화가 더 원활해졌다고 생각한다.

---

1 원피스 수영복에 싼 똥을 치우거나 <도라도라 영어나라Dora the Explorer> 신발을 신고 싶어 하지 않는 이에게 가슴을 차이는 순간이 포함된다.
2 그나저나 나도 결국 두 번에 한 번은 아이의 손톱을 너무 짧게 잘랐다. 어린이의 손톱이 너무 작아서였다. 제시에게 미안한 마음이다.
3 (옮긴이) 아프리카 기원의 쿠바 종교다.

예를 들어, 나는 이제 5살이 된 아이에게 "제시한테 네 손톱 너무 짧게 깎지 말라고 말해. 안녕!"이라고 속삭인 후 달아날 수 있다. 내 딸과 나는 이제 진짜 대화를 할 수 있다. 나는 아이에게 그 책에서 엄마가 마녀인 게 좋지 않았다고 말했다. 마음이 상했다고 말이다. 딸은 무덤덤하게 나를 보더니 말했다. "엄마, 나 글자 못 읽어. 핼러윈 책인 줄 알고 본 거야."

딸을 위한 엄마의 기도

첫째로, 주여. 문신이 없게 하소서. 진실이라는 뜻의 중국 기호나 곰돌이 푸가 FSU 로고[1]를 들고 서 있는 형상이 딸의 여린 둔부를 얼룩지게 하는 일이 없게 하소서.

아름답되 상처나지 않게 하소서. 소름끼치는 축구 코치의 눈을 끄는 것은 상처요, 아름다움이 아니오니.

혹자가 크리스탈 메스를 권했을 때,
포도알을 반으로 잘라 주는 부모가 있음을 기억하게 하소서.
맥주로 족하게 하소서.

딸을 이끌고, 보호해 주소서.
길을 건널 때, 배에 오를 때, 바다에서 수영할 때, 수영장에서 수영할 때, 수영장 근처를 걸을 때, 지하철 승강장에 서 있을 때, 86번가를 건널 때, 배에서 내릴 때, 쇼핑몰 화장실을 이용할 때, 에스컬레이터에서 오르고 내릴 때, 말다툼하며 시골길을 운전할 때, 커다란 창문에 기댈 때, 주차장을 걸을 때, 관람차를 탈 때, 롤러코스터를 탈 때, 플룸라이드를 탈 때, 혹은 '지옥의 드랍', '고문 타워', '죽음의 나선

---

1 (옮긴이) 플로리다주립대학교FSU의 로고에는 미국 원주민이 그려져 있다.

락앤무중력롤 피쳐링 에어로스미스'와 같은 이름의 기구를 탈 때, 그리고 어떤 종류의 발코니에 서 있더라도, 어디든, 몇 살이든 이끌고 보호해 주소서.

연기를 멀리하게 하시되 금융까지 이끌지는 마소서.
스스로 일정을 조절할 수 있되 지적 충만감을 느끼고 가끔 밖에 나가기도 하는 하이힐을 신을 필요가 없는 일로 이끄소서.

어떤 업이겠습니까, 주여? 건축? 산과? 골프 코스 디자인? 제가 묻는 것은 무엇인지 알았다면 제가 했을 것이기 때문입니다. 젠장.

딸이 드럼을 치게 하소서. 자신의 맹렬한 심장 박동에 맞춰, 자신의 다부진 팔에서 뿜어져 나오는 힘으로 치게 하소서. 그리하여 드러머와 눕지 않게 하소서.

열둘에서 열일곱까지 고난을 허하소서.
말을 그리게 하시고
바비 인형에 지나치게 오래 관심을 가지게 하소서,
유년 시기는 짧고(호랑이꽃은 단 하루만 자홍색으로 피고)
성인 시기는 길어
차에서 유사 성행위를 하는 것은 한참 기다려도 되나니.

오, 주여, 인터넷을 영원히 부수어 주소서,
틀린 맞춤법으로 또래 욕을 하지 않게 구해 주시고
<강간 호스텔 5: 그저 찔리고 싶어 하는 소녀들>의 온라인 광고로부

터 구해 주소서.

제게서 등을 돌리어
옷가게 앞에서 저를 쌍년이라 부르는 날이 온다면
주여, 딸을 자기 친구들 앞에서 잡아당겨
택시에 태울 힘을 저에게 주소서,
저는 그런 짓거리를 두고 보지 않을 것이오니. 어림없사오니.

언젠가 딸이 어머니가 되기를 택한다면 주여, 저의 눈이 되시어,
새벽 4시 50분에 바닥에 놓인 담요에 누워,
지치고 지루한 동시에 뒤로 똥이 삐져나오는 작은 생명체와 사랑에
빠진 딸을 보게 해 주소서.
"우리 엄마도 한때 날 위해 이렇게 했어." 아기의 목에서 배설물을
닦아 내며 깨달을지니. "우리 엄마도 날 위해 이렇게 했어." 그리고
모든 세대가 그러듯, 뒤늦은 고마움이 딸을 감싸 제게 전화를 하겠다
고 다짐할 것이나, 딸은 잊을 것이니.
하지만 저는 알 것입니다. 당신, 신의 눈을 통해 엿보았으니.

아멘.

마흔이 된다는 의미

집에 오자마자 바지를 벗어야 한다. 예전엔 그럴 필요가 없었는데, 이젠 그래야 한다.

마지막 남은 5분간 무엇을 해야 할까?

책이 거의 다 끝나 간다. 이쯤에서 여러분의 도움이 필요한 질문을 하나 하겠다. 마지막 5분 동안 나는 무엇을 해야 할까? 내 5분 남은 유명세와 5분 남은 가임기가 동시에 끝나고 있는 것 같아서 말이다.

연구에 따르면 여성은 마흔이 넘으면 생식 능력과 영화 제안이 급격히 떨어진다고 한다.

나는 사랑해 마지않는 끝내주는 아기를 하나 갖고 있다. 푹 빠져 정신을 못 차리는 '첫사랑' 정도다. 돈은 내가 다 내고 우리는 손만 잡으니까.

딸이 "여동생이 있었으면 좋겠어."라고 하면 나는 죄책감을 느끼며 당황한다. 딸이 "엄마, 나 매직샌드 사 줘."라고 하거나 "껌만 먹고 살래!"라고 하거나 "내 엉덩이 닦아!"라고 할 때는 별다른 감정의 동요를 느끼지 않는다.

맨해튼에서는 아이를 한 명만 기르는 일이 일반적이라 생각했다. 하지만 내 딸의 반에서 외동인 아이는 우리 딸뿐이다. 대부분의 아이들은 형제자매가 최소 둘은 있다. 뉴욕에서 대가족은 지위의 상징이 되었다. 왕의 이름을 딴 네 명의 아름다운 아이와 과일은 "나는 침실이 네 개 딸린 아파트에 살고 초등학교 수업료로 매년 15만 달러를 낼 수 있어. 댁의 살림살이는 어떠신가?"라고 말하는 것과 같다.

나는 그런 지위와 거리가 멀다. 나는 공립학교에 다녔다. 날 때부터 타고난 치아와 얼굴을 가지고 있다. 내가 스스로 옷을 골라 입으면 아쿠아리움을 청소하러 온 사람 같다. 하지만 아이 문제는 다른 이유로 압박감을 느낀다.

집 근처 장난감 가게를 운영하는 여자는 아이들이 (다른 장난감이 아예 없고 텔레비전을 본 적이 없는 아이라면) 좋아하는 교육용 나무 장난감을 판다. 그가 내게 물었다. "아이를 한 명 더 낳을 건가요?"

<30 락>의 단역 배우가 세트장에서 묻는다. "아이 더 가지길 원해요?", "아뇨, 아뇨." 나는 이렇게 말하고 싶다. "왜 아이를 더 가지고 싶겠어요. 오래된 데니시 빵 쟁반을 두고 당신이랑 이렇게 어색한 대화를 할 수 있는데?"

스트레스성 구내염으로 찾은 이비인후과에서 의사는 묻지도 않은 조언을 했다. "하나 더 가져요. 나도 마흔하나, 마흔둘일 때 애를 가졌어요. 괜찮아요." 스트레스성 구내염이라는 부분을 못 들은 걸까?

나의 부모님은 타인의 가족계획이 어떻게 되는지 절대 묻지 않도록 나를 길렀다. "어떤 사정인지 모르잖니." 엄마는 말하곤 했다. 나는 너무도 무례한 질문이라고 생각해, 수년간 나 자신에게조차 묻지 않았다. 서른다섯 살에서 마흔이 되는 것은 맥도날드 음식이, 음식이 아닌 차가운 물질이 되는 것보다 빨랐다.

또 다른 선택지로는 영화계가 있다. 다음 몇 년간 더 많은 영화를 찍을 기회를 놓칠 수 없지 않나? 내가 만들 수 있는 영화들을 생각해 보라!

• 매거진 레이디 : 일을 지나치게 많이 하는 여성이 사랑을 찾는 이야기…에서 그 여자의 덜 매력적인 친구…의 못된 상사를 내가 연

기한다… 베베 뉴워스[1]Bebe Neuwirth가 그 배역을 거절할 경우에.

- 웨딩 크리퍼 – 일을 지나치게 많이 하는 여성이 사랑을 찾는다. 결혼식장에 몰래 들어가서 낯선 사람들에게 결혼 축하를 하는 웨딩 비디오를 찍고 잘생긴 촬영 기사(제라드 버틀러Gerard Butler나 가죽 재킷이 걸려 있는 옷걸이)와 사랑에 빠진다. 첫 만남에서 웨딩 케이크를 넘어트려서 나이 지긋한 여성(아카데미상 수상자 제인 폰다Jane Fonda)이 랩을 하게 만들었음에도.

- 다음은 전략적으로 작은 배역을 선택한다. 드라메디[2]풍의 훌륭한 인디 영화로 <즐거움을 외면하다Disregarding Joy>라는 제목이다. 나는 파트너의 조카의 할례 도중 예기치 못하게 울음을 터트리는 레즈비언 정신상담의를 연기한다. 로저 이버트Roger Ebert[3]는 내 연기를 칭찬하며 이렇게 말한다. "수염을 기르다니 용감하다."

- 마지막으로 돈을 벌기 위해서 '목시 걸즈[4]' 실사화 영화에서 악역을 맡는다. 상대역은 지금 시점에는 아직 빌리 레이 사이러스Billy Ray Cyrus[5]의 고환 속 간질거리는 느낌일 뿐인 미래의 아역 스타가 맡는다.

어떻게 이 기회를 마다하겠나? 영화 팬들에게서 저 경험을 뺏을

---

1 (옮긴이) 시트콤 <프레이저>에서 릴리스 역을 맡은 배우다.
2 (옮긴이) 드라마와 코미디가 합쳐진 장르를 일컫는 말이다.
3 (옮긴이) 영화 저널리즘 부문에서 퓰리처 상을 받은 영화 평론가.
4 (옮긴이) 6세 이상 여아를 대상으로 하는 패션 인형이다.
5 (옮긴이) 가수이자 마일리 사이러스의 아버지. 마일리 사이러스는 아역 출신이다.

권리가 내게 있나?

이것이 밤잠을 설치게 만드는 '아기 vs 일'에 대한 질문이다. 이 아이디어도 좋다! <아기 vs 일> 열심히 일하는 아기(케이트 허드슨Kate Hudson)가 사랑을 찾아 헤매다 잘생긴 종이 더미(휴 그랜트Hugh Grant)에게 빠진다. 나는 빅토리아 시대 시인 유령으로, 시대착오적이게도 케이트에게 "해 보는 거야."라고 말한다.

나는 잠이 오지 않을 때 둘째 문제를 생각한다. '가져야 하나? 아니야. 낳고 싶어. 못 해. 해야 해. 당연히 아니지. 당장 시도해야겠어.'

나는 화장실에 가기 위해 일어나 거울 속 자신을 들여다본다. 임신을 해야 할 사람처럼 보이나? 마흔치고는 괜찮아 보이지만 늘어진 턱선과 움푹 들어간 엄마의 볼이 있다. 임신한 여자의 얼굴이 아니라. 지금이 아니면 기회는 없다. 이 결정은 미룰 수 없다.

그러고 보면 일이 뭐가 그리 대단한가? 늙었을 때 일이 방문을 하진 않는다. 일은 유방암 검진 때 차를 태워 주지도 않고 검진 후 수프를 먹으러 같이 가 주지 않는다. 한 아이가 이 모든 일을 혼자 하는 건 너무 큰 부담이다. 그리고 만일 이 아이가 내게 등을 돌리면? 나는 좋아하기 힘든 사람이다. 대비책이 필요하다.

그리고 남편과 내가 스트레스성 구내염으로 죽고 나면 내 딸의 곁에는 누가 남나? 반드시 형제자매가 있어야 한다. 할리우드는 개나 줘라. 어차피 5년 안에 고용 부적격에 '미친' 걸로 낙인찍힐 거다.

설명하겠다. 나는 코미디계에 종사하며 특정 나이가 넘은 후 '미친' 걸로 낙인찍힌 여자들을 봐 왔다.

여자 작가: ▇▇▇랑 일해 본 적 있어?

남자 에이전트: (부정적으로) 그 여자 이제 미쳤잖아.

여자 작가: 내가 자랄 때 좋아했던 사람이 누군지 알아? ▮▮▮ 맥▮▮▮. 이 역할에 그 여자는 어때?

남자 작가: 글쎄. 이제 완전 맛이 갔다고 들었는데.

여자 작가: 오늘 ▮▮▮▮한테서 전화를 받았는데.

남자 프로듀서: 으, 우리 쇼에 한 번 불렀는데. 완전 또라이에 골칫덩어리야. 미리 자기 대사를 보고 싶다고 하더라니까. 온갖 질문을 해대고.

    나는 코미디계 종사자 중 혼자서는 먹지도 씻지도 못하는 나이든 남자들을 안다. 그들은 여전히 일을 한다. 하지만 여자들은 모두 "미쳤다."

    짚이는 구석이 있다. 끝까지 들어 주길 바란다. 듣기 힘든 말일 테니. 연예계에서 '미쳤다'의 정의는 '누구도 더는 그 여자와 섹스하고 싶어 하지 않는데, 여자가 계속해서 말을 한다.'라고 생각한다.

    '미쳤다'는 딱지가 붙지 않은 인물은 베티 화이트Betty White[1]가 유일한데, 그건 물론 사람들이 베티와 여전히 섹스하고 싶어 해서다.

    어느 날 다음 사실을 깨닫게 되면 분노가 치밀어 오른다. 더 높은 자리에 오르기 위해 누군가와 자거나 심지어 시시덕거린 일조차 없어도, 이 LA 변태들에게 성적 대상화를 당하고 있다는 점이다. 방송

---

[1] (옮긴이) 시트콤 <골든걸스>, <핫인클리블랜드>에 출연한 1922년생 배우다.

국 중역은 정말로 이런 식의 말을 한다. "글쎄, 잘 모르겠어. 이 쇼에 나오는 사람 중에 박고 싶은 사람이 없어." 그들은 정말로 이런 말을 한다. 그저 수유를 멈추게 하는 <앙투라지>의 대사가 아니다. (나에 대해 저런 말을 한 중역이 있다면, 나 역시 너랑 박고 싶은 마음이 추호도 없다는 걸 알 정도의 지능을 갖췄고 주제 파악이 되는 인간이길 빈다.)

내가 보기에 이 "여자는 미쳤다" 상황을 가장 빨리 해결하는 법은, 더 많은 여성이 프로듀서가 되어 다양한 나이대의 다양한 여성을 고용하는 것이다. 그래서 나는 업계에 남아야 할 의무감을 느낀다. 그리고 다른 사람에게 기회를 줄 수 있는 자리에 오르려 열심히 노력한다. 바로 그래서 둘째를 가지기 위해 일을 멈출 수 없다. 하지만 둘째를 갖게 된다면 누구도 상관할 바 아니고 한순간도 후회하지 않을 거다. 내 삶을 망치지만 않는다면.

그리고 이제 새벽 4시다.

될 대로 되라지! 쉰이 될 때까지 기다렸다가 손가락 뭉치를 낳겠다! "메리 크리스마스. 티나, 제프, 알리스, 그리고 손가락 뭉치로부터."라고 카드에 쓸 거다. (내 에이전트에게 보내는 카드에는 "해피 홀리데이"라고 쓸 거다.)

다시 잠에 들기 위해 다른 생각을 하려 한다. 나는 엄마가 나이 마흔에 예기치 못하게 나를 가졌다는 사실에 매달렸다. 하지만 몇 년 전 내가 계산을 잘못해서 엄마는 서른아홉 살이었다는 사실을 알게 됐다. 내 불면 의견으로는 굉장히 큰 차이다.

엄마는 미국에서 수정되었지만 그리스에서 태어났다. 그리고 갓난 아기일 때 다시 미국에 왔다. 이 때문에 엄마는 배심원으로 소환되지 않는다.

엄마는 두 개의 언어를 사용하며 컸고, 내가 초등학교에 다닐 때

보조 교사로 자원봉사를 했다. 우리 동네에는 엄마의 말에 따르면 "막 배에서 내린" 그리스인이 많았고, 통역가가 필요했다. 엄마는 언어와 문화를 알았다. 가끔 교사들은 엄마에게 안 좋은 소식을 통역해 달라고 했다. "어머니에게 아들이 수업을 엄청나게 방해한다고 말해주세요." 그러면 엄마는 고개를 끄덕인 후 그리스어로 "조지는 참 사랑스러운 아이예요."라고 했다. 그 말을 통역하면 아이는 체벌을 당하고 아이 엄마는 창피함에 엄마를 영원히 미워할 것이기 때문이었다.

우리 동네의 아이 생일 파티는 단순했다. 핫도그, 하와이안 펀치, 당나귀 꼬리 달기 게임, 그 후 케이크를 먹고 약간 토를 했다. (소시지, 펀치, 그리고 빙글빙글 돌다 토하는 것은 훗날 '패리스 힐튼Paris Hilton'이라 불리게 됐다.)

나는 그리스 아이의 파티에 갔다 온 후에는 늘 엄마에게 불평했다. 이탈리안 럼 케이크를 줬기 때문이다.

얇게 썬 아몬드로 뒤덮인 술에 푹 젖은 이탈리안 럼 케이크는 아이가 싫어하는 모든 것이었다. 심지어 먹는 사람도 없었다. 그냥 버려졌다.

케이크를 내오는 시간은 원래 생일 파티에서 절정의 순간이어야 했으나 모두에게 큰 실망을 안겨 주었다. 총각 파티를 했는데 스트리퍼가 화장실에서 약물을 과다 복용했다는 사실을 알게 된 것과 비슷하리라 생각한다.

2년 후, 이 말도 안 되는 일에 대해 엄마는 설명했다. 엄마의 말에 따르면 "정말 그리스스러운 그리스인"이 이탈리안 럼 케이크를 내어놓는 이유는 베이커리에서 가장 비싸기 때문이라고 한다. 파티에 온 어른들에게 자신들이 그걸 살 형편이 된다는 사실을 과시하는 것이라고 한다. 내가 둘째를 가지겠다고 하는 것도 그런 것일까? 그저 내가 하기 가장 어려운 일이기 때문에 좇는 것이고, 내가 할 수 있다는 사실을 증명하고 싶은 걸까?

또 다른 아기를 원하나? 아니면 그저 시간을 돌려서 내 딸이 다시 아기가 되길 원하는 건가?

일부 독자들은 분명 이렇게 생각할 거다. "남편은 뭐래? 남편도 이 결정을 함께 내리는 거잖아!" 남편은 내가 고뇌를 멈추길 바란다. 하지만 우리 두 사람 다 그게 아이를 갖자는 뜻인지 그냥 넘어가자는 뜻인지 모른다.

지금까지 살아온 다른 모든 사람이 그랬듯이 둘 다 하면 안 되냐고? 첫째, 이 책을 통해 모두가 알게 됐듯, 대부분의 사람에게 자연스러운 일이 나에게는 종종 이해 불가능할 정도로 어렵다. 둘째, 계산이 맞지 않는다. 아무리 일정을 조율해도 아기를 가지게 되면 200명의 생계가 나에게 달린 TV쇼가 틀어지게 된다. 나는 그 점을 매우 중요하게 생각한다. 톰 셰일스Tom Shales[1]부터 제프 주커까지 모두가 그랬듯, 나도 지금쯤이면 <30 락>이 캔슬될 줄 알았다.

내 근사한 산부인과 의사는 직장 검사 실력만큼이나 말을 들어 주는 능력도 뛰어났다. 정기 검진을 받으러 갔을 때, 이 불안을 안고 다니는 데 지쳤던 나는 그의 인사를 듣는 즉시 눈물을 터트렸다. 나는 모든 걸 털어놓았다. 그 대화에서 내가 얻게 된 것은 제3자만이 낼 수 있는 간단한 진단이었다. "어느 쪽을 택하든 모든 건 괜찮을 거예요." 의사는 웃었다. 나는 잠시 불안과 흐려진 사고에서 벗어났다.

엄마는 부모가 결혼식 피로연에 간 동안 이탈리안 럼 케이크 아

---

1 (옮긴이) 미국의 평론가. NBC 사정이 괜찮았다면 "<30 락>은 시청률이 낮아서 캔슬됐을 것"이라는 글을 썼다. 해당 문구가 있었던 기사는 <30 락>을 칭찬하는 내용이었다.

이들을 돌봐 준 적이 있다. 이 부부는 아이들이 태어난 후 처음으로 단둘이 외출을 했다. 부부는 식이 끝난 후 아이들을 엄마에게 맡겼다. 작은 크리스토와 마리아는 잘 차려입은 상태였다. 크리스토는 조그만 검은 정장에 하얀 셔츠를 입었다. 마리아는 빨간 벨벳 드레스를 입었고, 부모가 떠난 후부터 돌아올 때까지 유아 울타리 안에서 울었다. 엄마는 모든 수단을 동원해 아이를 달래려 했다. 음식도 주고……. 그게 다였다.

두 시간이 지나자 일곱 살 크리스토는 이성을 잃었다. 크리스토는 한 번도 남의 손에 맡겨진 적이 없었다. 이 망할 짓이 언제까지 계속되는 것일까? 여동생은 몹시 흥분한 상태였다. 크리스토는 셔츠와 검은 바지만 입은 상태로 거실을 돌아다녔다. 그는 자신의 금발을 초조한 듯 쓸어 넘겼다. 마치 6인석을 차지했던 손님이 돈을 내지 않고 도망친, 작은 식당의 밤 시간대 매니저 같아 보였다. 그는 여동생에게 그리스어로 절규했다. "Γιως καταντήσαμε, βρε Μαρία" 이 말에 엄마는 부엌으로 달려가 폭소를 터트렸다. 나는 엄마를 따라갔다. 왜? 뭐라고 말한 건데? 대강 통역하자면 이랬다. "오! 나의 마리아! 우리는 어찌 될 운명인가?" 크리스토의 지나치게 극적인 이상함이 엄마에게 꽂혔다. 오줌이 찔끔 나올 정도로 심하게 웃는 모습을 아이들이 보지 못하도록, 엄마는 부엌에서 허리를 숙였다. 나는 이제 이 현상을 모든 층위에서 이해할 수 있다.

그들은 괜찮을 것이었다. 하지만 그들은 그 사실을 도저히 믿지 못했다.

내 의사 친구에게 내가 그렇게 보였으리라. 진짜 문제에 직면한 사람들(복무 중인 군인, 노숙인, 칠레 광부 등)에게 내가 그렇게 보였으리라. 걱정할 것 없는 문제로 빙글빙글 돌면서 이성을 잃은 작은 사람.

어떻게 되든 모든 건 괜찮을 것이다. 하지만 만약 이에 관해 의견이 있다면 공중화장실 문틈으로 자유롭게 의견을 말해도 좋다. 다들 그렇게 하니까.

감사의 말

다음 이들에게 감사를 전하고 싶다. 눈과 귀를 빌려준 케이 캐넌, 리처드 딘, 에릭 거리안, 존 리지, 그리고 트레이시 위그필드. 내가 이 일을 하게 만들어 준 데이브 마이너. 이 일을 하는 법을 가르쳐 준 리건 아서. 헌신적인 서비스를 제공해 주고 라트비아인스러운 태도를 보여 준 케이티 미어발디스. 엄청난 컴퓨터 스킬을 발휘한 톰 세라울로. 2년간 일요일을 내어 준 마이클 도너기.

각각 사랑이 담긴 끊임없는 동기 부여와 사랑이 담긴 끊임없는 방해를 해 준 제프와 알리스 리치몬드.

우리에게 대본을 실을 수 있게 허락해 준 론 마이클스, 마크 그라보프, 그리고 NBC에 감사를 전한다.

저자 소개

티나 페이는 자신의 흰담비 자코비와 덴버에 살고 있다.

옮긴이의 글

 티나 페이는 『보시팬츠』를 출간한 후 <오프라 윈프리 쇼>에 출연했다. 해당 에피소드는 <SNL> 특집으로, <SNL> 멤버였던 트레이시 모건, 데이나 카비, 체비 체이스, 제인 커틴이 함께 출연해 인터뷰를 했다. 인터뷰 도중 1975년 첫 방송을 시작한 <SNL>이 여성 코미디언을 새롭게 소개한 장이었다는 이야기가 나오자, 원년 멤버이자 남성인 체이스는 "첫해에 여성 코미디언들이 굉장히 힘든 시기를 보냈다"라고 말했다. 이에 덧붙여 "특히 여성 작가들은 '여성 이슈'에 관련된 것을 썼기에 소재가 채택되기 힘들었다"라는 말을 하자, 당시 체이스와 함께 일했던 여성 멤버 커틴이 옆에서 얼굴을 찌푸렸다. 윈프리가 커틴의 의견을 묻자 커틴은 그 때문이 아니라 "여성 혐오적인 환경이었기 때문"이라고 잘라 말했다. 당시의 여성 캐스트 멤버들은 방송에 출연하는 데 집중했기에 자신들이 장벽을 깨고 있다거나 선구자라는 의미를 생각할 겨를이 없었지만, 여성 작가들은 "끝없는 싸움"을 해야 했다며 일화를 하나 소개했다. 영화 <블루스 브라더스>로도 잘 알려진 <SNL>의 원년 멤버이자 최고의 스타로 손꼽히는 존 벨루시가 공공연히 "여자는 근본적으로 웃기지 않다"라고 말하며, 여성 작가를 방해하는 일을 자신의 사명처럼 여겼다는 것이다. 페이가 본문에서 밝혔듯 <SNL>의 제도는 공정하다. 대본 리딩 시간에 제출된 대본을 캐스트 멤버가 전부 소리 내서 읽는다. 대본이 웃기면 채택되는 것이다. 하지만 존 벨루시는 이 제도 속에서도 자신의 '사명'을 달성했다. 여성 작가의 대본을 제대로 읽지 않는 것이다. 소리를 웅얼거리거나 농담의 맛을 살리지 않는 방식으로 여성 작가의 대본을 '죽였다'고 한다. 이는 지독히도 백인 남성 중심적이었던 당시 시대와 <SNL>의 환경을 잘 보여주는 일화이며, 제도만으로는 구성원의 불공정함을 극복할 수 없다는 점을 보여주는 예시다. 제도마저 불공정하다면 말할 것도 없다.

그 이후에도 상황은 크게 달라지지 않았다. 많은 여성들이 자신의 재능에 비해 큰 빛을 보지 못했다. 물론 <SNL>에 입성하는 것만으로 누구나 스타가 되는 것은 아니다. <SNL>에서 빛을 보지 못하고 쓰린 경험을 한 채 <SNL>을 떠나 대성한 스타는 성별을 가리지 않고 많다. 하지만 <SNL>의 남성에 비해 여성이 연기해야 했던 역할은 보잘것없는 경우가 많았고, 에이미 폴러가 세컨드 시티에서 연기하고 싶지 않아 했던 역할과 크게 다르지 않았다. 90년대 중반 <SNL>에 짧게 몸담은 바 있는 코미디언 재닌 가로팔로Janeane Garofalo는 <SNL>의 역사를 담은 책 『라이브 프롬 뉴욕』에서 "세상이 보이즈 클럽이기에 <SNL>은 세상을 반영한다."며 <SNL>에서 자신은 끔찍한 시간을 보냈음을 회고했다. 가로팔로는 "티나 페이 체제와 스티브 히긴스 체제에서 그곳의 전반적인 의식이 바뀌었다."라며 이전에는 "여성은 별로 웃기지 않다는 의식이 팽배했다."라고 말했다. 페이에 따르면 자신이 코미디를 시작한 시기에 여자 작가는 '카푸치노 머신' 취급을 받았다고 한다. 한 명 더 들이자고 하면 '우리 이미 저거 하나 있는데?'라는 반응이 돌아왔다는 것이다. 새로 카푸치노 머신을 들인다면 '하나 가지고 있었는데 망가져서 버렸기 때문'이었다고 한다.

페이는 자기 자랑을 늘어놓는 타입이 아니고, 자신이 농담 속 놀

림감이 되는 쪽을 선호한다. 자기 자랑을 늘어놓는다면 그것은 분명 너무도 명백한 단점이어서 농담일 게 틀림없다. 본문에서 론 마이클스가 내부 승진을 선호해 자신이 업데이트 앵커가 되었다고 기술한 부분에서도 알 수 있는데, 정작 마이클스는 <드래치 앤 페이>라는 공연을 본 후 페이의 퍼포머로서의 재능을 활용하고 싶었다고 한다. 페이는 본문에서 에이미 폴러, 마야 루돌프, 크리스틴 위그가 <SNL>을 압도한 시기를 주변부에서 목격한 것처럼 적었지만, 당시 <SNL>의 수석 작가는 여성 최초로 수석 작가가 된 페이였고 그의 역할이 컸으리라는 것을 짐작할 수 있다. 80년대에 <SNL>에서 터무니없이 적은 기회를 받았고, 쇼를 떠나서야 빛을 보게 된 줄리아 루이 드레이퍼스는 가로팔로만큼 직접적으로 여성 혐오적인 환경을 지적하지는 않았다. 하지만 그 역시 『라이브 프롬 뉴욕』을 통해 "2006년에 처음으로 호스트를 맡았을 때는 티나가 수석 작가였기에 이미 여성 친화적인 환경이었다."라고 말했다. '드레스 입은 카탄이 여자인 오테리보다 웃기다'고 여겨진 1997년부터 약 10년 사이에 분명 변화가 있었던 것이다. 물론 모든 공이 페이에게 있는 것은 아니다. <SNL>의 환경은 서서히 변했으며 앞서 <SNL>을 거친 여성들이 있었고, 더 힘든 시기를 보낸 사람들이 있었다. 그러한 시기를 거쳐 더 많은 분야에 여성들이 자리했고, 여성의 의견도 존중받게 되었다. 남자들이 이해하지 못한다고 해서 없는 존재가 되지 않았다. 웃긴 여자를 가로막던 <SNL>의 장막이 걷힌 것이다. 여성은 단 하나 있는 카푸치노 머신으로 남지 않았다.

페이의 <30 락>도 비슷한 역할을 했다. 지금과는 다르게 <30 락>의 리즈 레몬이 처음 등장한 2006년에는 '여성 주연 코미디 시리즈'의

붐이 없었다. 흔히 여성 주연 코미디라고 하면 떠올리는 <아이 러브 루시>, <캐롤 버넷 쇼>, <메리 타일러 무어 쇼>, <골든걸스>는 모두 수십 년 전의 작품이었고, 여성은 대부분 남성 중심 코미디의 주변부 캐릭터로 소비되고 있었다. 그나마 혁신적이라면 절반의 비중을 차지하는 것이 전부였고, 성적인 어필을 하지 않으면 존재 가치가 없는 것처럼 여겨졌다.

캐릭터를 소개하는 파일럿에서부터 '제3 물결 페미니스트'라고 정의된 리즈 레몬은 이런 방송 지형에서 처음 만나는 부류의 캐릭터였다. 티나 페이의 풀 네임은 엘리자베스 스타마티나 페이이고 '티나'는 스타마티나에서, '리즈'는 엘리자베스에서 나온 이름이다. 리즈 레몬은 페이의 '평행 우주' 버전이다. 그의 삶 속에 로맨스가 없진 않지만 중심은 어디까지나 일이다. 괴짜 캐릭터들이 불을 지르면 이를 수습하려 뛰어다니는 리즈 레몬의 모습은 <SNL>의 수석 작가였던 페이의 모습이자 <30 락>의 주연, 작가, 크리에이터로서 쇼를 이끈 페이의 모습이다. 풍자적이고 똑똑하고 날카롭고 무엇보다 괴상하고 재미있는 이 쇼는 2013년에 종영했고, 평단의 엄청난 사랑을 받았다. 비록 시청률 면에서는 고전했지만 <30 락>의 성공은 연이어 제작된 여성 주연 코미디 붐의 시작점이 되었다.

페이가 그렇듯 리즈 레몬은 결코 완벽하지 않다. 수많은 결점이 있으며, 그 결점을 다루는 방식에도 때로는 결점이 있기도 하다. 하지만 이제 다른 여성 캐릭터가 많기에 리즈 레몬의 문제를 지적하는 일이 여성 전체나 여성 캐릭터에 대한 낙인으로 남지 않는다.

미국에서 발간한 『보시팬츠』 초판의 뒤표지에는 이렇게 적혀 있다. "한 세대에 한 명, 모든 걸 바꾸는 여자가 나타난다. 티나 페이는 그 여자가 아니다. 하지만 그 여자를 만난 적이 있고 그 주변에서 이상하게 굴었다." 맞다. 페이는 그 사람이 아니다. 페이는 결코 완벽하지 않고, 페이의 날카로운 통찰력은 때로는 놀랍도록 무디다. 이러한 지적에 페이는 '운동선수와 같은 자세'로 듣고 배우고 다시 시도하겠다고 했다.

티나 페이는 2018년까지 에미상 9개, 골든 글로브 3개, 배우조합상 5개, 작가조합상 7개를 수상했으며, 공로상 격인 마크 트웨인 유머상을 최연소 수상했다. 민디 캘링Mindy Kaling은 "영감을 받은 대상으로 티나를 말하는 건 창의적이지 못하지만, 모든 이가 영감의 대상으로 뽑는 데는 이유가 있다."라고 말했고, 페이의 뒤를 이어 위켄드 업데이트 앵커와 <SNL>의 수석 작가가 된 세스 마이어스는 페이를 보며 '코미디 작가가 되는 법'을 배웠다고 한다. 『보시팬츠』 출간 후, 합당한 요구를 해도 여자는 단순히 '미친' 사람으로 취급되어 업계에서 사라지는 것을 봤기에 다른 여성에게 기회를 줄 수 있게 업계에 머물겠다는 페이의 글을 보고 감명을 받은 리즈 위더스푼Reese Witherspoon은 직접 제작사를 차리기도 했다.

페이의 『보시팬츠』는 2011년 출간되어 그 해에만 1백만 부가 팔렸다. 온전한 '전기'라기보다 페이가 원하는 이야기를 재미있게 하기 위해 골라낸 경험의 파편, '세미 전기'에 가깝다. 우리는 이 세미 전기를 통해, 코미디의 형태로 이미 접했던 페이의 생각을 듣게 된다. 케이디 헤런이 자신의 몸에서 '잘못된 부분'을 말해야 했던 순간을 만나고, 리즈 레몬이 'cunt'라는 말을 들었던 순간과 '여자가 원숭이보다 덜 웃기지 않음'을 증명해야 했던 순간을 만난다. 그리고 2016년 이전까지 미 역사상 가장 이상했던 대선과 스케치 코미디에

얽힌 생생한 뒷이야기를 들을 수 있다. 책을 덮고 나면 에이미 폴러와 함께 3년 연속 진행한 골든 글로브 시상식 농담에도 '시금치'가 들어있다는 사실을 깨달을지도 모른다.

할리우드는 여전히 백인 남성 중심적인 업계이고, 페이가 자신의 경험을 바탕으로 작품을 만들고 주연으로 출연까지 했어도 '<30 락>은 알렉 볼드윈의 쇼'라며 안 보이는 곳에서 빈정거리는 방송사 임원이 있는 업계다. 여성이라는 이유로 인정하지 않으려 하고, 여성이라는 이유만으로 인정받는다고 끝없이 폄하하는 세계다. 그 세계에서 대표적인 코미디언으로 자리 잡은 페이의 경험담을 읽으며, 페이의 기존 작품을 접하지 않은 독자도 때로는 공감하고 때로는 웃을 것이다.

페이는 『보시팬츠』를 집필하며 "이 책이 나를 죽일 거야."라고 외쳤다고 한다. 페이와 필자의 공통점은 거기서 끝난다. 공통점이 하나 더 있다면 불안을 턱 여드름으로 만드는 능력 정도겠다. 때문에 여드름 얘기를 하기보다는 페이가 자랑하지 않는 부분으로 옮긴이의 글을 채워 보았다.

'예스'의 정신으로 번역을 맡았고, 방해가 되지 않았기를 간절히 빈다. 끝없이 격려해 주고 시간과 지식을 훔치게 해 준 친구들에게 감사를 전한다.

P.S. 페이는 『보시팬츠』 출간 후 딸을 한 명 더 낳았으니, 혹시 뉴욕의 공중화장실에서 페이를 만나게 된다면 문틈으로 의견을 말하지 않아도 된다. 모든 건 괜찮았다.

한국 독자를 위한 티나 페이 가이드

책으로 만나는 티나 페이도 매력적이지만 티나 페이의 날카로운 관찰력이 드러나는 스케치와 지적인 카리스마가 느껴지는 스피치는 영상으로 만나봐야 제맛이죠. 티나 페이의 활약을 볼 수 있는 몇 가지 컨텐츠를 소개해 봅니다. QR 코드 리더기로 코드 부분을 촬영하면 해당 영상으로 바로 연결됩니다. (책덕 편집부에서 작성하였습니다.)

티나 페이의 즉흥극을 볼 수 있는 귀한 자료입니다. '정말 짜여진 대본이 없을까' 의심이 될 정도로 물 흐르듯이 자연스럽게 진행되는 즉흥극의 세계를 탐험해 보세요.

책에 등장하는 힐러리-페일린 스케치가 미국 SNL 계정에 올라와 있습니다. 아쉽게도 한국어 자막이 없지만 우리에겐 책이 있으니 대본을 펼쳐놓고 봅시다.

에이미 폴러와 함께 한 〈당신의 두 번째 아내를 만나보세요!〉 스케치. 두 사람의 재치와 블랙 유머가 가득한 스케치죠.

에이미 폴러와 함께 3년 연속 골든 글로브 호스트로 나섰던 모습. 분위기를 이끌어가는 여유로움과 아슬아슬한 디스 유머가 볼 때마다 감탄이 나옵니다.

 마크 트웨인 상 시상식에서 수상 소감을 말하는 장면. "저는 세 번째로 이 상을 수상한 여성이 되었는데요. 이제 여성들도 [남성들과] 동등한 성과를 내고 있으니 '무엇을 해 낸 몇 번째 여성'이라고 세는 걸 그만둘 수 있길 바랍니다."

 아직도 운영 중인 시트콤 〈30 락〉 유튜브 채널에 올라온 '리즈 레몬은 음식을 좋아한다' 영상입니다. 시트콤 하이라이트 영상을 즐겨 보세요.

 티나와 에이미의 '돕 스쿼드'는 테일러 스위프트의 '테일러 스쿼드'를 패러디한 뮤직비디오 형식 스케치입니다. 모델과 같은 연예인 친구들이 아니라 베이비시터나 의사처럼 다른 사람들의 도움 없이는 아무것도 해낼 수 없다는 내용입니다.

 유튜브 minorprobpark 채널에는 한글 자막이 있는 티나 페이의 스피치나 토크쇼 출연 영상이 많이 올라와 있습니다. 티나 페이 영상 외에도 흥미로운 자료가 많으니 방문해 보세요.

- 넷플릭스 netflix.com에서 티나 페이 찾기.
  넷플릭스에서 티나 페이가 프로듀서로 참여한 작품을 찾아보세요. 〈언브레이커블 키미 슈미트〉, 〈그레이트 뉴스〉 모두 티나 페이가 작품 속에 등장하기도 합니다. 토크쇼인 〈오늘의 게스트, 데이비드 레터맨 쇼〉에는 다섯 번째 게스트로 출연했답니다.

티나 페이가 알려주는
즉흥극의 규칙

(혹은 협동의 규칙 혹은 삶의 규칙)

첫 번째 규칙은 '동의하기!'
항상 "예스"라고 말하며 상대방에게 동의한다.
상대방이 만들어낸 것을 존중하자, 그러니까…
적어도 열린 마음으로 시작해야 한다.

두 번째 규칙은 "예스"라고 하는 데서 끝내지 말고,
더 나아가서 "예스, 앤드"라고 말한다.
상대방에게 동의한 다음, 뭔가 당신만의 것을 더하자.

다음 규칙은 '완성된 문장으로 발언하기!'
이것은 "항상 질문만 던지지 마라"를 긍정적으로 표현한 말이다.
다시 말하자면, 어떤 문제가 있다면
해결하고 답변하는 쪽에 가담하라.

즉흥극에 실수라는 것은 존재하지 않는다.
기회만이 있을 뿐!

티나 페이의 보시팬츠 : 나댄다는 말을 듣기 전까지 당신은 아무도 아니다

지은이 티나 페이
옮긴이 박가을
편집자 김민희
1판 1쇄 펴낸날 2019년 6월 20일
표지 디자인 간재리와 민트리
제작 공간
물류 탐북
펴낸곳 책덕 출판등록 2013년 6월 27일(제013-000196호)
주소 서울시 마포구 월드컵북로7길 73 102호
홈페이지 http://beingbeingbeing.tistory.com
페이스북 http://facebook.com/bookduck/
이메일 dearlovelychum@gmail.com
ISBN 979-11-954320-7-3   03680

이 도서의 국립중앙도서관 출판예정도서목록CIP은
서지정보유통지원시스템 홈페이지http://seoji.nl.go.kr와
국가자료공동목록시스템(http://www.nl.go.kr/kolisnet)에서 이용하실 수 있습니다.
(CIP제어번호: CIP2019021842)

이 책에 쓰인 종이
표지 아트지 250g
내지 그린라이트 100g

이 책에 사용된 폰트
본명조, 본고딕, KoPub, 경기천년바탕, 잘난체 등